高职高专"十三五"规划教材

会展服务与管理

刘　勇　主编　　　　徐　峰　于丽曼　副主编

3 第三版 EDITION

HUIZHAN FUWU YU GUANLI

化学工业出版社
·北京·

本书共分六章，包括会展概论、会展策划、会展营销管理、会展场馆布置、展会服务与现场管理、会议餐饮服务，基本涵盖了会展经营管理的主要方面。本书主要介绍了会展服务与管理的基本理论、基础知识及会展企业运行与管理的基本程序和方法，旨在训练学生从事会展服务工作的基本技能和操作程序，强化会展服务与管理工作必备的观念和意识，培养学生从事会展服务与基层管理工作、适应行业发展与职业变化的基本能力。

本书既可作为高职高专院校旅游管理专业、酒店管理专业学生的教材，也可作为会展企业服务与管理人员的培训教材或自学用书。

图书在版编目（CIP）数据

会展服务与管理 / 刘勇主编．—3 版．—北京：化学工业出版社，2019. 7

ISBN 978-7-122-34260-7

Ⅰ. ①会… Ⅱ. ①刘… Ⅲ. ①展览会-商业服务-教材②展览会-商业管理-教材 Ⅳ. ①G245

中国版本图书馆 CIP 数据核字（2019）第 063351 号

责任编辑：蔡洪伟　　文字编辑：李　曦
责任校对：王素芹　　装帧设计：史利平

出版发行：化学工业出版社（北京市东城区青年湖南街 13 号　邮政编码 100011）
印　　刷：三河市航远印刷有限公司
装　　订：三河市宇新装订厂
710mm×1000mm　1/16　印张 13　字数 250　千字　　2019 年 11 月北京第 3 版第 1 次印刷

购书咨询：010-64518888　　售后服务：010-64518899
网　　址：http://www.cip.com.cn
凡购买本书，如有缺损质量问题，本社销售中心负责调换。

定　　价：38.00 元

第三版前言

进入21世纪以来，随着中国社会经济的飞速发展，国际贸易也获得了很大发展，尤其是杭州G20峰会、中国国际进口博览会（简称上海进博会）的成功举办，会展经济随之迅速成为中国经济的新亮点，正逐步进入产业升级的关键历史时期。而会展业能够迅速发展的关键是需要大量的优秀专业人才做支撑。为了适应形势的需要，一些院校成立了会展专业，而更多的院校，主要是高职高专院校在旅游管理专业和酒店管理专业中加入了会展课程，一方面拓宽了学生的就业口径，另一方面也满足了会展企业对人才的需求。

“会展服务与管理”是高职高专院校旅游管理专业和酒店管理专业的主干专业课程。本书共有六章，主要介绍了会展服务与管理的基本理论、基础知识及会展企业运行与管理的基本程序和方法，训练学生从事会展服务工作的基本技能和操作程序，强化会展服务与管理工作必备的观念和意识，培养学生从事会展服务与基层管理工作，适应行业发展与职业变化的基本能力。

本书具有以下特色：

(1) 时效性强。相对于第二版，本版教材加入了我国会展业最新的发展动态以及会展业最新的理论知识和实践经历。

(2) 有针对性。相对于第二版，进一步强调以应用为教学重点，基础理论以够用为度，着重培养学生的技术应用能力和创新能力，适应高职教育层次。

(3) 实用性强。内容翔实，要点突出，并与会展企业工作的实际相结合，与职业资格鉴定相衔接，并且邀请了政府部门的专家共同编写；难度适中，而且提供了服务技能的实训指导，便于教学的组织与实施，具有很强的可操作性。

(4) 图文并茂。采用适量的图片、表格，使读者对知识内容有直观的、清晰的了解。

因此本书既可作为高职高专院校旅游管理专业、酒店管理专业学生的教材，也可作为会展企业服务与管理人员的培训教材或自学用书。

本书由刘勇任主编，徐峰、于丽曼任副主编，由江苏建筑职业技术学院蒋兆峰任主审。参加编写人员分工如下：徐峰（徐州工业职业技术学院），第一章；

王振鹏（开封大学），第二章；刘勇（徐州工业职业技术学院），第三章、第六章；张晓军（黑龙江旅游职业技术学院），第四章；赵咏梅（山东省邹城市劳动和社会保障局），第五章第一节；于丽曼（徐州工业职业技术学院），第五章第二节。

在本书的编写过程中，参考并引用了国内外同行的有关教材、资料和研究成果，在此表示衷心感谢!

由于编者水平有限，书中难免存在疏漏和不妥之处，恳请同行专家和读者指正。

编　者

2019 年 2 月

目·录

第一章
会展概论

学习目标

通过本章学习，要求学生掌握会展的含义、分类及特点，了解我国会展业发展的现状及发展对策，以引导学生对会展及会展业有初步的认识和了解，为下阶段的理论学习奠定基础。

第一节 会展的含义与分类

一、 会展的含义

从字面上看，会展可拆分为会议和展览，再进一步拆分，会即聚会，议即商议，展即展示，览即观看。集聚、展示和交流是会展的特征。

知识小贴士

关于会与展的关系

会是一个广义的词，可以是会议，也可以是具有集聚、展示和交流特性的其他活动，如展览，一些大型文艺、体育活动和节庆活动。可见“会”的涵盖面要广于“展”。我们可以将会展统称为“会”，因为展览会也是会，而显然不能将会展统称为“展”。如果将会展称之为“展会”，则意在突出以“展”为主而以“会”为辅，或干脆就是展览会的简称。一般情况下，活动的含义是很宽泛的。其中为配合大型展览而举办的活动最常见的有新闻发布会、开幕式、闭幕式、评选结果发布会及各种文娱助兴项目。

目前国际会展行业通常将会展定义为会议、展览、大型活动等集体性活动的简称。其概念是指在一定地域空间，许多人聚集在一起形成的定期或不定期、制度或非制度的传递和交流信息的群众性社会活动，其概念的外延包括各种类型的博览会、展览展销活动、大型会议、体育竞技运动、文化活动、节庆活动等。随着信息传递技术的不断进步，展览与会议相结合已成为一种趋势。大型品牌展览会配套专业国际会议已极为普遍，著名国际论坛有时也带有相关展览等。

关于会展的其他定义也很多，狭义的会展仅包括会议和展览会。欧洲是会展的发源地，在欧洲，会展被称为 C&E［convention and exposition（会议和展览）］或者 M&E［meeting and exposition（聚会和展览）］。而广义的会展就是通常所说的 MICE［M：meeting（会议）；I：incentive travel（奖励旅游）；C：convention（大型企业会议）；E：exhibition and event（活动展览和节事活动）］。

知识小贴士

关于会展的英文名称

会议的英文名称有很多。使用最多的有“meeting”（会议的统称）、“convention”（年会、例会，以工商界人士为主的大会、研讨会等常与展览同时举行）、“conference”（专门会议，科技界使用较多，工商界也常使用，规模可大可小）、“congress”（代表会议，一般规模较大）等。展览的英文名称有“show”（美国常用）或“fair”（欧洲常用）、“trade show”或“trade fair”（贸易展，一般只对专业观众开放）、“exhibition”（展览会）、“exposition”（博览会）等。大型活动最常见的英文则是“event”（节事或特殊事件）。

二、 会展业的含义

会展业和会展产业在英文中是相同的，即“convention & exhibition industry”。所谓产业（行业），是指国民经济中生产同类产品或提供类似服务的经营单位的集合。根据产业经济学的理论，一个独立产业的形成必须满足规模规定性、职业化规定性和社会功能规定性。即产业中的企业数量和产出量必须具有相当规模；社会中已存在相当数量的专门从事该项经济活动的职业人员；该产业在社会经济中承担不可或缺的功能。

根据产业的定义，可以将会展产业定义为“利用各种会展资源，以会展场馆设施为条件，为社会提供会展活动策划、组织、场地及其配套设施和其他各项服务的经营单位的集合”。这些经营单位的业务范围包括会展的策划、咨询、组织、广告设计与制作、展台设计与搭建、现场服务、评估、场馆经营等。

目前我国的会展产业已经成为一个独立的经济部门，在国民经济行业分类中拥有自己的代码：L7491，归属商务服务业。

会展产业在推动科技进步、促进城市发展、带动区域经济、增强企业实力和扩大国际交流等方面所起的作用巨大，因而国内外有较好会展资源的城市纷纷将其列为重点培育和扶持的新兴产业。

三、会展的分类

在国际上，公认的“会展业”指“MICE industry”，包含会议（meeting）、奖励旅游（incentive travel）、大型企业会议（convention）和活动展览（exhibition）四个部分，随着会展形式的不断发展，节事活动（event）被纳入“MICE”中。因此，会展业可以理解为会议、展览、节事活动及奖励旅游的统称。

1. 会议

会议就是围绕某个主题，通过口头、书面文字和电话、网络等多种途径，进行人与人之间的思想、信息交流的临时组织。会议在过去很长的一段时间里都没有引起人们足够的重视，因为人们对于会议的认识还只是停留在组织一个会场，提供一点食物，或提供一些纸和笔之类的简单工作。随着国民经济的不断发展，人们对于会议活动的要求越来越高，会议活动所带来的利润也日益丰厚。

现在看来，会议活动主要有四个要素：会议组织者或策划者、场地设施、服务者和参与者。会议的策划者是指策划会议活动的个人或组织。会议活动策划者一般分为几类：非营利机构会议策划者（如政府会议、宗教会议等）、公司会议策划者、协会会议策划者和独立会议策划者。独立会议策划者主要是与主办方签订有关合同，然后根据合同的要求完成会议活动。

会议一般会在综合性酒店、会议中心、单位会议室、学校等地举行，甚至可以在一些风景区及娱乐区进行。各会议场所所提供的设施设备也不尽相同，一般的会议场所会提供所需的座椅、主席台等，而有些高档的会议场所还会提供先进的智能会议系统。

会议活动提供的服务包括秘书礼仪服务、餐饮服务、住宿服务、通信服务，等等。

小案例

中非合作论坛

中非合作论坛，是中华人民共和国和非洲国家之间在南南合作范畴内的集体对话机制，成立于2000年。论坛的宗旨是平等互利、平等磋商、增进了解、扩大共识、加强友谊、促进合作。论坛的成员包括中华人民共和国、与中国建交的53个非洲国家以及非洲联盟委员会。

中非合作论坛主要机制包括三个级别：部长级会议每三年举行一届；高官级后续会议及为部长级会议作准备的高官预备会分别在部长级会议前一年及前数日各举行一次；非洲驻华使节与中方后续行动委员会秘书处每年至少举行两次会议。部长级会议及其高官会轮流在中国和非洲国家举行。中国和承办会议的非洲国家担任共同主席国，共同主持会议并牵头落实会议成果。部长级会议由各国的外交部长和负责国际经济合作事务的部长参加，高官会由各国主管部门的司局级或相当级别的官员参加。除上述三个级别的机制性会议外，根据中非关系发展需要，中非双方将2006年11月在北京举行的论坛第三届部长级会议和2015年12月在约翰内斯堡举行的论坛第六届部长级会议升格为峰会。

2018年第七届中非合作论坛北京峰会于2018年9月3日至4日在北京举行，本次峰会主题为“合作共赢，携手构建更加紧密的中非命运共同体”。中国国家主席习近平主持峰会并举行相关活动。中非合作论坛非方成员领导人应邀与会，有关非洲地区组织和国际组织代表出席峰会有关活动。中国国家主席习近平出席开幕式并发表题为“携手共命运　同心促发展”的主旨讲话，强调中非要携起手来，共同打造责任共担、合作共赢、幸福共享、文化共兴、安全共筑、和谐共生的中非命运共同体，重点实施好产业促进、设施联通、贸易便利、绿色发展、能力建设、健康卫生、人文交流、和平安全“八大行动”。会议通过《关于构建更加紧密的中非命运共同体的北京宣言》和《中非合作论坛——北京行动计划（2019—2021年）》。如图1-1所示为2018年中非合作论坛北京峰会。

图1-1　2018年中非合作论坛北京峰会

2. 展览

展览，即将物品陈列出来供人们观看，既具有观赏教育功能，又具有销售推广实效。展览分为商业性展览与非商业性展览两大类型。根据国际展览管理协会（IAEM）和国际展览联盟（UFI）的定义，商业性展览是由大量公司参加的定期或不定期开展的市场展示销售活动。在活动中，参展商展示自身的主要产品，提供产品信息，并进行交易。交易会主要是吸引商业客户，而展示会主要是吸引普通公众。需要注意的是，商业性展览与纯粹的文化艺术欣赏性的非商业性展览不同，其主要的区别在于活动的目的性存在差异。

商业性展览提供给参展商和观众的相关服务主要有：工程技术服务、搬运服务、饮食服务、保安服务、保险服务、清洁服务、紧急医疗救助服务、秘书服务等。此外还有一些由举办活动所在城市提供的服务，如酒店住宿、娱乐休闲、文化享受、餐厅就餐、购物消费等，这也是会展活动给城市带来的“辐射效应”。

小案例

世界博览会介绍

世界博览会（World Exhibition or Exposition，World Expo），简称世博会，是一项由主办国政府组织或政府委托有关部门举办的有较大影响和悠久历史的国际性博览活动，它已经历了百余年的历史。1851 年 5 月 1 日，世界上的第一次博览会在英国召开。世博会最初以美术品和传统工艺品的展示为主，后来逐渐变为荟萃科学技术与产业技术的展览会，成为培育产业人才、对一般市民进行启蒙教育不可多得的一种活动。世界博览会的会场不单是展示技术和商品，而且还伴以异彩纷呈的表演，富有魅力的壮观景色，设置成日常生活中无法体验的、充满节日气氛的空间，成为一般市民娱乐和消费的理想场所。全球融合就是全球化，这是经济文化发展的成果。目前世界博览会分为两种形式，一种是综合性世博会，另一种是专业性世博会。

2010 年的上海世界博览会（Expo 2010）是第 41 届世界博览会，于 2010 年 5 月 1 日至 10 月 31 日在中国上海市举行。此次世博会也是由我国举办的首届世界博览会，主题为：城市，让生活更美好（Better City，Better Life）。

3. 节事活动

节事活动往往是举办地为提高该城市或地区的影响力或知名度，以艺术、体育、历史、民俗等文化或政治事件为媒介而进行的主题鲜明的大型活动。大型节事活动一般由政府部门或公共部门举办，如世界杯足球赛、国庆纪念活动等；也有部分节事活动是由企业、特殊利益群体谋划举办的，如企业举办的啤酒节、中国残疾人联合会（简称中国残联）举办的残疾人长跑运动、音乐节等。

节事活动有按固定周期举办的，如每四年举办一次的奥林匹克运动会；也有偶然一次性举办的，如企业开业周年庆典活动。节事活动一般可以划分为四个阶段：决策阶段、细节规划阶段、执行阶段和评估阶段。

4. 奖励旅游

根据国际奖励旅游协会的定义，奖励旅游（incentive travel）的目的是协助企业达到特定的目标，并对达到该目标的参与人士，给予一个尽情享受、难以忘怀的旅游假期作为奖励。其种类包括商务会议旅游、海外教育培训，奖励对公司运营及业绩增长有功的人员。需要指出的是，奖励旅游并非一般的员工旅游，而是企业业主提供一定的经费，委托专业旅游业者精心设计的“非比寻常”的旅游活动。用旅游这一形式作为对员工的奖励，能够进一步调动员工的积极性，增强企业的凝聚力。

知识小贴士

关于会展旅游的含义

由于我国会展业还处在发展的初期，会展旅游的概念自然也比较模糊。会展旅游是指旅游属性结合会展活动特点衍生出来的行为，它有广义和狭义之分。广义的概念是：会展旅游是以会议和展览为目的的旅游，属于公务旅游的范畴，包括会议旅游和展览旅游等各种出于工作需要的旅游和奖励旅游。狭义的概念是：为会议和展览活动的举办提供会展场馆之外的且与旅游业相关的服务，并从中获取一定收益的经济活动。

中国旅游界将会展旅游界定为狭义的概念。其特点是：旅游主题明确、驻留时间长、经济效益高、影响作用强等。

由此可见，会展旅游不是让旅游业去举办各种会议和展览，而是让旅游业发挥行业功能优势，为会展的举行提供相应的外围服务。会展活动在一定程度上和旅游业的六要素形影相随，而且依赖旅游业的参与程度。会展旅游是依托会议、展览、文化旅游节、体育赛事等各类会展活动而兴起的一项旅游活动。会展旅游以其兼容性强、辐射面广、组团规模大、消费档次高和文化气息浓等特性，得到世界各地的普遍重视，并以此作为提高本地区旅游产业质量、加快旅游产业结构调整和国际化发展的一个新的突破点。

关于会展业和旅游业之间的相互关系

举办会议展览（尤其是国际性的）必然涉及食、住、行、游、娱、购的旅游六大要素，而国内以及国际会展活动的参加者也自然形成了旅游业重要的客源市场。2001年国务院《关于进一步加快旅游业发展的通知》中明确提出“积极探索休闲旅游、会展旅游等新型旅游方式”，这充分说明会展业和旅游业具有密切的联系。

旅游业与会展业之间有着一种天然的耦合关系，两者之间具有明显的互动性。会展业和旅游业都为“朝阳产业”，它们与房地产业一起并称为新世纪“三大无烟产业”。旅游业与会展业的共性表现在：产业性质都是以资源为依托、服务为媒介的“第三产业”；综合性上都是系统工程、综合经济，需要调动广泛的社会资源，特别是需要便捷的交通运输和快捷的信息传播服务；产业关联上对经济的拉动作用大；会展地也可以开发为旅游地，而旅游地经常被作为会议、展览的举办地。

各种会展的不同之处主要表现在4个方面，即其集聚的主体、展示的主体、交流的主体和所起的作用。各种会展的不同特征见表1-1。

表 1-1　各种会展的不同特征

不同方面	会议	展览	节事活动	奖励旅游
集聚的主体	参与讨论者	参展商品	直接参与者	得到奖励的员工
展示的主体	个人观点	商品特性	活动主题	商务会议旅游、海外教育训练
交流的主体	思想意识	商业信息	较宽泛	企业文化
作用	做出决定、观点争鸣、激发灵感	展示商品、促成交易、技术交流	提升形象、发布信息、增强凝聚力	进一步调动员工的积极性，增强企业的凝聚力

第二节　会展的特点

现代会展业发展日新月异，这使得会展这一新兴的社会经济和人文活动展现出独特的魅力，也彰显出与众不同的特征。

一、 综合性

表现在活动内容上：从宏观上看，会展活动范围广泛；从微观上看，每次会展活动的内容十分丰富。

表现在活动目的和性质上：涵盖了政治、经济、文化等所有社会范畴。

表现在涉及的行业、部门上：既有国民经济的各个产业（包括第一、二、三产业）部门，又有非产业（行政、文化、教育、社会团体等）部门。

二、 集聚性

现代会展是同类企业、同类商品的集中展示，具有很强的集聚性、瞬时性、竞争性和辐射性。大型会展是搜集商业信息和寻求商机的最佳场所。在会展期间，强手如林的同类公司之间互相学习、寻求合作，同时也互相摸底、互相竞争。

会展是产业信息和同类产品在时间与空间上的集聚。由于专业买家、卖家和商品的高度集中，在这里能迅速发现和传递诸如产品、价格、市场以及产业发展等方面的信息，这是会展区别于市场和大卖场的显著特点之一。

集聚性必然带来规模化效应。随着国际贸易量的不断扩大，国际会展也日趋大型化。为了满足大型会展对展出场地的需要，各国纷纷加快大型、超大型展馆的新建和改扩建速度，如今国外新建的展览中心占地面积一般都超过 100 万平方米。我国也不甘落后，在短短几年内展馆的展场面积就翻了一番。

现代会展的集聚性特征决定了会展产业是一个都市型产业。大城市的优势显而易见。因为只有大城市才具备与世界进行分工交流所需要的基础设施，只有大城市才有足够的产业集聚与经济规模参与全球会展城市间的竞争。上海 2010 年世博会的主题是“Better City，Better Life”。同样，我们可以说“ Better C&E，Better

City”（会展使城市更美好）。因为现代展览的集聚性特征，要求会展举办城市具备良好的配套设施，促使城市的基础设施条件得以不断改善，从而促进了城市的繁荣。

同时，会展地点集群化也是现代会展集聚性特征的另一表现形式。众多的世界会展名城和会展城市圈多处于经济发达地区。如法国巴黎、意大利米兰、德国和美国的会展城市群，等等。我国经济的持续快速发展，使得我国的三大城市圈也正在发展为“三大会展城市群”。即以上海为中心的长三角地区，以北京为中心的环渤海地区，以香港、广州为中心的珠三角地区。

会展在时间上的集聚性使会展具有瞬时性特征。对与会者而言，要在紧张的3～4天时间里尽可能多地搜集对公司有用的商业信息，有时甚至要在几分钟之内做出决定，当场拍板，争取与客户签约。同时，瞬时性特征使部分展览用品具有“一过性”的特点。因此，在展具的选择方面要讲究节约，要充分考虑重复利用的可能性和节省运输费用。

集聚性同时也带来了很强的竞争性。会展内的竞争是面对面的竞争，是“真刀真枪”的竞争。其中有参展商品本身的竞争、宣传的竞争、服务的竞争、技术的竞争，甚至国家之间、区域之间的竞争。这些竞争为专业买家和最终消费者带来了价廉物美的各类商品，对社会发展起到积极的促进作用。

同类会展之间也存在竞争。会展本身就是一种服务产品，一些专业会展德国能办，美国也能办，我国的北京能做，上海也能做。因此同类产品之间不可避免地会有竞争。同类会展在不同地点、不同时期轮番举办，各个会展在规模、创意、服务等方面的竞争日趋激烈。

集聚性与辐射性是相辅相成的，强聚集性必然对应强辐射性。成功的会展都有着较强的辐射能力。

小案例

乌镇香市的集聚性

自2011年4月2日乌镇香市这一节事活动开幕以来，无论是本地百姓，还是来自海内外的游客，都被这些源于民间、代代相传的民俗风情所陶醉，他们除了体验和参与香市节的所有活动之外，还领略了运河文化所具有的历史原真性、地域差异性和文化特殊性。

在游客中，有一批特殊的客人，他们就是来自英国的一个旅游团，刚巧“撞”到正在举行的乌镇香市。香市中这些源于民间的风俗活动，让他们既似懂非懂，又兴趣盎然。他们随着蚕花仙子沐浴蚕花圣水，在白莲塔下抢蚕花、拣蚕花、往自己的鬓髻上插蚕花，还和蚕花仙子一起合影留念……他们通过导游翻译表示，虽然不知道香市是什么样的内容，但是他们知道这些活动体现了中国文化的精髓，是老百姓的活动，意味着高兴、快乐、幸福和喜庆。

知识小贴士

上海世博会之最

上海世博会已有13项纪录入选世界纪录协会“世界之最”：

1. 上海世博会的参展规模最大，共有190个国家、56个国际组织参展。

2. 志愿者人数最多。园区共79965名，其中中国其他省区市1266名，境外204名。共分13批次向游客提供了129万班次、1000万小时、约4.6亿人次的服务。

3. 正式参展方的自建馆，大约有40个国家和国际组织报名建设，其数量为历届之最。

4. 上海世博会主题馆屋面太阳能板面积达3万多平方米，是目前世界最大单体面积太阳能屋面。

5. 主题馆墙面入选中国世界纪录协会世界上面积最大的生态绿墙，为5000平方米。

6. 投资额最大，直接投资为286亿元，财政总预算达300亿~400亿元。

7. 世界上保留园区内老建筑物最多的世博会园区。约有2万平方米历史建筑得以保留、保护。世博会博物馆与城市文明馆都设在原江南造船厂的老建筑内。

8. 在2010年10月16日，进园参观世博会的人数达103.28万人，成为世博会史上单天参观人数之最。

9. 参观人数最多，截至2010年10月31日21:00，人数超过了7308.44万。

10. 首次同步推出网上世博会。

11. 园区内有世界上单体量最大的公厕。

12. 世博会园区面积最大：园区在市中心占地多达5.29平方公里。

13. 上海世博会是第一次在发展中国家举办的世博会。

三、　前沿性

以展览为代表的会展行业就是展示最新、最美的商品和技术。新材料、新技术的大量运用使现代会展与时俱进，带有明显的科技性、时尚性和前瞻性。

在展览上，参展商品是否受买家青睐，在很大程度上要看其原料和生产工艺科技含量的高低。同时，一个会展举办是否成功，在很大程度上取决于业内顶尖企业的出席率，取决于业内最新技术和最新信息有多少在会展上得以展示和发布。对于那些技术更新换代频繁的行业，如IT产业、汽车、航空等专业展种而言，其科技性特征表现得更为突出。

另外，举办大型国际展览本身正在运用越来越多的现代科技手段，其中尤为重要的是现代信息技术的运用。如电子识别系统、网上登记、声光电结合布展技术等已被广泛采用。

会展具有展示时尚、引领时尚的功能。历史告诉我们，会展往往成为引领世界潮流的新产品“横空出世”的最佳舞台。蒸汽机、电动机、海底电缆、飞机、汽车、无线电通信、装配式建筑、可视电话、GPS 全球定位系统等许多改变人类生活的重要产品都是从大型会展的展台走向世界的。

喜新厌旧是人们普遍怀有的一种心理。可以说，会展就是为了满足人们求新、求异的心理而举办的。新颖、时尚、前沿的产品得以充分展示和业内广泛的技术交流是会展服务的核心功能。

随着会展服务水平的提高，会展的影响不断扩大，许多人已经将某些品牌会展认同为行业内的“英雄会”，参加会展本身也成为一种时尚。如今，一个有实力的企业一旦没有在某一品牌会展上亮相而又不做任何解释，有时甚至会给企业带来负面影响。

会展上常常会展出一些新鲜出炉的“概念”产品。有的甚至是“夹生”产品或“图示模型”产品。这是因为在会展上展示的新产品并不纯粹是为了寻求买家。其中有相当一部分是来“试水”的，其本意是想通过展览来让专业人员“横挑鼻子竖挑眼”，从而使自己的产品得到改进。其实，这也是绝大多数专业会展只对专业观众开放或规定前 3 天只对专业观众开放的重要原因之一。

专业会议与展览同时进行，且会议的分量不断加重是现代会展的一个突出特点。在与展览同时举行的会议上，前瞻性特点表现得更为充分。在“年会”“论坛”一类的专业会议上，听众一般会先得到相关的文字和图片资料，在聆听多位业内权威人士的高水平学术报告后，还有机会与演讲者进行较多的直接交流。在这类会议上，人们甚至可以获取仅仅处于“萌芽”状态的新技术和新产品，此种新锐信息有时会将听众引入他们原先从未想到过的产品和技术创新之门。

小案例

上海世博会科技先进的展馆介绍

日本馆：展馆爱称“紫蚕岛”，馆外覆盖超轻的发电膜，采用特殊环境技术，是一幢“像生命体那样会呼吸、对环境友好的建筑”。馆内通过实景再现和影像技术，展现未来城市生活，介绍中日两国的文化渊源、与自然共生的日本人的生活、充满活力和时尚的日本当代城市、为解决水资源和地球环境问题而开发的先进技术。

美国馆：展馆外观宛如一只展开双翅的雄鹰，欢迎远道而来的客人。展馆是未来美国城市的缩影，包括了清洁能源、绿色空间和屋顶花园等元素，通过多维模式和高科技手段，引领参观者在四个独特的展示空间踏上一段虚拟的美国之旅，讲述坚持不懈地创新以及社区建设的故事。

英国馆：英国馆的设计是一个没有屋顶的开放式公园，展区核心“种子圣殿”外部生长有六万余根向各个方向伸展的触须。白天，触须会像光纤那样传导光线来提供内部照明，营造出现代感和震撼力兼具的空间；夜间，触须内置的光源可照亮整个建筑，使其光彩夺目。如图1-2所示为英国馆。

图1-2　英国馆

四、 直观性

会展是面对面的交流。观众可以直接触摸展品，开动机器，亲身感受产品的各种性能，具有很强的直观性和真实性。这也是为什么网络展览发展至今仍然只能作为实物展的补充，而不能对实物展形成强烈冲击的根本原因。

会展的直观性还体现在与客户的商业谈判中。当面交谈获得的信息量大大多于其他沟通方式。因为在获得语言信息的同时，还可以从对方的神态和微妙的肢体语言中获取有价值的商业信息。而且除了在展台上可以拿到企业广告资料以外，通过交谈往往还可以索取更多的图文资料。

五、 艺术性

会展行业是非常强调创意的。现代会展十分重视对美的追求，一次成功的会展必然会给与会者以美的享受。例如，展览场地的整体布置不仅必须是艺术化的，而且主题突出，风格统一。展览中各参展企业争奇斗艳，将展场装扮成了企业展示自身形象的“大花园”。要想“一枝独秀”，讲究展台的布置是少不了的，因为展台形象直接反映出企业的品位。展台的视觉冲击力被称作“5秒钟的视觉形象”，如果展台布置精美，就有可能勾住客户的心，留住客人的脚步。

小案例

上海世博会创意独特的场馆外形设计

法国馆：展馆被一种新型混凝土材料制成的线网“包裹”，仿佛“漂浮”于地面上的“白色宫殿”，尽显未来色彩和水韵之美。馆内，美食带来的味觉、庭院带来的视觉、清水带来的触觉、香水带来的嗅觉以及老电影片段带来的听觉等感性元素，将带领参观者体验法国的感性与魅力。如图 1-3 所示为法国馆。

图 1-3　法国馆

德国馆：开放状的建筑外形轻盈而飘逸，似乎在向参观者们发出真挚的邀请。“严思”“燕燕”——两位特殊的虚拟讲解员，将陪伴每一位参观者穿行于各个展馆。穿越了一条充满典型德国都市画面的“动感隧道”后，参观者便会踏入“和谐都市”内设计布置奇妙的体验空间。如图 1-4 所示为德国馆。

图 1-4　德国馆

六、 互动性

互动性强是现代会展的一个显著特点，其表现是多方面的。首先是展览买卖双方的互动。展览具有强大的促销功能。为参展商提供免费参观券以增加专业观众的做法已经被各种会展所普遍采用。在展览上，买方可以表明自己的需求，并得到最直接、最确定的回答；卖方可以宣传自身产品的新颖之处和性能、价格优势，并得到回应。通过相互交流，买卖双方彼此加深了解，互相得到满足。

其次是节事活动参与者的互动。在许多大型节事活动中，为了吸引众多游客的目光，提升活动的品牌效应和经济效益，组织者往往会精心策划各种形式多样、丰富有趣的参与性活动。四面八方慕名而来的游客，通过对各种活动的融入体验，不仅可以增加其对该节事活动的认可度，同时也使得游客与组织者彼此互相信任、互相支持。因此，每逢盛大的节事活动开幕之时，那里就成了游客与组织者共同互动的快乐天堂。

小案例

互动丰富的乌镇"童玩节"

2018年7月8日，在乌镇景区，丰富多彩的童玩游戏吸引了众多游客，2018中国·乌镇乌村民间童玩节在万众瞩目之下盛装登场了。时值仲夏，可是在乌镇乌村景区，游客的游玩兴趣丝毫未减，对于乌镇民间童玩节更是兴致勃发。在乌镇乌村景区的白莲塔附近，游客们在传统童玩厅里玩着过去的人们小时候的玩具，滚铁环、抽陀螺、踢毽子、夹弹珠……这些"土玩具"让人们感到温暖。

值得一提的是，游客们还可以在童玩节中来一场非物质文化遗产之旅——在乌镇的童玩工坊里学做蓝印花布、做乌陶、做花灯……这些过去人们谋生的技艺，如今也成了体验快乐和传统的好手工。

第三节　我国会展业发展现状及发展对策

从经济学理论来分析，会展经济的最大作用是它可以降低交易成本。采购方与展销方都能在会展中获得利润的最大化。简单来说就像20世纪六七十年代城郊的"墟市"，只不过主角由挑担子、穿草鞋的农民变成了全国乃至全世界的大小厂商，场地再扩大几百倍而已。

会展经济一般被认为是高收入、高盈利的行业，其利润率为20%～25%。一个城市的会展如果发展到一定规模，会大大提高城市的知名度，并且带来大量的人流、物流、资金流。按照国际上的经验，产业带动系数为1∶9，即展馆的收入若是1，住宿、餐饮、运输、通信、旅游、贸易等相关收入将达到9。从国际上看，在瑞士日内瓦，德国汉诺威、慕尼黑、杜塞尔多夫，美国纽约，法国巴黎，英国伦敦，以及新加坡和中国香港等这些世界著名的"展览城"，会展业为其带来了巨额利润和经济的空前繁荣。美国一年举办的200多个商业展览会带来的经济效益超过38亿美元；法国会展每年营业额为85亿法郎，展商的交易额高达1500亿法郎，展商和参观者的间接消费也在250亿法郎左右。中国香港每年也通过举办各种大型会议和展览获得可观的收益；从中国内地来看，仅2018年春季举办的第15届中国（北京）国际汽车展览会，就有125万观众前往观展，光门票收入就有2000万元，其主办者收入粗略计算也有1.5亿元。

一、　我国会展业的发展现状

我国的会展业萌芽于20世纪初。当时，为抵制洋货，推行国货，北京、上海等地受海外博览会影响，曾先后举办过几届“国货展览会”。主办者租借私家别墅、商店、旅店、寺庙等进行布展。1929 年的西博会是我国会展史上第一个全国规模的大型综合性博览会，共开设了八馆两所。当时主办者租借了不少老建筑，但由于要展出飞机、舰船模型和活动火车头等大型展品，主办者不得不考虑建一个新的展览馆——工业馆（口字厅）。这座我国最早的展览馆至今仍完好存在。

改革开放以来，我国会展业获得了前所未有的进步。尤其是 20 世纪 90 年代以后，我国会展业以年均 20% 的增长速度高速发展，引起了世界的关注。2016 年，我国境内举办展览 9892 场，较上年增加 6.56%；展出面积 13075 万平方米，较上年增加 10.82%。据商务部测算，会展经济直接产值接近 5000 亿元人民币。中国已经成为亚洲会展大国之一。随着国民经济的持续增长，我国会展业仍将保持快速增长的势头。

（一）我国的出国展和来华展

新中国成立后我国的展览业是从出国展开始起步的。1951—1978 年是我国展览业的起步时期。这一时期，中国国际贸易促进委员会占据垄断地位，出国展和来华展几乎都由中国国际贸易促进委员会参与组织和接待。这一时期的特点是会展数量少、组织水平低、专业化程度低，会展作为配合国家外交政策的手段，不具有经营性质。1978 年伴随着中国经济体制改革的逐步深入和对外开放的不断扩大，中国展览业迎来了蓬勃发展时期。1978 年中国国际贸易促进委员会在北京成功举办了“十二国农业机械展览会”，这是新中国成立后我国首次举办国际博览会。1986 年中国国际贸易促进委员会组团参加瑞士“巴塞尔样品博览会”，标志着中国展览业开始与现代国际展览业接轨。2001 年，德国三大会展巨头与上海市浦东土地发展（控股）公司共同投资兴建上海新国际博览中心，标志着国际会展巨头大举进入中国市场的序幕正式拉开。中国初步形成了自主办展、来华展、出国展并驾齐驱，政府或相关部门、协会/商会、国有展览公司、民营展览公司、合资展览公司等多主体办展的格局，但是政府或相关部门、协会/商会、国有展览公司占据绝对主导地位。

2004 年以后，随着国家深化行政审批制度改革，推动简政放权工作，会展审批逐步取消。同时，国家出台了一系列鼓励政策推动我国会展业发展，包括《国务院关于加快发展服务业的若干意见》（2007 年）、《文化产业振兴规划》（2009 年）、《关于“十二五”期间促进会展业发展的指导意见》（2011 年）等。2015 年国务院公布《关于进一步促进展览业改革发展的若干意见》，第一次从国家层面明确提出要全面深化展览业管理体制改革，加快展览业发展。国家对展览行业的管制逐步放开，并积极推动中国展览业“引进来，走出去”，展览行业发展迅速。

近年来，伴随着亚洲、非洲和拉丁美洲等新兴市场的经济发展，国际会展产业出现了重心由发达国家向发展中国家转移的趋势。我国位列第二台阶，排名全球第二，是世界会展新兴大国，仅次于德国，远超意大利、美国等国家。中国等新兴市场逐渐成为世界展览业发展重心，每年都会有大量外国参展商来华参加各种层次和类型的会展活动。同时，国内会展企业也在积极探索走出国门办展之路。2017 年我国出国举办展（博）览会增速虽然放缓，但整体依然保持增长态势，参展数量不断增多，展览面积稳步增长，参展企业数逐渐提升。全国 100 家组展单位共赴 70 个国家举办展（博）览会，参展 1549 项，较 2016 年同比增长 3.82%；展出面积 84.98 万平方米，同比增长 1.77%；参展企业 5.9 万家，同比增长 1.72%。

2017 年我国出展项目数（包含自办展、代理展）列居前 10 位的国家分别为：美国、德国、俄罗斯、巴西、阿联酋、印度、泰国、法国、墨西哥和印度尼西亚。我国赴上述 10 国的展览项目数量占全年出国展览总量的 69.9%，展出总面积占全年出国展览总量的 54.4%，参展企业数占全年出国展览总量的 52.2%。目前，我国具有全国组展资格的出国展组织机构已达 37 家，出国展的规模和水平日益提高。在一些大型国际会展上，中国展团经常成为最重要的展团之一。来华展则由于各种条件的限制主要分布在北京、上海和广州等大城市。

（二）我国著名的品牌展

品牌是会展业发展的灵魂，实现品牌化发展是国内会展企业竞争力得以提高的必由之路。目前，国内已经涌现一批初具规模及品牌影响力的会展企业和会展项目，但与德国、英国、意大利、法国等国家的国际知名会展公司及品牌展会相比，其品牌知名度仍存在差距。依托于所在城市及区域的产业，发达国家主要会展地区与其本身的产业发展特点紧密相关，并形成了品牌效应。国际上诸多著名展会依托当地优势产业发展，如巴黎时装文化展览会、汉诺威工业博览会、杜塞尔多夫国际印刷包装展等，上述专业展览会使得举办城市在国际会展上积累了较强的影响力，并打造了当地城市的会展品牌。展览规模直接跟展览效果及经济效益相关，展会大型化、集团化、品牌化已成为国际展览业的发展趋势。因此，品牌化将是未来一段时间内我国会展业发展的重要趋势。在服务范围上，国际会展业正在向多元化方向发展，包括展会项目的多行业化、经营服务的多样化等。随着会展业持续蓬勃发展、会展企业经营实力进一步增强，国内主要会展企业和外资会展企业逐步通过收购优质会展运营商、新设会展项目等方式拓展行业布局。经营服务也将从单一专业会展策划、运营延伸至场馆搭建、展馆运营等展览相关领域。

我国目前较成熟的品牌展有中国国际机床展览会、国际汽车展览会、中国国际信息通信展览会、中国国际纺织机械展览会、中国国际冶金铸造展览会等，每个会展的展出面积有4万~6万平方米。就规模来说，在珠海举办的中国国际航空展，展出面积室内为5万平方米，室外为22万平方米，为亚洲第二大航展；中国进出口商品交易会（简称广交会）为我国第一大展，是我国历史最长，在贸易上最具影响的一个展览会，展出面积约80万平方米；中国国际工业博览会是全国规模最大的工业展览会。

（三）我国的展馆规模

据商务部统计，2017年全国展馆市场继续保持平稳增势，一部分大型展馆新建或投入使用，室内可供展览面积在5000平方米以上且正在运营使用的展馆共计211家，其中10万平方米以上的展馆有23家。全国三大办展城市——北京、上海、广州的情况是：北京地区有展览场馆12个，室内展览面积为234400平方米，室外展览面积为148800平方米；上海地区有展览馆10个，室内展览面积为189596平方米，室外展览面积为64000平方米；广东地区有展览馆21个，室内展览面积为830305平方米，室外展览面积为820853平方米。这三个地区室内展览面积合计为125.4万平方米，占全国的39%。展馆规模的快速扩大直接带来了会展数量的激增。

我国目前已有一些展馆具有较高的现代化水平。如中国国际展览中心就有报告厅、会议室、技术座谈间、中西餐厅、停车场、海关监管仓库等，还有海关、运输、施工、广告、旅游、饭店、动植物检疫所、物品租赁和商务中心等服务场所。但多数场馆硬件设施仍显不足，展览环境不够理想。我国各地主要展馆的基本情况参见表1-2。

表1-2　我国各地主要展馆室内展场面积和国际标准展位数量

城市	展馆名称	室内展场面积/万平方米	国际标准展位数量/个	其他说明
北京	中国国际展览中心	7	3108	
北京	中国国际展览中心（新馆）	>20		
广州	中国进出口商品交易会展馆（广交会展馆）	16		
广州	广州国际会展中心	>30	10200	室外展场2.2万平方米
香港	香港国际会展中心	6.4		
东莞	广东现代国际展览中心	主展馆>7	2615	
厦门	厦门国际会展中心	15.4	2000	32万平方米的前后广场可举行6万人的庆典活动

续表

城市	展馆名称	室内展场面积/万平方米	国际标准展位数量/个	其他说明
福州	福州国际会展中心	3.2	2000	
深圳	深圳会展中心	12	4000	
深圳	中国国际高新技术成果交易会展览中心（高交会展览中心）	3.6	2000	
珠海	珠海国际航展中心	5		室外展场面积22万平方米
海口	海口会展中心	7		
昆明	昆明国际贸易中心	7.5	3000	
上海	上海光大会展中心	3.5		
上海	上海世贸商城	1.98		
上海	上海展览中心	1.8		
上海	上海国际展览中心	1.2		
上海	上海新国际博览中心	20		中德合建，首期4.5万平方米已竣工。另有5万平方米室外展场
杭州	杭州国际会展中心	10.0		2003年10月投入使用，室外展场面积超过5万平方米
杭州	杭州和平国际会展中心	4.14	1664	未含老馆500个标准展位
苏州	苏州国际博览中心	12	7000	展厅共14个；二层展厅约8万平方米无柱式连续展厅，为世界最大
南京	南京国际展览中心	4.4	>2200	
青岛	青岛国际会展中心	2.6	1528	另有5000平方米室外展区，占地25万平方米
沈阳	沈阳国际会展中心	4.0	2001	
大连	大连金石国际会议中心			占地30万平方米
大连	大连星海会展中心	1.4	729	室外展场面积6000平方米
哈尔滨	哈尔滨国际会展体育中心	32	2000	占地43万平方米，总投资20多亿元
成都	成都国际会展中心	5.5	2400	

续表

城市	展馆名称	室内展场面积/万平方米	国际标准展位数量/个	其他说明
西安	陕西国际展览中心	4.6	1800	
西安	西安国际展览中心	2.6		
长沙	湖南国际会展中心	5		
南宁	广西展览馆	2.5		

（四）我国会展业发展的地区差异

我国各地会展业发展水平与我国地区经济发展水平是高度一致的。目前，我国东部沿海地区已经出现了以北京为中心的环渤海地区，以上海为中心的长三角地区和以香港、广州为中心的珠三角地区三大会展城市群。

1. 以北京为中心的环渤海会展城市群

这一区域的主要会展中心城市有北京、天津、大连和青岛。知名度较高的品牌会展有中国国际机床展览会、中国国际印刷技术展览会、中国国际冶金工业展览会、国际汽车展览会、大连服装节、青岛啤酒节和家电展等。

作为我国的政治、经济、文化中心，北京的展览业历来受全国瞩目。北京是我国国际来华展览业务最为集中的地区之一。根据北京市国际会展业协会的统计，2015 年北京市会展行业实现收入 218.5 亿元，接待展览 789 个，其中展览面积 1 万平方米以上的展览 193 个，累计接待展览面积 612.6 万平方米。

目前每年在北京地区举办的各类展览占全国展览会总数的 25% 左右。国际来华展和各类科技展已成为北京地区展览会的突出亮点，从 2015 年的 789 个展览的情况看，国际来华展数为 173 个，常年固定会展 150 个。由商务部审定的具有举办来华展览资格的单位共 197 家，其中 110 家在北京地区。由此可见，对于开展国际来华展览业务，北京地区在全国起着举足轻重的主导作用。科技类会展比例大也是北京会展的一大特点，其中尤以“中国北京高新技术产业国际周”为突出代表。

大连是我国会展业发展较早的城市。如今，以专业性强著称的大连服装节为龙头的十几个定期品牌会展撑起了大连的会展经济，大连啤酒节在全国也颇有名气。会展业的发展，不仅为大连带来了直接的经济收入，而且也为大连带来了广告效应，提高了城市知名度。

值得一提的是，大连的会展运作已基本市场化，政府的主要作用转向了规范市场和政策引导。大连市政府的展览管理办公室在规范大连会展业发展方面发挥着重要作用。展览管理办公室对会展立项进行审查时，对于相同类型、题材的会展，绝不批第二个，特殊情况下会协调后来者和先入者合二为一，避免恶性竞争。

2. 以上海为中心的长三角会展城市群

这一区域的主要会展中心城市有上海、南京、杭州、宁波、苏州和无锡。知名度较高的品牌会展有中国国际工业博览会、中国国际家具展览会、国际汽车展览会、中国国际模具技术和设备展览会、杭州西湖国际博览会、宁波的服装节以及义乌的小商品博览会等。

在我国环渤海、长三角、珠三角三大会展城市群中，以长三角会展城市群的经济实力最强。长江三角洲地区面积占全国的2.2%，人口占全国的10.6%，而GDP总量却占到全国的22%以上。在我国三大会展城市群中，以长三角会展城市群的发展势头最猛，发展潜力最大。

3. 以香港、广州为中心的珠三角会展城市群

这一区域的主要会展中心城市有香港、广州、深圳、珠海、东莞和虎门。知名度较高的品牌会展有中国进出口商品交易会（简称广交会）、中国国际高新技术成果交易会（简称深圳高交会）、中国国际航空航天博览会（简称珠海航空展）、中国东莞国际电脑资讯产品博览会（简称东莞电博会）和国际名家具（东莞）展览会（简称东莞家具展）等。

中国香港是亚太地区重要的会展中心之一，被誉为国际会展之都。近年来，香港每年举行的大型展览活动超过80项，参展商多达2万家；每年在香港举办的大型会议超过420个，来自世界各地的与会代表多达3.7万人；香港已连续多年被英国《会议及奖励旅游》杂志评为“全球最佳会议中心”。有着30多年贸易推广经验的香港贸易发展局，以最佳的服务及制作水准主办世界级贸易展览，被公认为世界上最专业和最具实力的展览主办机构之一。

香港贸易发展局所办展览，每年都吸引20多万买家，其中包含10万香港的买家，主要是跨国公司在香港的办事处，他们为欧美公司进行采购。从外地来的买家有10万，其中1.5万来自中国内地。而且在每1万家参展商中就有1000家是中国内地的，这些都说明，香港不仅是中国外贸的窗口，而且已成为亚洲的展览中心。

知识小贴士

关于中国进出口商品交易会

开放程度高是广州地区会展业最大的特点。依托广交会的影响力，广州周边地区出现了百展争雄的格局。广州是华南政治、经济、文化的中心，也是国内会展业发展最早、会展经济最活跃的地区之一。据不完全统计，在广东每年举办各种展览会上百个，其中国际性展览占1/3。其展览的数量、展览面积、会展规模和影响，都位居全国前列。

有“中国第一展”美誉的广交会已走过了60多个春秋，是中国目前历史最长、层次最高、规模最大、商品种类最全、到会客商最多、成交效果最好的综合性国际贸易盛会。

依托广交会的影响力，广州周边地区的会展经济也蓬勃发展。改革开放以来，广州及珠江三角洲地区成为外商投资的热土，成为中国乃至世界的加工制造中心，电子元器件、轻工、消费品类会展得以迅速发展。

4. 其他地区

东北地区除大连外目前尚无具全国意义的会展中心城市，仅沈阳市和哈尔滨市具有一定的会展业基础。但这里是我国传统的工业发达地区，又是我国对俄罗斯贸易前沿地区，会展业发展具有良好的外部基础。

西部地区的会展业几年以前一直处于封闭、落后的状态，随着国家西部开发战略的制定和实施，会展业也出现了众多亮点，重庆、西安、成都、乌鲁木齐纷纷成为我国西部地区重要的会展城市。各地都建设了具有一定水准和规模的展览场馆。成都市的老牌会展全国糖酒商品交易会已连续举办了十余届。位于市中心的四川省展览馆是成都举办会展最多的地方，8000 平方米的展厅几乎天天有会展，客流量每天都达 2 万 ~4 万人次。

中部地区是我国会展业发展的薄弱地区，这种趋势目前可能不会有太大的改变。主要的会展中心城市有武汉、长沙、郑州等。武汉的会展业已具有一定基础。

二、 会展业对我国经济及城市生活的影响

会展业的发展有赖于经济的发展，同时会展经济的发展又对社会发展起着重要的推动作用。展览能体现经济发展趋势，德国政府早在 20 世纪 50 年代就指出：经济的发展在展览会上能得到反映，同时展览也影响经济的发展。贸易展览与经济发展的关系是两方面的。一方面，经济发展状况决定展览的兴衰，并在展览会上反映出来；另一方面，展览所呈现的主调也会影响、刺激经济发展趋势。

改革开放以来的中国经济以旺盛的生命力高速发展，成为世界瞩目的焦点。自 2000 年开始不断举办的各级各类会展活动，推动了我国一大批城市的发展，会展业已在北京、上海、广州、深圳、大连等一些第三产业发达的城市迅速崛起，使中国会展业初步形成了环渤海、长江三角洲、珠江三角洲三大会展城市群，并与中西部会展中心城市相互协调，构成各具特色、多层次的会展经济发展格局。其中，长江三角洲作为中国经济、科技、文化最发达地区，正以其雄厚的经济基础和发达的产业，推动着区域会展经济的飞速发展。

2010 年开始，我国展览业快速发展，已经成为构建现代市场体系和开放型经济体系的重要平台，在我国经济社会发展中的作用日益凸显。2015 年国务院印发《关于进一步促进展览业改革发展的若干意见》（国发〔2015〕15 号），这是国务院首次全面系统地提出展览业发展的战略目标和主要任务。会展业的发展对所在

产业和地区经济、社会发展有较强的推动作用。会展业不仅可以有效促消费、扩内需，还有利于促进城市服务水平以及基础设施建设水平的提升，提高一个城市的管理水平、文明程度和知名度、美誉度。同时，会展业有助于实体产业技术的更新和结构的提升。会展业已成为展示大国外交的重要平台。随着经济全球化水平的不断提升，会展行业在促进贸易往来、技术交流、信息沟通、经济合作及增加就业等方面发挥着日益重要的作用。2018 年 11 月，我国在上海成功举办首届中国国际进口博览会，向世界展示了我国主动开放市场的重大行动。

（一）会展经济推动科技进步

会展活动具有很强的时代特征。从某种意义上说，会展经济是一种时尚经济、潮流经济。最新的科研成果和最新开发的产品在此展示和交流，新材料和新工艺在会展中得到最先应用。同时，会展活动带有很强的学习性和教育性。因此经常举办大型会展的城市可以从办展过程中获得最新的科技动向，而世界一流会展也往往选择在科技领先、经济发达或经济发展潜力巨大的城市举办。

近年来新技术在会展活动中得到广泛运用，从会展现场数据的收集统计，到线上线下展会的共同发展；从信息技术的应用，到会展科技资本的融合，都充分体现出“会展与科技融合发展”的总体趋势。进入 21 世纪，会展业信息化水平显著提高。随着移动互联网的兴起，“自媒体”蓬勃发展，微博、微信等即时通信工具成为人们获取信息的重要来源，会展业也普遍应用官方微博、官方微信、公众号，及时发布展览资讯并与客户开展互动交流。

移动互联网及云计算等现代信息技术不断与国民经济各个行业融合发展，也将成为推动会展业创新发展的驱动力。展会官网、官方微博、官方微信使用率大幅增长，公众号、专业化信息平台等方式得到普遍应用。然而，互联网对会展业发展的冲击远不仅于此，“互联网 +”作为推动会展业新一轮转型的外在动力，将对传统会展业形成具有变革意义的冲击和倒逼，刺激会展商业模式主动调整，变革服务边界，提高服务效率和服务质量，进一步深化改革，再造产业链条，重构产业格局。

知识小贴士

网上世博会

网上世博会是中国 2010 年上海世博会的重要组成部分，于 2010 年 5 月 1 日正式上线，是世博会的导引、补充与延伸；它是服务于 2010 年上海世博会的集推介、导引、展示、教育四大功能于一体的综合性、国际性的网上平台。世界博览会至今已有 150 多年历史，一直是以实体场馆的方式进行展览展示。上海世博会推出“网上世博会”项目，通过互联网新媒体与多种技术结合，把世博会最精彩的一面展现出来，以生动形象的方式推进世博会，吸引国内外游客前来参观。

图 1-5　网上世博会“世博轴”效果图

网上世博会的组织者是上海世博会事务协调局。网上世博会的参与者范围是2010年上海世博会的全部参展者（包括官方参展者、非官方参展者、国内参展者）。网上世博会的内容是以2010年上海世博会内容为基础，以不同的方式和技术在互联网上进行展现。“网上世博会”不仅包括推介、导览的功能，还能通过浏览交互式的手段介绍有关世博会的大量背景。此外，“网上直播”可以提供体验仿真、游戏互动和虚拟等手段，带领人们漫游世博园区，深入世博会展馆来体验感受，这是“网上世博会”最具特色的方面。如图1-5所示为网上世博会“世博轴”效果图。

（二）会展经济促进城市发展

会展可以展示城市形象，提高城市在国际、国内的知名度。在国际上，衡量一个城市能不能跻身于国际知名城市行列，一个重要标志是看这个城市召开国际会议和举办国际展览的数量和规模，一次国际会议或展览不仅可以给举办城市带来相当可观的经济效益，而且能带来无法估价的社会效益。会展业作为投资与贸易的重要平台，不仅能够有效推动产业和消费增长，而且作为现代高端服务业的重要组成部分，对举办城市的住宿餐饮、交通物流、广告传播以及旅游购物等行业均具有明显的拉动效应。因此，国际会展是最大、最有特色、最有意义的城市广告，它能够向世界各地的参展商、贸易商和观展人员宣传一个国家或地区的科学技术水平、经济发展实力，展示城市的风采和形象，扩大城市影响，提高城市在国际、国内的知名度和美誉度。同时，会展业的发达，还有助于加深政府、国内外团体和商界彼此之间的了解和交流，推动城市间人员的互访和文化的交流。

目前越来越多的城市开始重视会展业的发展，为会展业稳定发展注入了更多的增长动力。会展业对于促进供给侧结构性改革有着非常大的引领作用。会展活动为生产者和消费者打造了一个平台，对生产有较强的引领和带动作用，为社会经济的发展注入新的活力，从而为会展业的持续增长带来新的机遇。国内一线城市如北京、上海、广州、深圳等均出台文件，促进会展业的改革发展。会展产业已成为国内一线城市的重要支柱产业。

知识小贴士

世博会对上海发展的意义

对于世博会（World Exposition）这一个“世界顶级”的“城市事件”，第一次进入中国的城市，单在《解放日报》的主题检索中，从2000年6月到2007年5月就有1622条的报道，我们可以感受到上海世博会带给中国和上海强烈的冲击。

世博会是城市活动的顶级的表现形式，在一般的学术领域，世博会是当作“城市事件”来界定的，但它又不同于单纯的政治性活动（如APEC）、经济性活动（如广交会、商品博览会）、各类大型文化活动（如旅游节、电视节、美食节）、综合性的体育类赛事（如奥运会、亚运会）。相对于后几类“城市事件”而言，世博会不仅综合了政治、经济、文化特征，而且具有持续时间长、聚集人流多、投入量大等特点，并且是对人类社会所取得的经济、社会、文化、科技等领域的最高成果的展示，对于举办城市而言是名副其实的“盛会”。自1851年英国伦敦举办首届世博会开始，每一届世博会，无论是哪种形式的，何种规模的，都对举办城市的城市建设和城市形象产生了巨大的影响，成为城市形象塑造和传递的重要平台。

城市是人类文明的中心，是在全球化的经济、政治和文化活动中最重要的因子，面对日益激烈的全球化竞争，各个城市都站在历史发展的高度，调整自己的定位，实施恰当的策略，塑造自己的形象，在分析和比较的基础上充分调动城市现有的积极力量，发展区位竞争优势，增强城市的竞争力、凝聚力、辐射力和吸引力。在日益严峻的全球化经济浪潮下，城市形象成为城市的一个活的名片，直接刺激着生活在这个城市中的居民和外来人口的大脑。

上海作为中国最大的城市，在世界上的形象左右着各国对中国的评价，影响着以上海为代表的中国开放城市在国际上的竞争力和经济地位。抓住上海世博会这一次千载难逢的机遇，将一个崭新的，甚至是“不可思议”的上海城市形象展现给全世界，不仅具有极强的经济意义，而且有深刻的政治意义。

全球化让城市“体面地”走出去，当今世界的竞争是以经济为基础的综合国力的竞争，由于国家中的各种政治、经济、文化活动都是在城市中举办的，城市成为一个国家的组成细胞，从这个意义上说，国家之间的竞争就体现在城市之间的竞争上。全球化的社会发展趋势让每个国家都主动地走出去，走向世界，脱离狭小的空间，实现与国际的接轨。城市作为人类一切活动中最核心的节点，反映了人类发展的进步，人类的文化文明，人类的生存状态，是一个国家走向世界的文化名片。

2010年上海世博会是上海传递城市形象的一个强大的“扩音器”，从历史上每次世博会的举办看，世博会都会成为该城市迅速发展的催化剂，上海世博会的举办大约吸引了7000万的旅游人数，产生了近3000小时的媒体报道，这些数量庞大的游客群体和报道在世博会期间极大地推动了上海的城市形象，通过媒体在世界范围内形成一个核心的议题，改变、影响、提升、强化、放大着人们对上海的印象。

上海世博会助推上海在世界的文化认同，世博会的本质是一种旅游事件，是古代集市发展的必然结果，但它的根本目的和意义已经由产品的交换转化成对国家政治、经济、文化等方面的塑造和宣扬，从根本上讲是通过文化的交流、传递，实现本民族、区域的文化获得更大范围的认同。上海成功地申办了2010年的世博会，并选择了城市作为它的展示主题，在世博会选址所在的黄浦江两岸区域中，浓缩了上海近现代的城市发展轨迹：19世纪以前的老城厢、20世纪早期形成的外滩、20世纪后期形成的陆家嘴CBD（Central Business District，中央商务区）以及正在建设中的北外滩国际航运中心，正是全力展示上海近现代以来所有的文明成果的主力平台。面对全球化的激烈竞争，在20世纪90年代后，城市的发展和更新就具有了城市硬件设施建设以外的软的因素，这是对城市发展更适合人的居住提出的高层次的要求——对城市形象的塑造和推广来提升城市竞争力以谋求更高的竞争能力。

上海世博会的举办，正是切合了当前上海城市发展的热点与重点，不仅涉及上海历史的沉淀和历史文化遗产的综合开发，而且涉及上海作为一个国际大都市在世界特别是西方国家中的形象，又是对上海综合实力中软实力的充分表达和拓展。

（三）会展经济带动区域经济

随着会展市场的不断扩大，会展经济的拉动效应日趋显现。以媒体广告、信息咨询、网络科技和商旅为主体的会展服务业，正在高速成长。

我国根据上海、深圳测算表明，会展业的产业带动系数为1∶9。主要表现在：会展能够吸引大批中外参展、观展人员，从而刺激商品和劳务消费需求，推动商业、饮食服务业的发展。据统计，一个会展商人的消费额要比一个度假游客的消费额高2~3倍。会展业特有的展品、展地和展期三个要素，决定参展商和贸易商的地域和时间的局限性，承展地必须为参展商提供商品展览、研讨会议、新闻通讯、酒店等“一条龙”服务，这样就带动了承展地的咨询、保洁、广告、印刷、旅游等行业的快速发展。会展能够推动举办地加强交通、运输、电信、环保等基础产业的发展，从而全面提升举办地的综合经济实力。

会展活动的开展不仅由于引资和消费增加直接带来了经济增长，而且带动了城市相关产业，如商业、旅游业、物流业、宾馆业、餐饮业、教育产业等蓬勃发展。这突出地表现在以下几个方面：

1. 商业领域

（1）拉动消费增加　会展活动进一步增强了举办城市商贸业的集散辐射功能，带动了购物消费的阶段性快速增加。调查显示，每次会展期间都会直接拉动消费。

（2）促进对外经贸发展　尤其是国际性大型会展活动的对外经贸洽谈的成果非常显著，协议成交额总体上呈上升趋势，每届都有新的突破，推动了举办城市经济发展的步伐。

2. 旅游业领域

（1）催生大量城市旅游者　调查结果显示，近74%的外地参展商有旅行计划，这对于城市旅游客源来说将成为一项重要的支撑。

（2）增添城市旅游吸引力　会展活动作为一种活动型旅游资源，使城市旅游资源实现动、静的完美组合，促使举办城市在旅游资源的软硬环境上加大投资和管理力度，增强了城市的旅游吸引力。

（3）创造国际旅游收入　调查结果显示，近80%的受访外资参展企业表示对中国的国内旅游很感兴趣，尤其是富含中国风情的旅游风景区受到了外国参展商的普遍关注。

3. 物流业领域

（1）引导新型物流服务　大型会展活动的举办对物流的影响已不再是单纯地拉动物流规模的扩大，更多的是促进物流服务向多样化和高端化方向发展。

（2）完善物流网络空间布局　大型会展活动对于加快发展我国中心城区物流集散中心及形成新的物流经济带起到了积极的促进作用，也构筑了会展物流节点的区域布局。

此外，会展经济的发展对酒店业、餐饮业、教育产业等行业的推动也是显而易见的。会展活动的举办直接带动了第三产业消费链，对工业、农业、科技、商贸等的结构调整发挥着促进作用，有力地带动了第三产业的发展。

小案例

杭州会展业对产业链带动的量化分析

会展业对相关产业的带动作用巨大。以展览会一个标准摊位为例，简单的静态量化分析结果如下。

目前杭州展览公司一个标准摊位的（国际展和国内展平均）对外报价在4000元左右，其所带来的外地客商约为9人（展商3人、参观商6人），平均每人在杭州停留时间约为3天（展商6天、参观商1.5天）。

1. 住店消费：150元/（人·天）×（9×3）=4050元。

2. 餐饮消费（包括客户宴请）：100元/（人·天）×（9×3）=2700元。

3. 交通消费：市内交通 50 元/（人·天）×9×3+返程交通 800 元×9 人 = 8550元。

4. 购物礼品消费：100 元/（人·天）×（9×3）=2700 元。

5. 游览消费：30 元/（人·天）×（9×3）=810 元。

6. 文化娱乐消费：60 元/（人·天）×（9×3）=1620 元。

7. 医疗保健消费：15 元/（人·天）×（9×3）=405 元。

8. 其他服务消费（洗衣、理发、美容、照相、修理等）：15 元/（人·天）×（9×3）=405 元。

9. 一个标摊平均物流费用：运输 300 元、仓储 100 元、保险 100 元、邮政 50 元、展位特装修 500 元、展览器材 100 元，总计 1150 元。

10. 展商与参观商银行费用：100 元。

11. 展商与参观商信息费用：广告 500 元、咨询 200 元、书报出版物 100 元、通信 600 元，总计 1400 元。

以上客流、物流、资金流、信息流为产业链带来的总收入为 23890 元，会展业收入与相关产业收入比例约为 1∶6。会展业对相关产业的带动作用可见一斑。

（四）会展经济增强企业实力

参会、参展与观展已经为企业越来越多地加以考虑。因为在很多情况下，会展活动能为企业“造势”，可以切实增强企业实力。

对于参展企业来说，在大型会展上，企业不仅展示了自己，锻炼了自己，也了解了竞争对手。更重要的是企业可以由此获取最新的行业信息，并有机会得到大额订单。经常参展可以使企业明确生产经营的发展方向。

对于专业买家而言，在大型会展上，企业可以在短时间内尽可能多地接触供货商，从容选择，获取最大的商业利益。

对于会展举办城市而言，通过举行会展，可以把本地的名牌企业和名牌产品推向全国、推向全世界，同时也可以把外国、外地的名牌企业和产品介绍进来。

当今世界已有将会议展览、经济交流和政治活动越来越密切地结合在一起的趋势。很多国家领导人，赴国外参加重要国际会议时带着一大批企业家，准备了一大批要谈判的清单，在会议举办国进行一场实实在在的贸易、商务活动。

（五）会展经济扩大国际交流

由于国际性会展对贸易的巨大推动作用，会展促进国际交流与合作的功能是显而易见的。同时，随着我国对外开放进程不断深入推进，与各国之间贸易联系更加紧密，为中国外贸发展营造了良好的政治环境，促进我国对外贸易增长，从而带动我国企业出国参展、办展规模的逐步提升，以及与国际交流的逐步扩大。

首先，我国提出的“一带一路”合作倡议、国际产能和装备制造合作陆续进入实施阶段，“一带一路”沿线省市和会展业界积极支持国家战略，纷纷提出了很多的相关会展建议和设想，对外贸易与对外办展相互促进的局面正在形成。“一带一路”沿线大多是新兴经济体和发展中国家，总人口约44亿，约占全球总人数的63%，经济总量约21万亿美元，约占全球经济总量的29%。这些国家普遍处于经济发展的上升期，与之开展互利合作的前景广阔。其次，我国积极发展多双边经贸关系，截至2018年1月11日，我国已与24个国家和地区达成16个自由贸易协定，并正与20多个国家和地区进行自由贸易协定谈判或前期研究。

我国举办的一些国际品牌展被誉为“不出国的国外考察，不花钱的技术引进”。每次会展期间均有高峰论坛类的学术交流会和行业发展趋势分析会与之相配套，国内外知名专家济济一堂，交流自己的最新科研成果和独到见解。

三、 我国会展业发展存在的不足

相对发达国家的会展水平而言，国内会展业表现出来的总体特征是不成熟、不规范、不配套。具体而言，主要表现在以下四个方面。

（一）规模较小，竞争力弱

目前，国内专业展览会的规模大都在2万平方米以下，规模达到5万平方米的会展每年不足10个。在德国，中等规模的博览会展览面积也在18万平方米左右。除会展规模普遍较小外，国内的重复办展、多家办展现象也屡见不鲜。21世纪初，我国分别在北京展览馆、中国国际展览中心举办国际汽车展览会，结果让国内外参展商左右为难，最后有关部门不得不将两个车展强制合并。

除规模普遍偏小外，会展内容单一、配套服务滞后等原因也影响了我国会展业的综合竞争力。以在上海光大会展中心举办的汉诺威（CeBIT）亚洲信息展为例，虽然整个会展都是德国风格，但有很多好的想法却没办法实现。例如，汉诺威（CeBIT）设有一套电脑查询系统，它要求场馆的所有计算机都是连接国际互联网的，但目前的上海光大会展中心不具备这样的条件。从整体上看，我国会展业尚未形成专业化分工协作的格局。为会展活动提供专业服务的行业相对滞后，会展主办者既是策划者，又是具体实施者，从展品征集、宣传促销到展场布置、活动安排，甚至为参展商提供住宿、饮食等服务均由同一批人承担，从而在很大程度上降低了会展效率和服务质量。

（二）结构失衡，分布不均

会展业的结构失衡包括三层含义，首先是指区域结构失衡，这一点与分布不均是相对应的。国内会展业的区域结构失衡有两个明显的表现，一是区域会展业发展不平衡。即各省市的会展业发展水平相差明显但又不是真正的“重点突出，合理分散”，因为除上海、北京、广州等城市之外的区域会展中心体系尚未建立起来，即便是上海、北京等主要会展城市竞争力也不够强。二是国家对会展场馆建设的控制失灵。因为缺少科学的总体规划，虽然全国的会展场馆数量在增加，但仍不能满足会展市场的需要，从而使会展业发展陷入了“规模不经济”的怪圈。在空间布局上，我国会展业发展表现出“天女散花”的特点，各省市都提出要大力发展会展经济，而很少有城市关注自身的区位、资源条件及市场环境建设。

其次，从总体上看，全国的展馆规模结构失衡。据不完全统计，我国现有展览场馆300多个，其中，仅最近5年新建的展览面积达1万平方米的展馆就有30余个。然而，由于空间布局和档次结构不合理，全国会展业普遍出现了“供给不能适应需求”的问题。目前，全国展览面积超过10万平方米的展馆只有中国国际展览中心（北京）、中国进出口商品交易会（广交会）展馆、山东国际博览中心、福州国际会展中心和武汉国际展览中心4家，国内前10位展馆的展览面积总和抵不过汉诺威博览会展览馆的一个场馆。

最后，由会展活动所带来的收益结构不平衡。国内的绝大多数会展活动一开始就没能与旅游等相关行业结合起来，在整体促销、配套服务等方面都存在脱节问题；从会展活动到旅游、购物等其他消费，参与人员越来越少，旅游、文化等部门处于被动接待状态；参展商和观众的主要消费方面为住宿、餐饮、交通、门票和通信，其他项目的开支相对较小，旅游业各部门的收益不平衡。

（三）产品雷同，创新不够

我国会展业发展目前尚处于规模不大、档次不高、创新不足的“粗放型”经营阶段，其最直接的表现就是产品雷同，重复办展现象严重。事实上，会展业产品雷同是会展规模普遍偏小的必然结果，因为面积小且分散的展馆只适合小规模办展，策划、营销等专业人才的缺乏注定会造成低水平办展。概括而言，我国会展业产品雷同主要有以下两个方面的原因。

1. 行业管理体制不健全

目前，国内会展业还没有统一的行业管理部门，根据现行展销管理办法，国务院各部委及其所属的外贸公司等诸多机构都能举办展览，从而造成了多头办展、重复办展、低层次办展等现象的发生；其次，除北京、深圳等地地方展览协会外，国内会展业尚无全国性的行业协会，行业自律机制和协调功能不完善。在这种情况下，没有相关部门全权负责国际、国内会议及展览界之间的横向交流与联系，这既不能提高会展业的国际化水平，也无法协调各地会展的内容、层次和频率。另外，会展市场秩序比较混乱，行业法规亟待健全。虽然我国已出台了商务部关于《在境内举办对外经济技术展览会管理办法（修订稿）》和《举办展览会管理办法（试行）》，对申办各种会展做了一些规定，但这些管理措施已难以适应我国会展业发展的新形势。

2. 企业受短期利益驱动明显

从总体上看，我国的会展企业受短期经济利益的影响较大，大多数企业缺乏品牌意识和长远观念，这种落后的经营理念表现在会展活动运作中就是“尽可能多地办展，而不注重内涵的积累和质量的提高”，从而影响了国内会展品牌的树立。如2017年，上海国际展览公司承办了17个建材展览会，工业商务展览公司承办了50多个仪器、仪表展览。小规模重复办展的直接后果便是参展商和观众无所适从，客户分流、资源浪费，会展吸引力不大，最终制约了我国会展业的专业化和集约化进程。

（四）市场尚不成熟，人才缺乏

与会展业发达国家相比，国内会展业市场秩序比较混乱，尤其是小规模重复办展问题较严重。首先，没有权威性的部门对会展业进行统一管理和统一促销。其次，国内会展业尚未形成合理的利益共享机制与分工协作体系，配套服务水平还普遍较低。许多会展组织者没有实力却又想全权承揽参展商的一切活动项目，最终导致精力分散和服务效率降低，既影响了会展活动的质量，又制约了会展规模经济的形成。

会展业界的竞争归根结底是人才的竞争，然而目前我国的专业会展人才尤其是会展策划、装修与营销等高素质人才十分缺乏。国内许多会展主办者对会展经济没有一个全面的认识，会展活动的组织者、管理者和从业人员的整体素质都亟待提高。一方面，会展从业人员大都来自各相关行业，没有经过专门培训，缺乏系统的会展知识和相应的工作技能，从而制约了我国会展业的办展水平和服务质量。正因为如此，在北京第六届国际汽车展览会上，德国大众公司2000平方米的全部特装修材料是从德国空运过来的，施工人员也都来自德国，其他一些名车展位的特装修也几乎被合资公司包揽了。另一方面，由于这些非专业化的会展组织者对会展经济理解不充分，因而不懂得将会展活动与旅游等服务性行业结合起来，这不仅降低了会展活动的运作效率，还会影响参展商和观众对举办地的满意程度。

四、 我国会展业发展的对策

面临加入WTO所带来的严峻挑战和良好机遇，国内会展业应从单纯的总量扩张转向规模扩大和结构效益并举，从表面的“全面繁荣”转向会展品牌化与培育会展名城并举。为此，可采取相应的发展对策，以切实增强我国会展业的综合竞争力及获得持续发展的能力。

（一）加快超常规发展进程

1. 产业政策和资金投入的超常规

对于一项产业而言，超常规发展首先指产业政策和资金投入的超常规。鉴于会展业对国民经济的巨大带动作用，国家应给予会展企业大力扶持的优惠政策，如提供划拨土地、减免税收、财政支持等，以提高其投资会展业的积极性。另外，国家可通过财政拨款、发行证券、捐赠等多种形式设立会展发展基金，基金必须做到专款专用，并主要用于解决我国会展业发展中的重大问题。

2. 场馆建设的规模化和会展活动的国际化

会展业的超常规发展还包括场馆建设的规模化和会展活动的国际化。一方面，国家有关部门应对全国会展场馆现状做一次深入调研，并根据国际会展业的发展趋势和国内会展市场前景，制订一个长远的行业发展规划。各主要城市应将会展场馆建设纳入整个城市规划之中，并集中力量兴建大规模、多功能的场馆，切实避免“小而散、小而全”现象的发生。另一方面，会展业的迅速发展必须有国际性的会议或展览作支撑，因为只有通过举办国际性的大型会展，一个城市才能提高会展业的综合接待能力，并逐步塑造自身的会展品牌。

3. 组织制定并健全会展行业法规

为推动国内会展业的超常规发展，应组织制定并健全会展行业法规。任何一项经济产业的持续、快速发展都必须有比较完善的“游戏规则”作指导，会展业也不例外。这里的“游戏规则”应主要涉及会展评估体系、市场准入机制、主办者的资质条件、参展商的行业标准、会展地点与频率、招展程序及各项费用标准、配套服务管理等事宜。

（二）实施市场运作战略

走市场化之路是加入 WTO 和深入改革开放对中国会展业的必然要求。首先，我国应设立权威的会展管理机构，并成立全国性的会议及展览协会。其次，必须尽快形成一套合理的会展业利益共享机制，以提高会展活动的配套服务水平。国内会展企业在举办会展时应主动寻求旅游等相关行业的支持，以提高会展效率和服务质量；会展管理部门在评估会展的可行性和效益时，要将专业化分工协作作为一条重要标准。

另外，国有企业改革也是我国会展业实现政企分开和资产重组的重要突破口。国内有实力的会展公司应该以资本为纽带，通过收购、兼并、特许经营等多种形式实现跨地区、跨部门的联合，组建大型会展集团。这些会展集团必须走集约化经营之路，即利用自身在资金、管理、技术及人才等方面的优势，不断扩大经营规模，提高企业的国际竞争力。

（三）优化会展产业结构

从空间布局、场馆规模和会展收入三个方面来探讨我国会展产业结构的优化途径。

1. 空间布局结构优化

对全国会展业的总体布局进行优化有两种基本方法。第一种方法是依据点轴渐进扩散理论，并以水陆交通运输干线和国家宏观经济布局为主要评价因子，明确会展业布局的重点开发轴和主要发展点。以中国沿海、长江流域与京广线相交的“干”字形空间发展战略为大背景，并结合各主要旅游城市的会展业水平，可以预见，下列12个城市将成为中国会展业发展的地区中心：上海、北京、广州、深圳、大连、青岛、武汉、成都、重庆、昆明、乌鲁木齐以及福州，其中，上海、北京和广州将成为国家级的会展中心。

第二种方法是通过选取主要的区域会展中心来大致确立全国会展业的总体布局。这种方法分为两步：首先，建立城市会展业发展潜力评价体系；其次，采用特尔菲法和数值法相结合的方法，计算国内各主要城市的会展业发展潜力。

2. 场馆规模结构优化

这里的场馆规模结构是针对单个城市而言的，因为在总体布局合理的前提下，只要各会展城市的场馆规模结构优化了，全国会展业的场馆规模结构自然就有了竞争力。我国各主要城市尤其是那些有条件成为区域会展中心的城市，在对会展场馆规模进行优化时必须做到两个结合。一是与市场需求总量相结合。即会展场馆建设应以市场需求为导向，而不是盲目地追求大规模和大齐全。因为，一个交通条件落后的城市即使建有全国最大规模甚至是最现代化的展馆，也吸引不了以追求商机为主要目的的参展商。二是与城市总体规划相结合。会展业发展潜力较大的城市在编制或修订城市总体规划时，应充分考虑会展业发展的需要，反过来，会展场馆的建设又不能破坏城市发展的总体构想。

3. 会展营收结构优化

目前我国会展业的收入主要来源于展位费、住宿、餐饮、交通及门票五个方面，其中，由于大多数会展的观众数量较少，门票所占的比例并不大。然而在会展发达国家，参展商和观展人员在旅游、购物、娱乐等项目上的花费所占比例通常较高。因此，我国应按照“稳固主营收入，扩大副营收入”的总体原则，对会展活动的营收结构进行优化，以提高会展业对社会经济的贡献率。一方面，会展主办者要努力扩大展览会规模，并注重宣传促销和品牌塑造，以吸引更多的参展商和观众，从而为当地带来更多的经济收入；另一方面，会展部门应和旅游、文化等行业密切合作，将会展活动与旅游观光、文化表演、休闲娱乐等结合起来，这样既可以丰富参展商和观众的活动内容，又能扩大会展活动的综合效益。

（四）提升经营服务理念

这主要是针对国内会展公司及相关企业而言的。会展活动涉及住宿、餐饮、交通、通信等各个行业，因而会展企业的组织水平和服务质量将直接影响与会者、参展商及观众的参与热情。因此，要增强中国会展业的总体竞争实力，除了必须有计划地兴建大规模的现代化场馆外，还要不断提升会展企业的经营服务理念。

为提升经营服务理念，我国会展企业可以从三个方面入手：第一，转变经营观念。鉴于国内现有的场馆条件和办展水平，我国会展企业应迅速转变过去那种“求全、求多”的经营观念，并逐步形成能适应市场形势的新观念——“不求最全、但求最佳”，具体来说就是专业突出、特色明显、运作高效以及服务配套。第二，树立明确的企业目标。国内会展企业应该以最大限度地满足参展商需求为前提，实现企业经营利润和效益目标的最大化，而绝不能像目前许多会展主办者那样“只收取展位费却不注重参展商的实际需要”。换句话说，中国现代会展企业应该在追求会展活动对社会经济最优贡献的过程中，实现企业利润的最大化。第三，要不断提高服务品质。在德国、意大利等会展业发达国家，绝大多数场馆环境优美、交通便捷，配套设施完善，在场馆设计和会展运作时均以人为本，因而能使参展商和观众享受全方位的服务。加入 WTO 后，国内会展企业要与国外实力雄厚的会展公司竞争，就必须在突出自身特色的同时提高服务品质。会展企业的服务品质体现在会展招徕、信息发布、组织接待等各个环节，但最终可归结为硬件设施和配套服务两个因素，前者是基础，后者是关键。

（五）实现会展资本运营

中国会展业面临的最大现实问题是在加入 WTO 后如何尽快培育自身会展品牌，并迅速增强产业竞争力。国内会展企业必须走资本运营的发展道路，以迅速扩大经营规模，增强综合实力，这样才能在激烈的国际市场竞争中占有一席之地。根据我国会展业发展的实际情况，国内会展界可以着重从以下三个方面来实施资本运营战略。

1. 深化国有会展企业改革

我国应尽快改变绝大多数会展企业政企不分的格局，真正让会展企业做到自主经营、自负盈亏，参与公平竞争；政府机构要彻底从会展业的营利性部门退出，即只是作为国有资产的管理者对会展企业的经营决策提出建议和指导，而绝不干涉企业的正常经营活动。这一点可以借鉴我国香港地区的成功经验。例如，香港贸易发展局是香港会展中心的拥有者，但它不直接参与管理，而是指定专门的管理公司来经营，即使是贸易发展局自身办展也要全额交纳租金，贸易发展局只是按出租的展馆面积提取很小一部分数额作为其投资回报。

2. 要大力推进会展企业的集团化进程

资本运营与企业集团化是相辅相成的，前者是具体途径，后者是最终目的。我国会展企业应以资本为纽带，采取收购、租赁、兼并、联合等多种方式，组建具有国际竞争力的会展集团，从而以一个或多个统一的品牌与国外会展公司展开竞争；会展企业的集团化应打破行政、区域和所有制的界限，真正实现资产重组与强强联合。

3. 应积极鼓励会展企业上市

上市有利于会展企业拓宽融资渠道，进而增强资金实力，扩大经营规模。国家有关部门应该在金融政策上对有条件的会展企业给予大力扶持，以加快全国会展业的资本运作进程。有实力的会展企业也要在资金、运作、人才等方面做好充分的准备，争取早日上市。

（六）强化产品创新意识

对于会展企业而言，产品创新主要包括两方面的内容，一是积极开发新会展，二是培植并不断提升品牌会展。我国会展企业应以市场需求为导向，适时推出新的专业性会议或展览，并从内容、形式甚至配套服务等方面，对那些具有较强竞争力的传统会展进行改进和创新。即使是从国外移植过来的行业领导型会展，也要与我国的场馆条件、地方风俗等结合，以办出自身的特色。总之，推出新的会展应坚持这样一个原则，即商业会展与经贸活动、参观性与参与性、国际性与民族性相结合。

此外，国内会展界应以上海世博会的成功为契机，精心培育品牌会展和国际会展名城。长期以来，国内会展业的低层次、重复办展问题都比较严重，且大多数会展场馆面积小、设施落后，不具备举办国际会展的能力，这种格局既减缓了会展业的集约化进程，又影响了我国会展业的国际声誉。实施品牌支撑战略已成为提高我国会展业竞争力的必然选择。我国要培育品牌会展，首先应在会展内容、会展形式和配套服务上做文章，即做到会展内容主题化、会展活动多样化、会展形式特色化和配套服务专业化，以切实增强会展对参展商和观众的吸引力。此外，国家应按照统一部署的原则，在对国内会展企业和场馆实行优胜劣汰的同时，有重点、有计划地培育几个具有国际竞争力的会展名城。

思 考 题

1. 什么是会展？会展活动主要分类有哪些？
2. 如何理解会展经济的影响系数？
3. 我国会展经济发展的基本特征有哪些？
4. 我国会展经济的发展存在哪些不足，如何应对？

第二章 会展策划

学习目标

在本章学习过程中，首先要掌握会展立项策划的相关知识，主要是市场信息分析知识、会展题材的类型，重点掌握会展项目立项策划的基本内容，然后掌握会展实施过程中相关环节的策划方法与技巧，了解与会展相关的其他活动的策划与管理。通过本章的学习，重点培养学生的会展策划能力。

会展的策划过程是一个综合而又复杂的过程，它是为卖家和买家提供一定的环境和场所，促使交易达成的过程。评价一场展会，是要涉及众多行业和部门的，因此我们在策划与管理展会的时候要充分考虑各方面的因素。会展的策划与管理，主要包括三部分的内容：首先，是会展的立项策划，也就是在展前进行会展项目的可行性分析，写出相应的立项分析报告。其次，会展实施方案的策划，主要是会展实施过程中各环节的策划。最后，是与会展相关的其他活动的策划与管理，主要是开幕式策划、专业研讨会和技术交流会策划、产品发布会策划、娱乐活动策划等其他相关活动的策划。

第一节 会展立项策划

要成功举办一届大型的展会，是需要精心组织和策划的。尤其是当会展公司希望把新开发的展会打造成品牌展时，第一步便是进行科学的立项策划。所谓会展立项策划，就是指会展公司根据掌握的各种信息，对即将举办的展会的有关事宜进行初步规划，设计出展会的基本框架，提出举办展会的初步规划内容。具体而言，就是会展公司在纷繁复杂的市场环境中，设计合适的会展项目，确定合适的发展目标，选择合适的目标市场，明确合适的参展价格，寻找合适的促销手段等，以保证会展项目能在未来一段时期内获得最佳综合效益的活动。

一、市场信息分析

市场信息是会展立项策划的基础和依据，只有经过市场调查，充分掌握相关市场信息，并进行整理和分析，才能为整个会展立项策划提供强有力的基础。会展市场信息即反映会展活动特征及其发展状况的数据、消息、情报等的总称，它是企业发现新的市场机会和进行正确的经营决策的基础。所谓会展市场信息分析，是指以解决会展公司经营管理中的某个或若干个特定问题为主要目标，把通过各种渠道获得的市场信息进行归类研究，进而将分析结果提供给企业相关部门的行为过程。具体而言，它包括会展市场信息的收集、整理和分析等。

按不同的标准来划分，市场信息有不同的类别。我们主要以市场信息的内容为标准，会展市场信息分析大致可分为三类，即目标客户方面的信息分析、市场开发方面的信息分析以及会展技术方面的信息分析。具体而言，目标客户方面的信息包括：目标参展商的基本情况、潜在专业观众的基本情况、忠诚客户的经营动态、参展商的参展项目、参展商对展会的意见和要求（主要包括展会项目、服务、价格）。市场开发方面的信息包括：相关产业的发展现状及趋势、相关产业的产业结构、同类型展会的经营状况、本展会的市场占有率、潜在竞争者的数量和规模。会展技术方面的信息包括：会展场馆的技术数据和设备状况、新的布展概念与工艺和其他相关技术。

如果要开发一个新展会，市场信息的分析主要包括以下六个方面的内容。

1. 产业发展状况信息分析

产业性质和发展状况是影响展会项目策划的重要因素之一，而长期以来，国内许多会展公司并不重视产业信息的收集和分析。随着市场竞争的加剧，越来越多的国内会展从业人员开始注重对会展主题所在的行业进行深入研究分析，以科学指导展会的策划。

（1）产业生命周期　一个产业在市场中有其自身的生命周期阶段，整个生命周期的过程依次为导入期、成长期、成熟期和衰退期。处在不同的生命周期阶段，会有不同的产业发展特点，同时，市场成熟度和竞争状况不同，办展环境也不一样。

产业处在导入期时，相应的厂商数量会比较有限，人们对其了解较少，因此，观众会较多，会展的宣传效果很好，对参展商的吸引力较大；产业处在成长期时，该时期是整个产业快速发展的阶段，由于进入市场一段时间，人们对该产业有了一定的认知度，对其关注度也会相应增加，参展商往往希望通过会展使人们更详细地了解该产业的发展状况；产业达到成熟期时，厂商增多，整个市场的竞争会异常激烈，举办展会的规模会进一步地扩大；产业迈入衰退期以后，就成了夕阳产业，这时厂商面临的问题就是撤出该产业，或者是转移该产业，通过展会，能够帮助该产业进行升级换代或者向落后地区转移。由于各产业的性质不同，其生命周期阶段的长短不定。另外，并不是每个产业都能严格按照这四个阶段完成自身的生命周期过程，有些产业会出现中途夭折的现象，造成这一现象的原因有很多，如技术更新、资源匮乏等。

（2）产业规模　产业规模信息，可以帮助预测会展的规模和专业观众的数量。一般来说，产业规模越大，潜在参展商和专业观众就越多。衡量一个产业发展规模的指标主要有：

① 生产总值，是指该产业在一定的时期内，所生产的产品或服务的价值总和；

② 销售总额，是指该产业在一定时期内，所实现的产品或服务销售总价值；

③ 进出口总额，是指该产业在一定时期内，所实现的产品或服务进出口总价值；

④ 从业人员数量，是指从事该产业所有人员的总数。

以上几个指标是衡量一个产业发展规模的基本标准，在实际运用中，要综合使用，而不能仅仅依靠某一个指标来简单地衡量。由于产业的特点不同，对其规模进行评价分析时要综合考虑。例如劳动密集型产业与技术密集型产业相比，在从业人员的数量上，前者会高于后者，但是其生产总值、进出口创汇数量以及销售总额有可能会低于后者。从规模上判断，前者相应的也会低于后者。

（3）产业结构　所谓产业结构是指国民经济中产业的构成及其相互关系。在经济发展过程中，由于分工越来越细，因而产生了越来越多的生产部门。这些不同的生产部门，受到各种因素的影响和制约，会在增长速度、就业人数、在经济总量中的比重、对经济增长的推动作用等方面表现出很大的差异。因此，在一个经济实体当中（一般以国家或地区为单位），在每个具体的经济发展阶段、发展时点上，组成国民经济的产业部门是大不一样的。各产业部门的构成及相互之间的联系、比例关系不尽相同，对经济增长的贡献大小也不同。因此，把包括产业的构成、各产业之间的相互关系在内的结构特征概括为产业结构。

会展结构要与产业结构相适应，产业结构信息为展会市场定位、展区划分和专业观众组织等提供依据。

（4）产品销售方式　产品的销售渠道模式及其成熟程度不同，对举办会展的需求也不同。如果业内企业的产品分销体系不完善或需要看样成交的话，更适合办展会。产品销售方式信息为分析会展发展空间、确定会展举办时间等提供依据。

（5）产业技术含量　产业的技术含量越高，对会展场馆的要求也越高，因此，产业技术含量信息，为选择场地、布置会场等提供指导。

（6）产业热点问题　产业发展状况越复杂，策划会展的创新空间就越大。产业热点问题信息收集与分析，有助于策划会展中的论坛、新闻发布会等。

2. 会展公司经营环境分析

对会展公司经营环境的分析，主要是分析外部环境。所谓外部环境就是不可控制的各种因素的总和，具体包括自然、政治、经济、社会文化、科学技术五大方面。会展公司对经营环境进行分析研究的内容是：分析上述不可控因素对会展公司经营的作用方式及影响程度，从而指导企业内部的可控因素灵活地适应外部经营环境，保证会展公司在日益激烈的市场竞争中立于不败之地。

在上述五种不可控因素中，经济因素对会展公司经营活动的影响力最大，也最为明显。经济因素的内容十分复杂，能直接影响会展公司健康发展的因素主要有四个，即产业发展政策、对外贸易发达程度、国民经济增长状况、交通运输及公共事业的发展水平。此外，科技教育、法律法规以及行业竞争等因素对会展业的发展影响同样较大，因此也是会展公司经营环境分析研究的重要内容。例如，海关在货物进出口、报关及关税、商检等方面的政策都会影响到国外公司参加他国会展的行为。一般来说，若一个国家限制某类商品的进出口，或关税税率很高，国外公司参展或观展的积极性将会明显降低。报关手续越复杂，展会的筹备时间就越长。此外，海关针对参展商品的特殊规定也是举办国际会展时必须考虑的。

3. 展会市场供求关系分析

市场由产品的供给和需求构成，且供求双方的关系会直接影响市场竞争状况，因而供求关系分析是会展市场分析的重要内容之一。对于会展业而言，供给是指在一定时期和特定的行业内，会展公司向市场提供的各种类型的展会的总和；需求则是指一定时期内，参展商（包括与会者）对会展有支付能力的需求总量。对于单个的会展公司而言，供求关系则指展会项目与潜在参展商和专业观众之间的关系。

开展供求关系分析的最终目的是为了实现市场的供求平衡，在这一过程中企业也将获得理想的经济效益。鉴于此，展会市场供求关系分析的作用主要有：第一，有利于一个国家或地区对展会产品结构进行调整；第二，有利于会展管理部门对大型展会进行规划、控制；第三，有利于会展公司发现意外的市场机会；第四，有利于会展公司分析新展会的市场潜力。

4. 参展商和与会者购买行为分析

参展商和与会者购买行为分析属于消费者行为分析的范畴，它是现代会展公司以顾客需求为中心的经营理念的具体体现。参展商和与会者购买行为直接关系到会议或展览会的规模和市场价值，因而对其进行分析是展会市场分析的核心。参展商和与会者购买行为分析的实质就是通过分析其购买过程，明确影响其购买行为的主要因素，从而帮助会展公司制订经营决策。

从图 2-1 参展商购买过程示意中可以看出，参展动机和信息收集能直接影响参展商的购买行为。事实上，影响参展商和与会者购买行为的因素非常复杂，可以分为内部因素、外部因素和企业营销组合三个方面。其中，内部因素指参展商的动机、参展商对会展的态度、展后效果评估等；外部因素包括经济动态、行业发展状况、协会推荐等；企业营销组合则主要包括会展公司的会展项目、报价、分销渠道及宣传促销等。

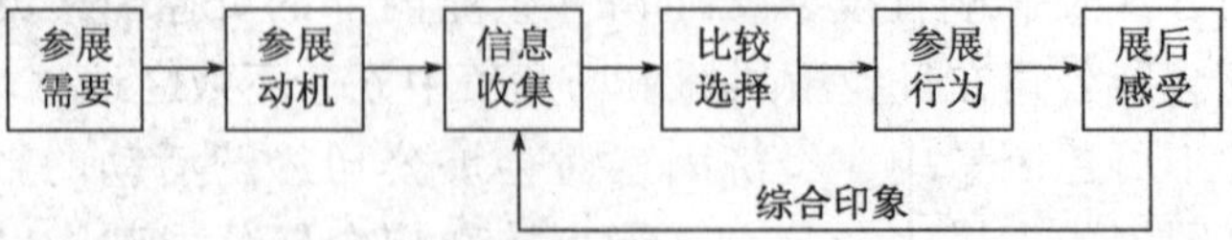

图 2-1　参展商购买过程示意图

5. 会展市场竞争者分析

会展市场竞争者的分析，就是分析某个会展公司和其主要竞争对手的竞争能力以及各自的市场占有状况，以帮助该会展公司明确自身的竞争地位，进而制订行之有效的竞争策略。竞争者分析的核心问题是明确本企业的优势，并在顾客心目中形成独特的定位。

总的来说，竞争者研究的主要内容包括：第一，一定地理范围内，某行业会展市场的竞争态势及结构；第二，竞争者的资金、人才、技术实力；第三，同类展会尤其是重点展会的定位、规模、数量与分布，参展商的来源与层次，以及专业观众的结构等；第四，本会展公司的独特竞争优势；第五，一定地理范围内未被发现的市场机会。

6. 会展公司经营策略分析

会展公司经营活动的目的是在满足参展商和专业观众需要的同时，获取理想的经济利益，为实现这一目标，企业必须合理运用各种经营策略。所谓经营策略，即指会展公司选择和占领最有利的目标市场的经营手段，其内容相当广泛，主要包括市场定位策略、市场竞争策略、市场开发策略和营销组合策略等。

市场经营策略分析对于优化会展公司的经营效果具有重要意义。虽然每种经营策略反映的只是会展公司经营过程的不同侧面，但都有一个共同的目的，就是帮助会展公司选择最合适的目标市场，并充分发挥企业的优势。

二、　会展题材的选定

会展题材又称为会展主题，是指办展机构决定开发一个什么样的展览项目，其直接表现就是展会的名称；对于已有的展会项目而言，则主要指本届或下届展会将以什么理念来吸引参展商和专业观众。选择展会题材是展会立项策划的一项重要内容，是举办会展工作的基础。展会题材选择是否恰当，会直接影响到展会的展品范围，对未来的招展、布展等活动也将产生深远的影响。

1. 选择行业的依据

一般来说，为了合理选定会展的题材，会展策划人员应根据展会举办城市及其周边地区的区位条件、经济结构、产业结构和场馆设施等条件，首先考虑该区域的主导产业和优势产业，然后再考虑国家和本地区重点发展的产业以及新兴产业。在详细掌握了产业发展状况、会展公司经营环境等各种市场信息后，策划人员可以利用市场营销中的市场细分方法来确定将在哪个行业办展；当选定行业之后，才能使用合适的方法选择特定的展会题材。

恰当地选择市场细分变量是进行有效市场细分的基础。为了选择合适的办展行业，办展机构可以使用的细分变量主要有四种：最终客户、客户规模、行为标准和地理位置。按每一种变量做出的细分市场都具有不同的功能。例如，地理位置可以反映该行业中生产厂家、买家及研究机构等不同利益主体的地理分布状况，这对于办展机构正确认识行业的地区优劣势和未来的招展工作等有重要的指导作用。

一般而言，在对各行业细分市场进行评估时，办展机构需要重点考虑以下五个方面：第一，细分市场是否能给企业带来合理的利润；第二，细分市场是否具有一定的规模和良好的发展潜力；第三，办展机构的资源条件及经营目标是否与细分市场的需求相吻合；第四，办展机构是否在所选定的细分市场上具有竞争优势；第五，在该细分市场上举办展览会是否具备可操作性。

2. 选定题材的常用方法

一般来说，选择展会题材有四种常用方法，即新立题材、分离题材、拓展题材、合并题材。

（1）新立题材　所谓新立题材，就是指办展机构通过收集、整理和分析各种市场信息，选定一个从来没有涉及的题材甚至产业作为举办新展会的会展题材。对于办展机构而言，选定一个全新的题材或进入一个新产业来策划展会具有很大的挑战性，但若选择得当，这不仅有利于会展公司开发新的产品、拓展新的市场，还能够有效避开激烈的市场竞争。

会展公司采用新立题材的方法时，必须深入分析市场环境和自身的优、劣势，然后做出决策。概括而言，应重点把握以下三个方面的问题。

① 新立题材的来源渠道。和一般意义上的新产品开发一样，新的展会题材就是一种创意。一般来说，办展机构需要在一个或几个产业内开展深入的市场调查，以便确定一个或几个可以办展的新题材。这是新的展会题材的首要来源渠道。另外，办展机构也可以从国内外已经举办的各种展会中初选若干个新题材，然后根据自身的实际情况确定一个或几个。在不少产业里，国内还没有某一领域的展会，而国外却已经形成了相对成熟的品牌，此时如果将该题材引入国内并进行本土化改造，往往能获得成功。

② 新项目的可行性分析。在尽可能地掌握了各种市场信息后，办展机构需要对新项目进行可行性分析，以期为最后是否举办该题材的展会提供科学的依据。概括而言，开展新展会项目的可行性分析，可以从市场环境、项目生命力、执行方案、财务预算和分项预测等主要方面入手。如果某个题材的展会项目具有良好

的市场前景，在经济上可行、经营风险不大且有一定的社会效益，就可以付诸实施了。

③ 新项目的可能风险。开发一个全新题材的展会必定会存在风险，首先是办展机构对某一主题甚至对其所在的行业不了解，这样就不利于进行正确的市场定位，同时也很难把握该行业的发展重点和热点问题，从而使得展会的号召力不强；其次，由于不熟悉新进入的行业，因而对该行业的行业协会、生产厂家和买家等的数量和分布都缺乏深入的了解，这势必会影响展会今后的筹备工作。

经典案例

2010 年 9 月，以“香港生活产品”为题材的贸易展览会——“香港时尚汇展·上海”在上海世博园召开。香港 80 多家公司携美亚厨具等 100 多个香港知名品牌亮相上海。时装、首饰、鞋、手袋、腕表、礼品、家居装饰品与家具、厨具与家庭用品、美容用品等展品淹没在豪华的装潢中，整个展厅没有标准摊位，也看不到一块场馆的原有墙面。徜徉在香港时尚汇展中，仿佛走进美丽的宫殿，这并不铺张的创意达到了很好的效果。

“香港时尚汇展·上海”是香港贸易发展局在内地举办的旗舰展会，为此，他们邀请了 700 多位来自全国各地的专业买家、百货公司采购人员和商场、超市代表，其中，以与上海邻近的苏州、宁波、南京和杭州为重点。另外，11 场品牌秀让买家从 T 型台近距离观赏了香港设计师的杰作以及各类时尚品牌的最新系列。

本届展会获得成功的主要原因是主办方选择了一个理想的题材。名牌展品低价出售，让参观者在上海就能买到比香港当地更便宜的港货是这次展会的魅力之一；另外，随着内地居民消费能力不断提高，越来越多的香港产品竞相北上已是大势所趋。

（2）分离题材　这里的分离题材有点类似于“剥离”的意思，指展会主办机构将已有展会的题材做出进一步细分，从原有的大题材中分离出更为专业的小题材，并将其办成独立展会的一种题材选定方法。

合理地分离主题不仅能为原有展会的其他题材让出更大的发展空间，而且可以使依据细分题材创办的新展会从一开始就具有更强的专业性，并不断独立发展壮大。但需要特别指出的是，采取分离题材的方法来选择新展会的主题时必须认真分析，谨慎行事。细分题材的展会是否拥有良好的市场前景？什么时候分离能够取得最佳效果？分离题材是否会对原有展会产生巨大冲击？主办单位是否具备足够的实力尤其是专业知识？……这些都是应该深入考虑的问题。

一般而言，当原有展会主办机构具备以下几个条件时，策划人员可以采用分离题材的方法来选择新展会的主题。

第一，原有展会已经发展到了一定的规模，而且某一细分题材在原有展会中有较大的比重，并呈现出迅速发展的势头；

第二，由于场地面积限制、展会定位等原因，某细分题材在原有展会中面积很难再进一步扩大，如果将其分离出来单独办展，将有更大的发展空间；

第三，某一细分题材分离出来后，原有展会不会因此受到大的影响，甚至能获得更好的发展；

第四，某一细分题材适合单独举办展会，也就是说，该细分题材与原有展会的其他题材之间有相对独立性，并且拥有足够的市场潜力；

第五，展会主办机构具备足够的资金、人才和技术实力来培育细分题材。

经典案例

全球知名的汉诺威信息技术展览会（缩写为 CeBIT）便是一个由分离题材发展起来的展会，它源于1947年在德国汉诺威创立的旨在向国际市场展示德国产品的汉诺威工业展会。20世纪50年代末，当时被称为“办公设备”的产业在汉诺威工业展览会上已经发展为第三大展团，该展团的重要性在整个20世纪60年代持续升高。1970年，德国汉诺威展览公司专门为这一展会类别创造了新的名称，CeBIT 由此产生。

CeBIT 是“办公及信息技术中心”的德语缩写，BIT 这个音节暗指20世纪70年代电子数据处理日益增长的重要性，尤其在20世纪80年代，个人电脑制造商蜂拥来到汉诺威工业展会，这更显示了电子数据处理这一发展趋势。CeBIT 这一展会类别占据了越来越多的展出面积，主导地位不断增强，但展位仍供不应求，候补展商名单变得越来越长。于是在1986年 CeBIT 脱离汉诺威展会，成为独立的展会。

CeBIT 在汉诺威的成功举办促进德国汉诺威展览公司在全球大力推广 CeBIT 理念，并提出了“CeBIT 全球展会”的口号。在近20年的海外贸易展会管理中，德国汉诺威展览公司获得了丰富的经验和专有技术。通过创立新的或移植现有的展会题材，在 CeBIT 全球展会旗下已发展出一系列的展会。

（3）拓展题材　所谓拓展题材，就是指主办机构将现有展会中尚未包含的，但又与现有会展题材有密切关联的题材列入现有展会题材，从而使现有展会的内容更加丰富和完善的活动。一般而言，通过恰当地拓展会展题材，主办机构不仅能有效扩大展会规模，即扩大招展展品范围，在短期内增加参展企业数量和专业观众的数量，而且可以使得展会主题更完善，因此这是扩大现有展会规模和增强展会专业性的常用方法。

然而，如果对新题材处理错误或处理不当，可能会使得现有展会变成大杂烩而降低其专业性，更为严重的是可能会带来参展商和专业观众的不满意，毕竟，

"拉郎配"会降低展会的档次。通过拓展题材来实现原有展会的创新或开发新展会，至少应满足以下三个条件：第一，计划拓展的题材与现有的会展题材要有一定的关联性；第二，现有展会从办展机构的人员知识结构到场馆面积都能容纳新题材的引入；第三，现有展会的专业性不会因计划拓展的题材的加入而受到影响。

经典案例

德国科隆五金工具展览会创始于1947年，原来每年3月举办一届，是世界上规模最大、影响力最大的五金工具类专业展会之一。该展会分为五金工具世界、安全保障领域和家用手工制品世界三大展区，包括工具类五金器件、保安器材、汽车附件和DIY产品等五大类展品。

2003年，为进一步体现展会的国际化和专业化特色，主办单位将该展会更名为"应用天地"，这一名称更强调该展会作为全球最大的五金工具展的示范功能和对世界五金工具行业贸易的领导作用。从2004年起，德国科隆五金工具展览会改为两年一届，但为了满足亚太地区有关企业进入欧洲市场的需要，科隆展览公司于2005年在原地举办了一个主要面向亚太地区目标参展商的展会——德国科隆国际亚太家居、园艺及消费品博览会（Aisa Pacific Sourcing Fair），这一新展会包含两个主题的展会：五金博览会和家居、园艺及消费品博览会，这无形中拓展了德国科隆五金工具展览会的市场范围。

（4）合并题材　所谓合并题材，就是将两个或两个以上彼此相同或有一定关联的会展题材合并为一个更大的展会，或者是从两个或两个以上的展会彼此相同或有一定关联的会展题材中提炼出来，放在另一个展会里统一展出。

合并题材具有明显的优点，它有利于会展公司集中优势资源打造品牌展、扩大展会规模和提高展会的档次等。但同时也存在一定的风险，因为，将多个相关联的、不同规模的展会联合成为一个大展来举办，在发挥规模效应和协同效应等优势的同时，势必也会带来操作的难度和更大的风险。

经典案例

2004年10月12～15日，汉诺威展览（中国）有限公司将其主办的五大工业展首次联合起来举办，形成了一个新的"汉诺威五大工业展"。这使得"五大工业展"迅速成为一个展商总数达到1400多家、展出面积将近8.5万平方米的超大规模展会。这五个工业展包括"2004年亚洲国际电力、电工及能源技术与设备展览会""2004年亚洲国际动力传动与控制技术展览会""2004年亚洲国际物流技术与运输系统展览会""2004年亚洲国际自动化技术与设备展览会""2004年中国国际金属加工工业展览会"，几乎覆盖了整个机械工业领域。

德国汉诺威国际展览公司董事、总经理沃尔夫刚·雷纳兹先生用一句话概括了五大展联合举办的宗旨："我们的努力方向是打造亚太地区现代工业产品和技术最好的发布平台，成为该地区工业发展情况的方向标。"他表示，五展合一，事实上就是把各个重要的工业类别集中在一起，通过行业与技术上的相互关联，给参展商与办展商之间、参展商与观众之间带来多重交流。

以上是多个展会联合举办的一个成功范例，业内曾有专家分析，在一个展会的扩张过程中，它所体现的趋势是综合化的，其题材会趋向于联合相关产业；而在一个展会收缩的时候，往往会将原来的内涵重新划分，定位在更集中的题材上，这是一种自我"剥离"。对于汉诺威公司和五大工业展来说，目前正处于一个扩张的过程中，因而兼并将成为今后一段时期的发展趋势。在实际工作中，展会的题材合并问题是十分复杂的，为有效降低合并题材可能带来的经营风险，在合并展会题材时一般要遵循以下原则。

第一，合并题材之间必须相同、相似，或具有较强的关联性；

第二，如果是由几家办展单位合并题材，则必须在联合办展之前商定彼此之间的权责和利益分配方案；

第三，科学预测合并题材可能给原有各展会带来的影响，并提前制订相应的对策，努力将不利影响降至最小；

第四，选择好合并的时机，让合并展会题材的举动能为业内企业充分知晓和接受。

三、 会展项目立项策划

在确定了会展题材、基本收集到上述各种信息并对信息进行初步分析后，就可以进行会展项目立项策划了。展会立项策划工作是一种创造性劳动，它是展会项目能否取得成功的基础。在展会题材已经确定的前提下，展会策划的核心内容是对展会活动（包括会展期间的相关活动）的举办时间、地点、展品范围、人员、进度控制、招展、相关活动及费用预算等具体事宜做出适当安排。

1. 展会的基本设想

（1）展会名称　在选择了行业和题材后，接下来是给展会定名称。一个合适的名称不仅能使展会易于识别和记忆，还能有效传递展会的题材定位，从而为展会的成功举办奠定良好的基础，反之可能会埋下隐患。一般来说，展会的名称由三部分组成，即基本部分、限定部分和行业标识，而且每个部分都要传达特定的含义。

① 基本部分。用来说明展会性质和特征，常用的字眼如"展览会""交易会""节""博览会""展销会"等。这些词在含义和使用习惯上都有一定的区别："展览会"是指以贸易洽谈和宣传展示为主要内容的展览会，展览题材相对较少，一

般具有较强的专业性；“交易会”和“节”的含义均很广泛，前者的主要内容是商贸交流，后者形式灵活，并往往作为“节庆活动”的简称；“博览会”也以贸易洽谈会和宣传展示为主要内容，但相对“展览会”而言，展会题材更加广泛，一般具有较大规模，而专业化程度相对较低；“展销会”的最大特点是以现场销售为主要内容，其展会题材和规模比较灵活。另外，“展”是展会的简称，在正式场合或书面文件中基本不会出现。

一般情况下，业内人士都习惯用“展览会”来命名，当然这也要根据具体情况而定。另有一点需要指出，专业展不宜采用“博览会”，综合类展会要慎用“博览会”，“一托 N 展”（即在一个题材内附设若干个内容相关的分题材，如中国国际建筑贸易博览会，内设石材、门窗、厨卫等十几个专题）也尽可能少用“博览会”。

② 限定部分。限定部分主要说明展会的时间、地点和范围。在展会名称里，用来表示展会时间的方式主要有三种，即分别用“第×届”“×年”和“×年×季”来表示。例如，第 41 届上海世界博览会、2004 年中国国际旅游交易会、2005 年慕尼黑春季国际体育用品贸易博览会等。大多数时候，举办地点在展会名称中有所体现，如北京国际服装博览会、上海国际工业博览会、杭州博览会等。此外，从展会名称中我们往往还可以看出展会的范围，如世界博览会、中国出口商品交易会、华中商品交易会、上海国际工业博览会等。

③ 行业标识。行业标识是展会名称的核心部分，它主要说明展会所属的行业、主题和展品范围。例如，中国国际服装服饰博览会中的“服装服饰”就表明该展会与服装行业相关，中国国际眼镜博览会中的“眼镜”就表明该展会的展品主要是眼镜产品和技术。另外，有的展会名称中没有行业标识，这些展会往往以“博览会”命名，且包括众多的题材，如广州博览会、杭州博览会等。

在具体策划展会名称时，行业标识部分的用词必须选择恰当，其基本标准是能准确传达展会的主题和定位。

（2）展会举办的地点　决定展会的举办地点，首先要选择城市，然后才是选定场馆。前者的主要决定因素是城市的区域市场规模和区位条件，后者的主要决定因素是举办展会的具体要求、场馆的服务水平和办展成本。

① 选择城市。展会可以在几个甚至多个城市轮流举办，业内称之为“巡回展”，如中国国际旅游交易会、国内旅游交易会、中国国际展览和会议展示会（即“展中展”）、糖酒会等，但大多数展会是固定在一个城市举办的。

展会究竟应该选择在什么城市举办？这取决于诸多因素，但主要考虑的是展会的题材、定位和性质。从展会的题材角度来讲，展会的举办地点最好是展会所在行业的生产或销售比较集中的城市，至少是邻近的交通便利的城市；从展会定位角度看，所选城市的区域优势应该和展会的定位相匹配；从展会性质角度看，国际性的展会一般选址在国际运输和海关交通比较方便顺利的城市，全国性或地区展会则应在国内比较重要的中心城市举办，以便于企业参展和观众参观。

例如，2004 年亚洲博闻有限公司举办了 4 个珠宝及时尚展会，其中，两个在香港，分别在 6 月和 9 月，另外两个一个在深圳，一个在广州，是新增的项目。其中，香港的“六月香港珠宝钟表展览会”为亚洲年中规模最大的珠宝展。更重要的是，6 月是买家补货的档期；9 月的珠宝展规模还要大得多，因为 9 月是买家在圣诞节前下单的黄金档期，买家通常会在这个展会上为第二年的生意产品下单。香港的展会国际化程度高，针对的是全球市场，而深圳和广州举办的展会则主要针对国内市场。深圳是最大的珠宝生产基地，国内 70% 的产品都产自深圳，因此，深圳珠宝展以展示原材料为主；而广州则是华南地区最成熟的珠宝交易及销售市场，展会以展示成品为主。

② 选择场馆。选择展会举办地点时，主要应考虑城市区位、场馆容量、配套设施、出入便利程度以及周围环境等因素。当然，场馆的租赁价格也是一个重要的影响因素。香港展会和会议业协会会长朱裕伦先生曾表示，场馆的选择对参展商及买家的信心起着关键作用，因而是展览公司成功办展的重要因素之一。他认为，在选择场馆时，会展公司一般应考虑以下因素：

第一，场馆是否具有良好的形象。对国际展会主办单位来说，场馆租金高低虽然重要，但场馆形象对举办展会更为关键。若选择较差的场馆，所节省的费用根本不能补偿因参展商对场馆缺乏信心而少订摊位或不参与的损失。

第二，场馆的性质是否合适。如举办机械展，应选择一些地面有足够承重力，并能方便大型机械设施设备运输出入的场馆。

第三，场馆最好能细分成较小的展厅，这样可减少场地空置的风险及控制空调费用成本。

第四，场馆最好是有相应的配套设施，如会议室、餐厅、银行、商务中心等。

第五，场馆最好有提供电话、供水供气的地下槽位，现在甚至要有光纤设备以便连接互联网。

第六，场馆最好是没有任何侵害参展商权益的规定。例如，一些场馆禁止参展商携带任何食物及饮品进馆，有些场馆收取不合理的超时加班费或强迫参展商聘用场馆指定的承办商等。

第七，场馆最好实行价格单轨制，即在电费、空调、超时费用上，对国内参展商和国外参展商收取相同费用。

第八，对于定期名牌展，场馆档期应有保证。

（3）举办时间　即展会计划在什么时候举办。人们常说的办展时间主要包括展会的具体开展日期，展会的筹展和撤展日期以及展会对公众开放的日期，这三个方面的时间安排十分重要，因而必须统筹兼顾。而且，在确定办展时间尤其对外宣布这些时间时，应尽可能做到精确，以便参展商和观众早做安排。例如，某个展会的办展时间是，开展时间：2018 年 8 月 19 日上午 9：30；展出时间：8 月

19～22日，每天上午9：00—下午4：30；媒体接待：8月18日；观众参观：8月19～20日，只对专业观众开放，8月21～22日，对专业观众和一般观众都开放；筹展时间：8月16～18日，每天上午9：00—下午6：00；撤展时间：8月22日下午1：00—5：00。

有时候，由于场地面积限制、展位紧张等原因，一个展会还会分期举办。例如，中国进出口商品交易会（广交会）从2000年春季展开始分两期举办，使有效展位面积得到了大幅度提高，受到了业界的广泛认可。2004年，中国国际服装服饰博览会首次分两期举行，其中，3月30日～4月1日是男装和休闲装展，4月5～7日是女装和童装展，结果也大获成功。

此外，策划人员需要确定一些重要日期和时间段，并设计清晰的工作计划时间表。这些重要日期包括：开幕日和闭幕日；展会期间的主要活动时间安排；参展商的报名截止日期；组团报名的截止日期；代办签证的截止日期；展台搭建进场日和撤展期限；媒体接待日。

（4）办展机构　指负责展会的策划、组织和执行等事宜的相关单位。妥善协调好各办展单位之间的关系，对于成功地举办一届展会至关重要。从目前国内外展览行业管理的总体状况来看，办展机构既可以是政府部门和各个行业协会或商会，也可以是会展企业和新闻媒体等，但各个国家和地区的具体情况有所不同。根据各个单位在办展过程中的职责，一个展会的办展机构通常包括以下几种：

① 主办单位。一般来说，指拥有展会的知识产权并对展会承担主要法律责任的办展单位。在实际操作时，有三种常见的形式：第一种，主办单位只是名义上的，它既不对展会负法律责任，也不参与具体的策划、运作和管理；第二种，拥有展会并对其负法律责任，但不参与具体的策划、运作和管理；第三种，主办单位拥有展会并对其负法律责任，同时也负责展会的具体策划、运作和管理。在策划展会时，办展机构特别是承办单位可根据实际需要进行合理安排。

② 协办单位。展会的协办单位是指协助主办单位或承办单位参与展会的策划、组织、操作与管理工作的机构。在实际操作中，它往往只承担一部分招展、专业观众组织和展会宣传推广工作，但不对展会负财务责任。因此，在策划展会时，最好选择那些有较强招展、观众组织和展会宣传推广能力，而又不愿意对展会承担财务和法律责任的机构，如政府部门、行业协会和研究机构等。

③ 承办单位。承办单位是直接负责展会的策划、组织、操作与管理，并对展会承担主要财务责任的办展单位。从这个角度上来讲，承办单位是一个展会所有办展机构的核心。在策划展会时，各承办单位之间必须根据各自的优劣势进行合理分工，保证招展、专业观众组织、展会宣传推广等工作稳步开展。

④ 支持单位。指对展会的相关工作环节起到一定支持作用的办展单位。多数时候，支持单位会参与一定的专业观众组织和宣传推广工作，但一般不承担招展任务，当然也不对展会负财务责任。因此，要举办一届展会，支持单位并不是必

需的。然而，若拥有一些权威单位的支持和帮助，能有效增强展会的号召力，有时还能为展会拓展理想的专业观众组织或招展渠道。

⑤ 海外合作单位。海外合作单位是指主办单位为了更好地完成海外参展商和专业观众招徕组织工作而选择的境外合作伙伴。一般来说，海外合作单位主要承担海外参展商的招徕和海外专业观众的组织工作。在实际操作中，主办单位往往采取支付佣金的方式来处理与海外合作单位之间的关系。

有时候，由政府主办的展会如糖酒会、中国国际旅游交易会等，会成立专门的组织委员会，来专职处理与展会相关的各项事宜。一般来说，像这样大型的展会需要提前一年至一年半成立完整的组织委员会。但是，组织委员会主要负责制定政策原则和重大决策，具体工作由常设的秘书处或下设的执行委员会去实施。

(5) 展会规模　从狭义角度来讲，展会规模是指一个展会的展出面积尤其是净展出面积（实际使用面积，即展会的所有展位占用的面积之和）；广义地讲，它还包括参展商和观众的数量。在设计展会的规模时，策划人员需要综合考虑这三方面的数据。在上述三方面中，专业观众的数量是最重要的。因为三者之间的关系是专业观众——参展商——展出面积。换句话说，专业观众的数量和质量最终决定了参展商的数量，参展商的数量又将直接影响展会面积的大小。

在具体设计展会的规模时，策划人员需要重点把握以下四点。

第一，观众尤其是专业观众是展会价值体系的基础，因而展会的展出面积和参展商的数量都应该与可能到会的观众的数量和质量结合起来；

第二，相比较毛面积而言，净展出面积更能真实地反映展会的规模；

第三，在许多时候，有些参展商是不用向主办单位交纳展位费的，但在预测展会规模时也应该将这些参展商考虑进去；

第四，展会规模受整个市场环境的影响也较大，因此，策划人员还需要综合分析展会所在行业的产业规模、市场容量和发展水平，以及同类题材展会的规模等因素。

(6) 办展频率　任何一个行业的产品都具有一定的生命周期，而这在很大程度上决定了在行业内办展的频率。具体而言，如果某个行业的产品生命周期短、更新换代快，那么该行业研制和推出新产品的周期就相对较短，这样在该行业办展的频率就可能高一些；否则办展频率就不能过高。从目前全球会展业的发展状况来看，业内一年举办一届、一年举办两届或两年举办一届的展会居多。

从产品生命周期的角度出发，还有一点值得指出：当产品处于投入期和成长期时，广大企业参展的需求相对较大，因此，办展机构在推出新展会或确定办展频率时应特别关注相关产品的这两个时期。

2. 展会的定位

(1) 展会定位的含义　所谓展会定位，是指展会主办机构根据市场竞争状况和自身的资源条件，通过建立、传达和发展差异化优势，使自身举办的展会在参展商和观众心目中形成一个独特鲜明的印象的过程。其实质是将某一特定题材的展会市场加以细分，从而找到适合自身优势的细分市场，然后集中力量在这一细分市场内发展。展会定位不仅要明确展会“是什么”，而且要使参展商和专业观众对展会的特色有清晰的认知。

如果我们将一个展会视为会展公司开发经营的一个产品，那么我们就不难理解展会准确定位的意义所在了。作为产品，展会的竞争优势往往并不取决于功能上的大而全，而在于其目标市场定位的准确合理，以及为此而构建的功能上的特殊性和专业性。

经典案例

体育用品方面的展览会，我国每年要举办20多个，但在众多的展会中，得到业内普遍认可和好评的有3个：北京体育用品博览会、上海体育用品博览会和广州体育用品博览会，这3个展会因定位不同，各有特色，都办得红红火火。体育用品的季节性很强，冬天和夏天使用的体育用品差别很大。北京地处中国北方，对冬季体育用品的需求大，举办的体育用品博览会定位以展出冬季体育用品为主；上海体育用品博览会则主要展出夏季体育用品；广州依据其靠近我国港澳地区和东南亚，出口渠道多、经济外向性强的优势，将博览会定位在“出口导向”，避开与北京和上海的竞争。

（2）展会定位的步骤　给展会定位最关键的是要找到最适合某展会发展的细分市场，并赋予该展会以区别于同题材展会的差异化特征。概括而言，给展会定位可大致遵循以下四个步骤。

① 执行展会品牌识别策略。这里的品牌识别策略主要包括三层含义：首先，通过对展会市场的细分，明确本展会要向参展商和专业观众提供哪些富有个性的价值；其次，界定本展会与其他同题材展会的差异之处；最后，明确本展会将通过什么样的方式向参展商和观众提供这些与众不同的价值。

② 选定目标参展商和观众。即通过对具体的产业市场进行细分，选定适合本展会的潜在参展商和观众范围。在选择目标参展商和专业观众时，展会主办机构仍旧可以依照传统市场营销理论中的策略，即市场细分、目标市场选择和产品定位策略。

③ 创造差异化优势。即通过上述方法，将本展会与众不同的价值传递给目标参展商和专业观众（包括媒体等公众），并得到他们的认同，在其心目中形成独一无二、具有某种专门功能的展会形象。由于特色鲜明，本展会与同题材的其他展会相比竞争优势凸显，从而能在众多展会中脱颖而出，取得成功。

④ 传达展会品牌形象。展会定位确定后，应通过各种手段将本展会的特色传递给潜在的参展商和观众，让他们对本展会的定位有进一步的认知。传递展会品

牌形象的方式有很多，常见的有广告宣传、召开新闻发布会、举办公共关系活动等，但更重要的还是展会的实际效果以及办展期间主办机构所推出的服务项目。

经典案例

到2017年底，成都美博会已顺利举办了39届，其对于成都及周边地区美容美发行业的发展起到了一定的作用。但随着美容美发行业的发展变化，成都美博会所扮演的角色也正在发生改变。在这种背景下，成都美博会必须对原有的定位进行调整。

根据《中国会展》杂志在第39届成都美博会上的调查结果，该展会在功能定位和对定位的宣传上不够明确，在很大程度上导致了参展商和专业观众对成都美博会的定位理解不一，从而使得供需没有达到平衡。因此，成都美博会主办方必须通过细分展会的目标观众来确定展会的目标市场，并针对这些目标市场来重新整合展会的功能，这样才能使得展会特色鲜明、重点突出。

3. 展品范围

展品范围指展会将要展出什么产品、信息和技术，它主要取决于展会的题材和定位。也就是说，办展机构在确定展品范围的同时，也明确了目标参展商和观众；而且，展品范围会直接影响到将来的展区划分。与展会的外延不是越大越好一样，一个展会的展品范围并不是包含的类别越丰富就越好。

概括而言，在确定展品范围时，主办单位要综合考虑展会的定位、自身的竞争优势和展会所在行业的最新发展动态等诸多因素。

4. 展会定价

展会价格主要包括面向参展商的场地出租价格和面向观众的门票价格，以及参展商在会刊、现场广告牌等与展会相关的各种媒介上刊登广告的价格。按照展位的基本类型来划分，展会的场地定价包括室内场地和室外场地的价格，其中，室内场地的价格又分为空地价格和标准摊位价格。一般来说，在制订展会的价格时，办展机构都遵循“优位高价”和“先到优位”的原则，即观众流量大和便于展示的展位的价格往往要高一些，先报名参展的企业往往对展位有更大的选择权。

5. 初步预算

在进行展会立项策划时，策划人员还需要做好初步预算工作，因为大致测算可以获得的收入和举办展会所需的各种成本及费用，可以保证主办单位能对办展所需的资金心中有数，同时为下一步的项目可行性分析做准备。制订初步预算时，可从举办展会的四大收入来源和六大成本费用入手，其中，四大收入来源包括展位销售、门票、广告和企业赞助，六大成本费用指展会场地租用及现场运营成本、展会宣传推广、招展、专业观众组织、相关活动以及办公费用和人员报酬（见表2-1）。

表 2-1　展会初步预算表　　单位：万元

项目		金额	占总收入或总成本的比例
收入	展位收入 门票收入 广告收入 企业赞助 其他收入		
	总收入		
成本费用	展会场地租用及现场运营成本 展会宣传推广 招展 专业观众组织 相关活动 办公费用和人员报酬 其他不可预测的费用 税收		
	总成本费用		

6. 展会其他计划

（1）人员安排计划　对于展会而言，人员安排主要包括工作人员安排、参展人员安排和媒体记者接待安排三个方面。首先，应由一个经验丰富的项目经理来指定下属各部门的负责人，并确定各部门的工作职责和员工人数。因此，如果展会的主要策划者不担任该展会的项目经理，则需要尽快确定项目经理。其次，要正确估算参展人数，选择特邀嘉宾，并做好各类参展人员的住宿、餐饮、活动和交通等安排。另外，要安排专人负责媒体记者的接待，以期和媒体之间建立良好的关系。

（2）进度控制计划　展会进度计划即对展会筹备以及展会期间的各项工作进行统筹安排，其主要目的是让办展机构的所有单位和工作人员都明确各个阶段的具体工作及任务，以保证展会的各项工作有条不紊地进行。在制订展会的进度控制计划时，应遵循四个基本原则：各项工作目标明确、各阶段安排统筹兼顾、各项工作切实可行以及进程安排合理有序。

（3）招展招商计划　招展计划是为招徕参展商而制订的各种策略、方法和安排，招商（专业观众组织）计划是为招揽专业观众而制订的各种策略、方法和安排，两者都是展会项目计划执行的重要环节，内容庞杂、方法多样。

(4) 服务供应商计划 合理选择供应商既能有效降低办展的成本，又可以提高对参展商和观众的服务水平，因此，选择和管理服务供应商是展会策划的重要内容。要成功地举办一届展会，策划人员必须制订可行的服务供应计划，从而为参展商和观众提供优质的配套服务。为此，展会策划人员应熟悉与参展商和观众活动紧密相关的展台搭建、运输、住宿、旅游、餐饮等行业，尤其是其中的品牌企业，并与之建立良好的关系。

(5) 现场管理计划 有效的现场管理是展会策划方案顺利执行的重要保障，为此必须制订详细、可行的计划。概括而言，展会的现场管理计划包括布展计划、展会开幕计划、展馆现场管理、观众登记计划、现场服务计划和撤展计划等内容。

(6) 相关活动计划 策划和组织好相关活动，不仅可以丰富展会的内容、弥补现场展示的某些不足，更关键的是还能够给参展商和专业观众带来更多的商业或信息价值。因而，作为展会配套的最常见的活动有论坛、闭幕式、招待晚宴、表演和评奖活动等。

在具体策划展会的相关活动时，策划人员首先必须明确每一项活动的目的，确保参展商和专业观众能够认同精心策划的活动，感受到展会的超值。

四、展会立项策划书

在明确了以上各项内容后，策划人员就可以正式撰写《××展会立项策划书》了。立项策划书是为了举办一个新展会而提出的一整套方案，它是举办展会的指导性文件。概括而言，一份展会立项策划书主要包括以下十二项内容。

① 展会的创意构思；

② 展会市场信息分析；

③ 展会题材的选定；

④ 展会的基本框架（具体包括展会的名称、举办地点、举办时间、办展机构、展会规模和办展频率及展会的定位、展品范围等）；

⑤ 展会的定价和初步预算；

⑥ 人员安排计划；

⑦ 进度控制计划；

⑧ 招展招商计划；

⑨ 服务供应商计划；

⑩ 现场管理计划；

⑪ 相关活动计划；

⑫ 评估和跟踪计划。

立项策划书只是对举办什么题材的展会以及如何举办该展会提出了初步的设想，或者说，说明了未来将要举办的展会是什么样子的。另外，还要从财务、政策、项目生命力等多种角度出发，分析该项目是否真正可行。

第二节 会展实施方案策划

在会展立项策划进行论证分析之后，接下来要进入会展的实施阶段。在整个会展项目的实施过程中，对会展进行中的相关服务环节要进行周密的实施方案策划，本节主要介绍展位承建商的组织，展会进行中的旅游服务商的指定以及会展手册的编写。

一、 指定展位承建商

如果展会主办单位自己的公司里就有专业搭建分公司，并具有足够的能力完成整个展会的搭建工作，或者展会主办单位已经与某一家展会服务公司签有长期合作协议，那么，展位承建商就无需组织。但是，有时也会遇到搭建工程需要外包给几个专业承建商的情况，这就需要展会主办单位对展位承建商进行组织。

多数情况下，展位的承建商与展会主办单位签下合同，而并不直接面对参展商。因此，对承建商的选择也成为展会主办单位的一项任务，一般情况下，一些大的搭建工程，展会主办单位往往通过招标方式来选择承建商。

1. 投标报价的准则

（1）投标方的承诺　参与投标的单位必须提供一些承诺，主要有：展会主办单位要求承建商的施工和服务达到专业标准；招标书所提供的展会数据和信息仅为承建商能以专业的方式完成服务和施工，未经主办和承办单位的书面许可，任何数据和信息不得对外公布。

（2）投标报价的标准　所有报价务必明确数据、分项报价。在未提出要求之前，不提供优惠比率。

（3）投标报价回复顺序　各项服务报价必须遵照招标询价的顺序回复。

（4）明确回复的截止日期　对于每次招标询价的回复应该有明确的截止日期，过期视为自动放弃。

（5）中标过程　招标方对承建方的选择将基于的准则为：第一，投标报价单所提供的信息；第二，能否提供高水准的服务；第三，用户的评价；第四，全部服务或工程的总价格。

主办单位将仔细阅读投标报价单，在一定的时间内，最终决定后以书面方式给予回复，并且声明最低价格方案不保证被认为是最佳方案。

（6）承建商必须接受的条款　接受展会承办单位为所有施工服务承包公司提供的标准合同。该标准合同的样本附后，如果选择了贵公司，贵公司有义务在该合同上签字。

2. 对承建商的要求

（1）投标公司介绍　简要介绍公司情况，包括公司成立的年份、现规模、负责人姓名等。

（2）参考用户名单　列出在过去六个月中使用过该公司服务的三家公司的名称和联系方式，以及是在哪些场馆完成的这些工程和服务。

（3）工程服务队联系方式　提供工程代表和现场负责人的姓名、联系方法、联系电话。

（4）为参展商提供的服务

① 订单：提供通用的参展商服务订单的样表，该样表将包括在参展商手册中。

② 价格：各项服务的价格清单，该价格清单将包括在参展商手册中。

③ 请建议从参展商服务中心搭起的第一天算起，提前多少天仍能以优惠价格接受预订。

④ 布展期间接到的订单，要在开展前完成服务。

（5）服务区　作为承建商，该公司是否需要一个施工或服务区？说明理由。开展后至整个展会期间，是否都需要该服务区？这些问题需要承建商明确提出。

（6）整个展会期间是否有服务值班人员？如果需要服务区，每天是否有服务人员在服务区内值班？这些问题需要承建商做出说明。

（7）分包商名单　如果有分包商，列出分包商名单。

（8）设备管理责任和责任界限　对于设备的管理，该公司应该提供一份声明，说明除因场馆和发包方的过失而造成的设备损失外，设备的丢失、被盗和损坏，场馆和发包方不承担责任。

（9）施工和服务人员管理要求　施工和服务时，承包方的施工和操作人员每天必须佩戴展会承办者颁发的施工人员证件。

（10）大会承办的特殊要求　特指承办单位所需要的工程和服务价格、优惠比率，以及免费服务项目。

3. 承建商提出的要求

作为承建方，列出该公司就设备、材料工具存放、通信以及付款等方面的具体要求。

经典案例

深圳市中国国际高新技术成果交易中心（简称招标方）受深圳市政府委托，筹办第五届中国国际高新技术成果交易会（简称高交会）。现对本届“高交会”期间高交会展览中心的A馆、C馆、E馆及副馆（市民中心）的展会承建及现场管理工程进行公开招标。

一、符合下列条件者均可参加本工程的投标。

1. 具备展览装饰工程业务三年以上的展览装饰工程公司。

2. 具有大型展览（1 万平方米以上建筑面积）的承建实力和现场管理经验、有国际展览装饰工程经验者优先。

3. 拥有中国国际高新技术成果交易会（简称高交会）展馆施工经验者优先。

4. 有高水准的设计能力和现场管理人员，能在规定时间内完成全部展览承建工程及管理工程。

二、招标方邀请具备上述条件的投标人就下列工程设计、施工、现场协调管理及撤展所需的劳务、材料、设备和资金进行密封投标。

1. 施工及管理面积：主馆 17900 平方米（其中 A 馆 11000 平方米、C 馆 2000 平方米、E 馆 4900 平方米）；副馆（市民中心）4500 平方米。

2. 工程内容：

A 馆："信息技术与产品展区"；

C 馆："生物技术专业展区"；

E 馆："项目洽谈区"。

副馆（市民中心）"新材料新能源技术专业展区与采购大会"等四个区的现场承建及管理，包括：主题展区整体形象设计、指路牌、标识及广告设计、地面地毯铺设、标准展位的装修、水电铺设及安装、展具租赁、特装施工管理、展会期间现场服务和协调、设施维护等。

3. 施工期限：10 月 5—19 日，具体见第五届"高交会"会馆展览承建工程招标书。

三、凡符合本邀请书第一条的单位，均可到下列地址查阅或购买招标文件。

地址：新洲路北时代华庭、华庭轩 2 楼 E 深圳市会议展览业协会（本次招标组织方）办公室内。

电话：×××××××××　　传真：×××××××××

四、所有投标书必须于 2013 年 5 月 8 日 17 时之前送达上述地址。

五、开标仪式定于 2013 年 5 月 12 日 9：30 在高交会展览中心新闻发布中心举行，投标人可派代表出席。

深圳中国国际高新技术成果交易中心

2013 年 4 月 14 日

二、 指定展会旅游代理

旅游服务项目也是展会主办单位为参展商和专业观众提供服务的重要内容之一。在德国、美国等展览业发达国家，展会组织者十分注重参展商的旅游接待服务，在有些大型展会提供的服务指南中，仅酒店介绍就有几百页的篇幅。由于诸多原因，目前国内仍有一些展会主办单位并不真正重视该项服务，要么不考虑自身接待能力而承揽一切，要么只是走形式。

目前比较流行的操作方式就是指定旅游代理商，即展会主办单位指定一家旅游公司为大会的旅游代理商。这样，旅游公司可以利用自己的独特优势，并与目的地旅行社或管理公司合作，承揽相关旅游考察业务，协调活动中涉及的各个目的地、各部门的接待工作，保证参展商或专业观众旅游活动的顺利进行。基本程序为：展会主办单位指定一家旅游公司，然后由该旅游公司为参展商和专业观众提供酒店、票务（代订、代送火车票或飞机票）、旅游和订车等服务。指定旅游代理商一般会在展会现场设立接待台，为现场与会人员提供相关旅游咨询或预订服务。

从理论上讲，采用这种方式，展会组织者能够减轻自身的工作压力，更为关键的是能为参展商和观众提供更为专业的服务。但目前，不少国内展会主办单位为了最大限度地赢利，而不考虑自身的接待水平，将旅游接待服务等配套服务都承揽下来，最后反倒给自己带来了麻烦。当然，如果展会组织者有足够的实力和丰富的旅游接待经验，也可以自己安排参展商和专业观众的住宿、票务及旅游等事宜。

经典案例

第五届中国国际展览和会议展示会（简称展中展）在上海举办，新上海国际旅行社作为这次展会的指定会务公司，承揽了高峰论坛、来宾的住宿及会后考察活动的接待工作。在高峰论坛当天，新上海国际旅行社在浦东国际会议中心租借能容纳足够人数的黄河厅为会场，并合理安排了会间的茶歇以及在七楼明珠厅举办的开幕晚宴。晚宴上还充分考虑到来宾们的不同口味，比如专为国际展览联盟（UFI）主席等嘉宾特意准备西式晚餐。另外，为了凸显本次展会的活力，特地安排了1月7日晚在上海新天地的联谊活动。

在住宿和交通方面，将来宾合理地安排在三家指定的酒店（三星级的××宾馆、四星级的××宾馆和五星级的××大酒店），并在每个宾馆设有会务小组，24小时协助来宾处理入住等相关事宜；展会期间，每天都有豪华旅游班车往返于各酒店和会场之间。除此之外，考虑到部分嘉宾的旅游需要，在展会结束后还安排了赴宁波考察活动，主要内容是参观宁波国际会展中心，但也合理地穿插了几个旅游景点。通过上述精心安排，使得来宾们对这次展会的会务工作相当满意。

三、 编制参展商手册

从某种意义上讲，参展商手册是帮助参展商进行参展筹备的纲领性文件，也是办展机构对展会布展、开展和撤展等各环节进行有效管理的指导性文件，参展商手册所包含的内容涉及举办展会的各个环节。

1. 参展商手册的作用

参展商手册主要是为方便和指引参展商顺利进行筹展、布展、开展和撤展等服务的，它不仅对参展商进行参展筹备有着十分重要的指引作用，也对办展机构对展会的布展、开展和撤展等各环节进行有效的现场管理有很大的帮助和影响。

（1）参展商手册对参展商的指引作用　参展商手册分别对会展场地、展会基本情况、展会规则、展位搭装、展品运输和会展旅游等做出详细的说明，参展商在拿到参展商手册以后，就可以按照该说明书的指引对参展的各项准备工作进行筹备，如安排展品的运输、准备展位的搭装材料和设计等；在展会布展现场，参展商将按该说明书的有关要求进行展位搭装和布展，避免布展期间的盲目和违规；在开展期间，参展商可以按该说明书的要求布置展品演示；在撤展期间，参展商可以按照该说明书的指引有条不紊地撤展；展会结束后，参展商可以按照该说明书的指引选择适合自己需要的会展旅游。在参展商手册的指引下，参展商可以更有效地准备和完成参加展会各工作环节的各项事务。

（2）参展商手册对展会现场管理的作用　参展商手册对展会在筹展、布展、开展和撤展期间的各项规定，不仅有利于指导各参展商按规定办事，也有利于办展机构按该手册的规定监督展会现场的各种事宜，并按手册的规定为参展商提供各种服务。参展商手册是办展机构对展会筹展、布展、开展和撤展等环节进行现场管理的重要依据之一，它为展会各阶段制订了大家必须遵守的行为规范，有利于办展机构按此规范对展会各环节的现场进行管理。

（3）参展商手册对观众的作用　除了对参展商的指引和对展会现场管理的作用外，参展商手册对展会观众也能起一定的作用。比如，手册对展馆平面图、馆内服务设施分布图、交通路线、指定接待酒店和展会开放时间的说明，就对观众参观展会有较大的帮助。观众在展馆交通路线图的指引下可以更方便地达到展馆，在馆内服务设施分布图的指引下可以找到自己需要的服务提供点，可以享受展会指定接待酒店的优惠价格待遇。在展会开放时间说明的指引下可以合理地安排自己的参观时间等。一般来说，展会的观众有很大一部分是各参展商邀请来的，参展商一般都会将上述信息通知其邀请的观众。这样，参展商手册对观众所起的作用将更大。

2. 参展商手册的内容

（1）前言　主要是对参展商参加本展会表示欢迎，说明本手册编制的原则和目的，提醒参展商在筹展、布展、开展和撤展等环节要自觉遵守本手册的相关规定等。前言一般都很简短，言简意赅。

（2）会展场地基本情况　包括展馆及展区平面图、到达展馆的交通图、会展场地的基本技术数据等。绘制展馆及展区平面图时，要注意标明展馆各种服务设施所在的位置、展区和展位划分的详细情况、展馆内部通道和出入口等；在绘制到达展馆的交通图时，要注意标明展馆在该城市的具体位置、到展馆可以利用的各种主要交通工具和交通路线、各指定接待酒店在该城市的具体位置等；对于该会展场地的基本技术数据，要清楚准确地列出地面承重、馆内通风条件、货运电梯容积容量、展馆室内空间高度、展馆入口高度和宽度、展馆的水电供应状况等。对会展场地基本情况的介绍，对于帮助参展商准确地找到展馆和自己的展位，进而进行展位搭装和布展有着很好的指引作用。

（3）展会基本信息　包括展会的名称、举办地点、开展时间、办展机构、展会指定承建商、指定运输代理、指定旅游代理、指定接待酒店等。对于办展时间，要具体列明展会的布展时间、开幕时间、对专业观众和普通参观者开放的时间、撤展时间、布展撤展加班时间等，对以上时间尽量精确到小时。对于办展机构，要具体列明展会的主办单位、承办单位、支持单位和协办单位等。另外，还要具体列明各办展机构、展会指定承建商、指定运输代理、指定旅游代理、指定接待酒店等的详细联系地址、联系电话、传真和联系人，如果有网址和 E-mail 也最好能公布，以便参展商在需要的时候方便联系各有关单位。

（4）展会规则　就是展会要求参展商和观众等参加展会时所必须遵守的一些规章制度，包括：展会有关证件使用和管理的规定、展会现场保安和保险的规定、层位清洁的规定、物品储藏的规定、现场使用水电的注意事项、现场展品销售的规定、消防规定、知识产权保护规定、现场展品演示的注意事项等。展会规则是所有与会人员必须遵守的一些制度，对展会现场管理和维护现场秩序十分重要。

（5）展位搭装指南　是对展会展位搭装的一些基本要求和说明，主要包括标准展位说明和空地展位搭装说明等。由于所有的标准展位的基本结构和配置都是一样的，所以“标准展位说明”主要是对展位的标准配置做出说明，列明参展商使用标准展位的注意事项，提出如果参展商需要增加非标准配置以外的其他配置的处理办法等。“空地展位搭装说明”主要是对参展商搭建空地展位的一些规定和要求，如使用材料的要求、动火作业的规定、消防安全的规定和铺设电线的规定等。展位搭装指南对指导参展商顺利、安全地搭装展位和布展有较大帮助。

（6）展品运输指南　是对参展商将展品等物品运到会展现场的一些指引和说明，主要包括国外运输指南和国内运输指南等。不管是国外还是国内运输指南，都要对展品等的运输方式和运输线路、各种货品的交运和文件提交的期限、货运文件的准备和交付、收费标准、包装、海关报关、回程运输、可供选择的自选服务等做出具体说明。展品运输指南对帮助参展商及时安排展品等物品的运输有较大的作用。

（7）会展旅游信息　是对解决参展商及观众等参加展会期间的吃、住、行等需要和展会前后的旅游需要等做出的一些说明。会展旅游信息要详细地列出各指定接待酒店的档次、协议优惠价格、地址、联系电话和传真以及联系人、与展馆的距离等，要列出海外观众和参展商入境的签证办法、会展期间及前后可供选择的商务考察以及观光休闲旅游的线路和安排等。会展旅游信息主要是为了方便参展商及观众的日常生活服务的。

(8) 相关表格　是有关参展商在筹展和布展过程中需要使用的各种表格，主要包括会展表格和展位搭装表格两种。会展表格主要有贵宾买家服务表、聘请临时服务人员申请表、额外工作证和邀请卡申请表、研讨会和技术交流会申请表、刊登会刊广告申请表等。

参展商手册编制成功以后，可以印刷成册，在展会开幕前适当的时间寄给参展商，也可以将其内容发布在展会的专门网站上供参展商阅读和下载，如果展会有海外参展商，还要将参展商手册翻译成外语文本。

3. 编制参展商手册的基本原则

从参展商手册所起的作用我们可以看出，参展商手册是展会筹备过程中的一个重要文件。要让参展商手册在展会筹备过程中切实地起到上述作用，在编制参展商手册时，我们必须做到以下六个方面。

(1) 实用　参展商手册所包含的内容必须是对参展商进行筹展、布展、开展和撤展等有较大的指引作用，或者是对办展机构筹展、布展、开展和撤展各环节进行管理有较大帮助，或者对参展商邀请其老客户来展会参观有辅助作用，否则，该内容就不能进入参展商手册。

(2) 简洁明确　参展商手册对各方面内容的说明和叙述应该简洁，文字不要太多，篇幅不要太长，能说明问题就行。参展商手册对各方面内容的说明和叙述必须准确、具体，让人看得明明白白，不能让人看不懂，更不能让人产生歧义。否则，在展会筹展、布展、开展和撤展等环节的具体执行中就会引起争议，既不利于参展商展出，也不利于办展机构对展会现场进行管理。

(3) 详细全面　对于参展商手册提到的各项内容要尽量详细，如对布展和撤展加班时间的规定可以具体到小时和分钟，对各种表格的返回最后期限的规定具体到某月某日等，这样更有利于展会具体操作和管理。对于参展商手册提到的各项内容要做到没有遗漏，如对会展场地基本情况的说明中，对展馆入口的高度和宽度、对展馆的地面承重能力、对消防的注意事项等要一一列明，不能遗漏，否则，现场操作就会出现问题，比如，如果没有提到展馆入口的高度和宽度，就有可能会使一些较大较长的物品进不了展馆。

(4) 美观　参展商手册的排版和制作要美观大方，印刷讲究，尽量不要出现错别字和其他印刷错误；参展商手册的制作和用纸与展会的档次和办展机构的品牌与声誉相符，不能让人产生不好的联想。

(5) 专业　参展商手册的遣词造句要符合行业习惯和规范，要使用行业熟悉的语言，所涉及的术语要规范，不能想当然地使用一些行业比较陌生的词语；内容编排要符合参展商筹展的筹备程序，能够让人们方便地寻找自己需要了解的内容。

（6）国际化　如果展会是国际性的展会，或者展会有向国际化方向发展的计划，那么，参展商手册的内容编排和制作也要尽量做到符合国际参展商的需要，如除要有中文的文本外还要有外文的文本。外文文本的参展商手册，其翻译一定要准确，因为海外参展商就是根据该说明书来筹备各项参展事宜的，如果翻译不准确，将会给他们带来极大的不便。

第三节　会展相关活动策划

现代展会很少只举办展览会，为了各种目标，越来越重视在展会期间举办一系列的相关活动。一场成功的展会，不但要有著名的企业参展，有相当多的观众参观，还要有组织得当的各种相关活动。在展会期间举办的各种相关活动和展会已经越来越密不可分，并成为很多展会不可分割的重要组成部分。

一、 策划展会相关活动的作用和原则

1. 举办展会相关活动的作用

在展会期间策划举办各种展会相关活动，能给展会带来很多好处，具体表现在以下几方面。

（1）丰富展会的信息功能　展会是市场和行业信息的重要集散地，很多观众参观展会主要是为了收集各种有用的信息，举办展会相关活动能极大地丰富展会的信息功能。例如，在展会期间举办一些专业研讨会、技术交流会和行业会议，与会的专家、学者和行业专业人士能将大量的信息带给会场的听众，信息传播作用非常明显。

（2）扩展展会的展示功能　展会是企业产品的重要展示平台，许多参展企业精心设计展位，精挑细选展品，主要目的是为了在展会上充分展示企业和产品的良好形象，树立和强化品牌。展会相关活动能很好地扩展展会的这一功能，例如，在展会期间举办的产品展示会、有关表演和比赛等能使企业和产品的形象更好地展现，使观众对其产生更加深刻的印象。

（3）强化展会的发布功能　在展会上，行业人士空前聚集，信息传播很快，在此发布新产品影响更大，展会因此也成为许多企业发布新产品的一个重要场所。有些展会专门组织新产品发布会，还有些展会将新产品发布与表演和比赛等活动结合起来举办，以此来强化展会的发布功能。

（4）延伸展会的贸易功能　许多企业参展的主要目的是贸易成交，很多观众参观的主要目的是为了寻找合适的供应商，展会因此也成为一个重要的贸易平台。

展会相关活动能延伸展会的贸易功能，如产品订货会、产品推介会、项目招标活动，等等。

（5）吸引更多的潜在参展企业和潜在观众　策划得当、组织完善、丰富多彩的展会相关活动对展会观众有很大的吸引力，有些相关活动如行业会议、项目招标、技术交流会等对吸引企业参展也有较大的帮助。

（6）能提升展会档次、扩大展会影响　现代展会是一个信息高度集中和丰富的商业平台，如果展会期间举办的相关活动策划得好，不仅能进一步扩大展会的影响，还能极大地提升展会的档次。例如，行业会议、高水平的专业研讨会和技术交流会等就能极大地提升展会的号召力。

（7）能活跃展会现场气氛　一些富于观赏性的相关活动以及一些大众参与性较强的相关活动能极大地调动现场观众的积极性，使展会现场气氛活跃，为参展企业创造良好的现场氛围。

当然，并不是所有的展会相关活动都能对展会起促进作用，如果展会相关活动策划和组织不当，它们不仅起不到上述积极作用，反而会是画蛇添足，多此一举。

2. 策划举办展会相关活动的基本原则

展会相关活动是为展会服务的，它不能脱离展会而存在，更不能为举办活动而举办活动。举办相关活动一定要符合展会的需要，否则，相关活动不但不能促进展会成功举办，反而会对展会产生这样或那样的不良干扰，并浪费人力、财力。策划举办展会相关活动一般要遵循以下基本原则。

（1）活动的主题与形式要符合展会的需要　相关活动的策划不能天马行空、漫无边际，活动的主题不能与展会毫不相干，活动的形式不能脱离展会的实际，否则，活动不但会与展会脱节，还会扰乱展会秩序，甚至带来安全隐患。

（2）能进一步丰富和完善展会的基本功能　即使是在同一个展会里，不同的参展企业和观众对展会基本功能的需求也是各不相同的，有的可能更在意贸易成交，有的可能更注重收集市场信息，一个展会有时很难同时兼顾贸易、展示、信息和发布这四项基本功能，并且，即使能同时提供这些功能，但往往也会有强弱差别。这时，相关活动就要能针对该弱项而策划，用相关活动来进一步丰富和完善该功能。

（3）有助于展会吸引更多的潜在企业参展和观众参观　展会不能没有一定数量的参展企业和观众，企业参展是展会存在的基础，观众参观是展会进一步发展的根本，展会相关活动的举办要对企业参展或观众参观形成一定的吸引力，用相关活动来促进展会进一步发展。

（4）有助于活跃展会现场气氛　表演、比赛等相关活动常常能产生十分热闹的气氛，能吸引大量的人群围观和参与，这对活跃展会现场气氛有一定的帮助。但是，如果其气氛过于热烈，到会的无效观众太多，就会对企业的展出产生不利影响，对观众参观产生干扰。展会相关活动要努力避免产生这种现象，不能影响企业展出和观众参观。

（5）活动本身要能产生较好的效果　活动本身要策划得当，组织有力，秩序井然，为人们所喜闻乐见，并产生良好效果。例如，专业研讨会要能紧紧抓住行业的热点，专家聚集，智慧激荡。如果活动本身都不能产生较好的效果，则活动的存在本身就是一个问题，更不用说借助活动来促进展会的进一步发展了。值得一提的是，在有些展会构成里，会议是主要的角色，展览只是为会议服务的一个配角，这时，对于展览和其他相关活动的策划就不能照套上述办法，其策划的定位就需要重新考虑了。

二、展会开幕式活动策划

无论是提倡高规格还是崇尚简单，几乎所有主办单位都会以举行开幕式的形式来宣布展会的正式开始，因此开幕式成了展会中不可或缺的一项活动。然而，由于展会开幕式涉及的层面较多、事务十分繁杂，所以要成功举办一次开幕式，事前必须精心策划和部署。

1. 展会开幕式的主要内容

开幕式是展会正式开始的标志，同时也是主办单位向公众展示展会的规模和实力的良好机会，因而必须受到重视，更不能有任何差错。要办好展会的开幕式，需要注意以下主要内容。

（1）主题　展会的开幕式应该围绕一个鲜明的主题来开展，一般来说，这个主题与本届展会的定位是一脉相承的。明确了开幕式的主题后，活动程序、领导发言稿和新闻通稿的撰写、表演活动等便有了基调和依据。

（2）时间和地点　确定展会开幕式的时间应遵循“三不宜”原则，即不宜过早、不宜过晚、持续时间不宜过长。因此，大部分展会都将开幕式的时间定在早上9点左右。至于地点，则一般选择在场馆前的广场上举行，舞台往往需要临时搭建。

另外，在策划开幕式的时间和地点时，主办单位还应该充分考虑到当天的天气状况，如果恰逢天气炎热或雨天，应提前通知嘉宾、媒体记者等做好相应准备。

（3）开幕式程序　制订一份清晰而简洁的开幕式程序是展会开幕式成功举办的重要保证。展会的开幕式的基本程序一般为：嘉宾在休息室（可临时搭建）集中——礼仪小姐引领海内外嘉宾走向开幕式主席台就位——主持人主持开幕式并介绍到会的各位嘉宾——有关领导或嘉宾代表讲话——剪彩或开幕式表演活动——领导或重要嘉宾宣布展会正式开幕——主持人宣布展会开幕式结束——由工作人员带领、主办单位负责人陪同嘉宾们进展会现场参观。有时候，展会主办单位还会在开幕式当天举行晚宴或酒会，以答谢主要参展商和相关人士。

（4）出席的主要嘉宾　一般情况下，展会主办方会邀请行业主管部门的领导、行业协会的主管人员、外国驻华机构代表、专家及其他相关人士作为嘉宾出席开幕式。为此，主办单位首先应根据办展需要和开幕式安排，仔细遴选嘉宾名单。对于所有应邀嘉宾，应该提前沟通并确认。此外，还要事先安排好接待、翻译、礼仪人员以及嘉宾在开幕式舞台上的位置等事宜。

（5）讲话稿和新闻通稿　在展会开幕式上，主要领导的讲话稿和主办单位的新闻通稿是媒体及广大公众全面了解本届展会基本情况的重要材料，且往往是新闻媒体报道的基调，因而必须认真准备。领导讲话稿和新闻通稿在核心内容上大同小异，两者都会说明本届展会的亮点、创新之处以及对整个行业发展的重要意义，但相比较而言，前者更加口语化，而且可以带有个人的感情色彩；后者则会对展会进行全面介绍，可供新闻记者获取一些背景资料。

（6）创新之处　一般来说，展会尤其是品牌展会的开幕式应该不断创新，否则很容易给人一种走过场的感觉。而且，开幕式的创新渠道很多，既可以是形式上的，也可以是内容上的，甚至是文化上的。

经典案例

以下是2010年上海世博会开幕式的程序，仅供参考。

地点：世博文化中心、黄浦江两岸

时间：2010年4月30日20点10分

具体流程：

一、仪式前表演

主持人：杨澜、陈蓉、林海、吴大维

歌曲《打起鼓来唱起歌》

演唱：湖北土苗兄妹

评弹《江南好风光》

演唱：苏州评弹学校

侗族大歌《蝉之歌》

演唱：贵州省黔东南苗族侗族自治州民间侗族歌手

歌曲《分享庆丰收》

领唱：高金素梅　林广财

表演：中国台湾高金素梅文化团队

歌曲《世界》

演唱：刘恋、熊郁菲、周进华、韩鹏、世博会志愿者

歌曲《城市让生活更美好》

演唱：李泽、雪莲斯曼组合

二、嘉宾上场音乐

演奏：中国人民解放军军乐团

三、序　和谐欢歌

《和谐欢歌》：宋祖英、成龙

四、上海世博会领导人主持开幕仪式

五、升中华人民共和国国旗，唱中华人民共和国国歌

六、升国际展览局旗，奏国际展览局曲

七、升上海世博会旗，奏上海世博会歌

八、参展国家和国际组织旗帜入场

九、中国2010年上海世博会组委会领导人致辞

十、国际展览局领导人致辞

十一、中华人民共和国国家领导人宣布“中国2010年上海世博会”开幕

十二、文艺表演　第一章　相约上海

《相约上海》：刘媛媛、毛阿敏、周华健

十三、文艺表演　第二章　江河情缘

圆舞曲《蓝色多瑙河》

钢琴协奏曲《新上海协奏曲》

芭蕾舞：金山芭蕾舞团

十四、文艺表演　第三章　世界共襄

《Better City，Better Life》：乔纳森·巴可和席依达·盖瑞特

《勇敢的号角》：毛利歌舞团

《星》：谷村新司

《一种爱》：索韦托非洲合唱团

《今夜无人入眠》：安德烈·波切利

《致世博》：黄英、廖昌永、谭晶、孙楠

2. 展会开幕式创意设计

由于成本等原因，也有一些主办单位越来越不重视开幕式，甚至有个别主办单位标榜自己更加注重展会的内涵，而对开幕式的组织很不在意。然而，好的开始是成功的一半，一个设计巧妙的开幕式能给主管领导、参展商和专业观众留下耳目一新的感觉。概括而言，展会开幕式创意设计的渠道常用的有三种。

(1) 发挥名人效应　尽管现代会展业已经发展到一定的水平，但邀请名人出席开幕式仍旧不失为一种很好的方式。这种通过政府或行业VIP的影响力来提高自身展会受关注度的方法不愧为一种高明的营销手段，不论从吸引参展商或专业观众，还是从争取更多媒体报道的角度出发，相信都能给人不错的“第一印象”。

(2) 制造新闻事件　由于出席嘉宾层次较高、潜在新闻集中且信息量大等原因，开幕式往往会受到众多媒体记者的关注。因此，主办单位应该充分利用这一机会，适当制造一些轰动性的事件，以期吸引媒体注意，大力宣传展会。例如，

在第六届中国国际房地产与建筑科技展览会（简称中国住交会）上，主办单位邀请民工作为开幕式剪彩嘉宾和颁奖晚会的颁奖嘉宾，引起了媒体的广泛关注和积极报道。对此，有专家这样评价：长期以来，广大民工为城市建设做出了巨大贡献，但他们的社会地位很低，第六届中国住交会组委会邀请民工参加开幕式和颁奖晚会，不仅向社会发出了倡导尊重民工的呼声，而且增添了展会的人文色彩。

（3）策划表演活动　为丰富展会开幕式的内容，展现展会的实力和人气，主办方还可以策划一些演出活动。但必须指出的是，演出活动应该与展会的主题紧密相关，切记不能喧宾夺主。

三、 专业研讨会和技术交流会活动策划

“会展”是中国展览界特有的一种提法，无论这种提法是否会给行业管理、行业统计等带来麻烦，会议和展会确实正在变得更加密不可分。许多业内专家认为，会议可以没有展览活动，但展会一定要有会议，这里的“会议”就是专业研讨会和技术交流会。

1. 专业研讨会和技术交流会的主要功能

随着现代会展业的发展，展会已经离不开专业研讨会和技术交流会的支撑。概括而言，专业研讨会和技术交流会的主要功能体现在以下五个方面。

（1）拓展展会功能　尽管展览活动本身能够在较大程度上反映该行业的发展动态和趋势，但毕竟不系统、不全面。通过开展专业研讨会和技术交流会，使得展会同时具备贸易、展示、技术和信息发布等功能。

（2）丰富展会内容　丰富展会现场的活动内容，真正实现“会”“展”结合。

（3）协助招展招商活动　很多时候，专业观众不是被展会而是被专业研讨会和技术交流会吸引来的，专业研讨会和技术交流会对相当一部分参展商和专业观众产生吸引力。

（4）指导行业发展　通过开展专业研讨会和技术交流会，对行业发展趋势以及热点、难点问题进行探讨，以帮助业内企业做出理智选择。

（5）促进交流合作　有时还可以策划专门的合作洽谈，为参展商和专业观众提供一个新的商业平台。

2. 专业研讨会和技术交流会策划与组织程序

无论是专业研讨会和技术交流会，还是产业高峰论坛等，都有一些共同点，如主导功能相同、筹备过程相似、组织形式灵活等。专业研讨会和技术交流会的一般策划程序主要为以下几个方面。

（1）进行市场调查　为了保证各项工作的顺利开展，主办单位首先需要成立一个组委会或指定专门的工作小组来负责专业研讨会和技术交流会的筹备工作。工作小组成立后，第一项工作便是进行详细的市场调查，调查的主要内容包括：

产业发展的热点问题，近期举办的同类展会的会议议题、收费标准和效果、潜在目标观众的评价和建议。调查工作的工具主要有直接邮寄、案头研究、网上调查等。

（2）明确专业研讨会和技术交流会的主题　主题是会议的灵魂，一个明确的主题可能对潜在观众尤其是专业观众具有强大的吸引力。对于展会而言，鲜明的专业研讨会和技术交流会的主题必须符合以下标准：有针对性地与展会主题相呼应，并能面向目标观众（主要指参展商和专业观众）；有前瞻性，指能够超越行业发展的现状，引领未来的发展趋势；有现实性，指能抓住行业发展的热点和难点问题；有实用性，指对与会者是难得的教育和培训机会。

那么，究竟如何确定专业研讨会和技术交流会的主题呢？首先是依据上面的市场调查结果；其次，应该积极征询相关科研机构和院校专家的建议。

例如，第六届中国北京国际科技产业博览会期间共开展了展览会、演讲论坛、专业研讨会和技术交流会、技术交易和经贸洽谈会等近百场次活动。参与论坛及专业研讨会和技术交流会专项活动的演讲嘉宾有500多位，包括一些国际著名科学家、世界500强企业领导者、企业家、金融家等知名人士，观众达到1.2695万人次。国内外专家学者针对中国科技创新、社会发展、国际合作、人力资源开发等各方面的问题进行了深入浅出的分析研讨，既不漠视成就，也不回避发展中存在的问题，专家们针砭时弊，竞相发表言论，更多的则是着眼未来，无论是“金玉良言”还是“苦口良药”，大家的目的是共同的：为中国经济发展献策，为北京发展献策。

（3）策划具体议题　主题确定后，接下来的工作便是设计具体的议题了。策划具体议题的基本依据是专业研讨会和技术交流会的结构和目标听众的需求。每一个具体的议题都应该具有明确的目标，而不是为了凑内容，多个务实而富有吸引力的子议题，才能共同支撑专业研讨会和技术交流会的主题。另外，在策划具体的议题时，还应适当考虑将来邀请演讲嘉宾的难度。

（4）构建专业研讨会和技术交流会框架　这里所说的“专业研讨会和技术交流会框架”即指专业研讨会和技术交流会的策划方案。其主要内容包括：专业研讨会和技术交流会的基本情况，如名称、时间、地点和规模等；会议的议程与举办形式；会议的目标观众；演讲嘉宾的遴选和邀请；会议招徕；现场调查活动安排；会后总结等。

（5）邀请演讲嘉宾　邀请合适的演讲嘉宾对专业研讨会和技术交流会的成功举办至关重要。一般而言，对国外的演讲嘉宾，要提前半年预约，并协助其做好签证、机票（有时候，可由主办单位购买后邮寄给演讲人）等相关准备；对国内演讲嘉宾，则至少应提前两个月发出邀请，并协助其做好相关准备工作。对于重要的演讲嘉宾，还应制订“一对一”的接待计划，妥善安排演讲人及其家属的交通、住宿、餐饮等事宜。

(6) 积极寻求赞助　除了从展会收入中划拨资金、收取会务费外，主办单位还应该积极为专业研讨会和技术交流会争取赞助。由于参加专业研讨会和技术交流会的人员都来自同一行业或联系紧密的相关行业，因而只要会议策划合理、具有吸引力，许多企业尤其是参展商都愿意为专业研讨会和技术交流会提供赞助。赞助的形式非常灵活，赞助商提供资金，主办单位则可给予相应回报。例如，转让专业研讨会和技术交流会的冠名权、在会刊中做免费广告、允许赞助商在会议期间发表演讲等。当然，赞助商也可提供会议现场的设备，或赞助与会代表的午餐或欢迎晚宴等。

(7) 开展宣传招徕　一般而言，专业研讨会和技术交流会的招徕工作可以和招展工作或专业观众组织工作协同进行，因为专业研讨会和技术交流会的听众中有相当一部分就是参展商和专业观众。在实际工作中，专业研讨会和技术交流会工作人员主要利用四种方式来招徕与会者，即电话、传真、直接邮寄和网上预订。其中，采用直接邮寄时，专业研讨会和技术交流会的宣传材料往往和招展材料放在一起，主要包括专业研讨会和技术交流会介绍（基本情况、背景和亮点）、会议预订表、会议议程安排等。

(8) 执行会议计划　会议计划的执行主要指专业研讨会和技术交流会的现场协调和管理，以确保专业研讨会和技术交流会既定目标的实现。其内容主要包括：场地布置和设备安装；会议现场注册；现场调度；现场服务；问卷调查等。

(9) 会后工作　专业研讨会和技术交流会结束后，会议工作组还有很多善后工作要完成。首先，进行现场或会后跟踪调查，以收集听众对议题安排及服务的意见和建议，从而为增强下一届专业研讨会和技术交流会的吸引力和改进服务质量提供依据；其次，感谢演讲嘉宾和与会者，如给演讲人寄发感谢信、给与会者邮寄专业研讨会和技术交流会的相关总结材料等；最后，在会后工作组自身也要进行全面、认真的总结和评估，以期下一届专业研讨会和技术交流会办得更好。具体而言，评估的内容主要涉及五大方面：会议的目标、会议的主题和议题、听众对会议的评价、会议的现场执行、收支状况。

四、 产品发布会和产品推介会活动策划

一般来说，产品发布会和产品推介会是针对参展商而言的，因而按理来说，策划产品发布会和产品推介会不属于展会策划人员的职责范围（主办单位主要提供配套服务）。但有时候，主办机构也自己先行策划产品发布会和产品推介会，然后销售给参展商。这时，如果能熟悉产品发布会和产品推介会的流程，并掌握一些常用技巧，有助于提高展会项目人员的服务技能。而且，在展会期间成功地策划和组织产品发布会和产品推介会，能够有效提升展会对参展商和专业观众的价值。

1. 产品发布会和产品推介会的一般流程

事实上，在实际操作中，产品发布会和产品推介会的策划和组织几乎都是由主办单位或行业协会和参展商共同完成的。其中，主办单位主要负责整个发布会的框架设计和现场服务，实施方案则由发布产品的企业来策划和执行。概括而言，从展会主办单位的角度来讲，产品发布会和产品推介会可大致分为以下五个步骤。

（1）产品发布会和产品推介会主题的选择　产品发布会和产品推介会一般都会传达最新的产品信息和技术，其观众主要包括技术人员、经销商和新闻媒体等。因此，在策划产品发布会和产品推介会时，主办单位首先需要与行业内研发能力强的企业及相关科研机构沟通，了解新产品的发展动态和他们对产品发布会和产品推介会的需求与设想，然后确定一个大主题。之后，本届展会上所有场次的发布会都可以围绕这个大主题来展开。

（2）设计产品发布会和产品推介会的框架　主题确定后，接下来的工作便是细分主题，所有细分主题的最终表现就是不同类型的最新产品。除了对主题进行细分外，产品发布会和产品推介会的框架还包括媒体邀请计划、观众组织计划、现场执行计划等重要内容。其中，在现场执行计划中，对不同目标企业的发布会的统筹安排至关重要。

（3）销售产品发布会和推介会　制订好整个产品发布会和产品推介会的设计方案后，主办单位就可以向相关企业尤其是展会的目标参展商销售了。一般来说，销售的主要对象是该行业内倡导技术创新、注重产品升级的大企业。在具体操作时，主办单位可以将产品发布会和产品推介会的销售与招展工作结合起来，并可根据实际情况对既定方案进行灵活调整。

（4）召开产品发布会和产品推介会　正如上文提到的，在实际操作中，产品发布会和产品推介会的策划和组织一般都是由主办单位和参展商合作完成的。在具体召开产品发布会和产品推介会时，主办单位所扮演的角色主要是进行现场协调和提供现场服务的，包括时间控制、企业出场顺序安排和咨询服务等。

（5）完成善后工作　与一般的会议大同小异，产品发布会和产品推介会的善后工作（针对主办单位）主要包括开展现场观众调查、跟踪媒体报道情况、答谢发布产品的企业和进行工作总结等。其中，对媒体报道情况的跟踪，对于参加的企业而言具有很大的吸引力，因而，主办单位应该将其纳入整个展会媒体工作中。

2. 策划产品发布会和产品推介会的常用技巧

产品发布会和产品推介会对于展会的成功举办具有重要意义。然而，精心策划产品发布会和产品推介会并不是说要主办单位包揽一切，其主要工作是为举行产品发布会和产品推介会的企业提供组织保障和配套服务。策划产品发布会和产品推介会的常用技巧，如表 2-2 所示。

表 2-2 策划产品发布会和产品推介会的常用技巧

常用技巧	说明	备注
突出发布主题	统一安排不同参展商的发布会，使发布会显得组织有序、主题明确	
统一协调安排	统筹安排展会期间所有场次的产品发布会和产品推介会，避免现场混乱	
提供展示平台	利用媒体日、新产品专区等方式，为参展商展示产品创造更多机会	制订切实可行的媒体邀请计划很重要
增强教育意义	能反映行业发展的新趋势和新技术	控制待发布产品的档次和质量
做好现场服务	做好会场布置、现场协调、安全保卫和现场服务等工作	

五、 表演及其他相关活动策划

在当今的发达国家，无论是会议、展会，还是节庆或大型体育赛事活动，几乎每一个节事活动都很注重娱乐性，以期为每个参加者都带来身心的愉悦和深刻的感受。以美国为例，2014 年以来节事活动中的娱乐收入每年以近 50% 的速度猛增。可以预见，娱乐化也是展会的发展趋势之一，娱乐活动策划应该引起国内展会主办单位的重视。娱乐要素很广，主要有表演、赛事、音乐等。

1. 表演活动策划

表演活动对于展会而言至关重要，它既可以调动现场气氛、丰富展出内容，也有助于参展商优化展出效果。美国 *Trade Show Week*（《贸易展览周刊》）杂志在 2004 年年底的一项调查结果显示，75% 的参展商首先选择用演出（包括演示）来宣传自身的产品和服务。要成功地组织展会的表演活动，主办单位至少必须考虑以下四点。

（1）提前策划　主办单位要清楚自己正在策划的是什么性质的表演。是与展会主题相关的还是纯粹的娱乐性表演，是开幕式表演还是欢迎晚宴表演（或答谢晚宴表演），是为整个展会服务的还是由某家参展商出资委托的表演……在明白了这些问题后，项目人员才能对整个展会的所有表演活动（参展商自身的演示除外）进行策划和宏观把握。

（2）选择场地　为表演活动预先选择合适的场地。如果是为整个展会服务的表演，例如开幕式上的乐队或舞狮表演，则应该选择在展会的公共场所举行；如果由某家参展商出资委托的表演，则应安排在该参展商的展台上或附近举行。总之，除了开、闭幕式上的活动外，各类与展会主题相关的表演安排在展出现场比较合适。当然，具体选择在什么地方表演，要根据实际情况而定。

例如，第 13 届上海 · 国际音响影视展览会于 2005 年 4 月 15 ~ 18 日在上海国际展览中心顺利举行。本届展览会的一大特色是专门设置了现场表演区。

（3）现场协调　对展会现场的各种表演活动进行有效协调是很重要的。首先，主办单位应该对由组委会自身组织的表演进行统筹安排，并做好现场调度与服务，确保表演活动的顺利、安全举行；然后，参展商与参展商之间有时候也会因为对方的表演（或演示）活动影响了自己的展出效果而发生纠纷，这时就需要主办单位出面进行协调。

（4）安全与保卫　无论是为整个展会服务的表演，还是参展商自己组织的表演或演示，现场表演活动往往会吸引大量专业观众驻足观看，因此，主办单位要事先和场馆协商，提前制订危机处理方案并安排适当人力，努力做好安全保卫工作。

2. 其他相关活动策划

娱乐的内涵十分丰富，只要精心策划，主办单位可以在很多方面实现突破，从而给参展商和专业观众带来全新的感受。

（1）比赛活动　在2004年上海国际汽车用品及一站式服务展览会上，组委会策划了汽车音响大赛、现场改装大赛、知名赛车游戏比赛等一系列竞赛活动，吸引了众多的国内外厂商、专业媒体和观众的关注，并成为本届展会的突出亮点。再如，在2005年广州国际动漫画展上，主办单位为了让参观者能真正融入其中，设置了广东、香港两地COSPLAY（角色扮演游艺）“大激斗”。“大激斗”邀请了香港优秀的COSPLAY团队来展会现场表演、交流，为广大动漫创作者提供了一个展现自我风采的舞台。

（2）文化活动　从21世纪开始，北京国际汽车工业展会就逐步突出车展的社会文化内涵，取得了显著的效果。从第6届开始，组委会相继举行了三届摄影大赛，得到了新闻界及摄影爱好者的热烈欢迎。2004年，车展又开展了一系列的活动，包括举行汽车模特大赛、车展风云榜评选活动；完善北京国际汽车环保园的建设；增设“展中展”展区——展出了全国儿童汽车绘画大赛、历届摄影大赛以及全国大学生汽车设计大赛的获奖作品；推出了展会吉祥物；举办汽车展览会；印制纪念邮品；举办专场演出等。以上活动和安排促使北京汽车展的文化内涵得到挖掘，外延得以扩大。

（3）特色餐饮文化活动　在2005中国（上海）国际绿色食品展会上，组委会策划了一场“顶级洋厨现场秀”，即邀请在上海五星级酒店的大厨倾情献艺，进行厨艺大比拼，而参展商和专业观众则有机会品尝、评点各位大厨的看家本领，在轻松、愉悦的环境中洽谈贸易。

（4）媒体服务活动　在第二届中国（广州）国际汽车展会上，主办单位把新闻中心设在珠江散步道的醒目位置，扩大了新闻中心的面积，并将新闻中心划分为五大区域，即资料发放区、记者工作区、记者休息区、嘉宾采访区和新闻发布区。其中，记者工作区免费提供电脑和宽带上网服务，还免费提供茶水以及寄发一定重量的资料等。通过不懈努力，主办方为来自全国各地的媒体记者提供了更加完善、周到的服务，让他们真正有了宾至如归的感觉。

思 考 题

1. 如何理解会展立项策划？
2. 市场信息分析包括哪些方面的内容？
3. 对于产业发展状况的分析包括哪些方面？
4. 如何理解会展题材？
5. 选定会展题材的依据是什么？
6. 选定会展题材的方法有哪些？
7. 会展项目立项策划的主要内容有哪些？
8. 常用什么方法确定展位承建商？投标过程安排要注意哪些内容？
9. 参展商手册的作用是什么？
10. 参展商手册的内容主要有哪些？
11. 编制参展商手册要遵循哪些原则？
12. 从哪些方面实现会展开幕式的创意设计？
13. 开幕式策划的内容有哪些？
14. 专业研讨会和技术交流会的策划与组织程序是什么？
15. 产品发布会和产品推介会策划的步骤是什么？

第三章

会展营销管理

学习目标

会展营销管理是会展管理的重要组成部分，通过对本章的学习，熟悉会展营销环境分析的方法；掌握会展营销活动的内涵和程序，学会运用各种营销手段；了解展会品牌管理的必要性和方法。

第一节 会展营销环境分析

任何经营活动都是生存在一定的市场环境之中的，并遵循着“适者生存”的法则。市场环境分析是展会营销分析的第一步，它是根据展会产品策划提出的展会举办方案，在已经掌握的各种信息的基础上，进一步分析和论证举办展会的各种市场条件是否具备，是否有举办该展会所需要的各种政策基础和社会基础。

一、 会展营销宏观环境分析

宏观环境可能会给办展机构举办展会带来市场机会，也可能会给其造成市场威胁。办展机构在策划举办一个展会时，必须对它加以密切关注，并及时对其做出适当的反应，以便有效地识别和抓住市场机会，避开和减少市场威胁。

宏观市场环境所包括的因素都是办展机构本身以外的市场因素，并且基本上都是企业自身所不能控制的因素，它们包括：人口环境、经济环境、技术环境、政治法律环境、社会文化环境、配套服务设施环境等。

1. 人口环境

人口数量是市场规模的重要标志，从人口的分布、结构及变动的趋势可以分析判断出市场需求的特点和发展趋势，这一点对展销会等注重现场零售的展会有重要的意义。对于专业贸易类的展会来说，更要注重该展会展览题材所在产业及其相关产业的从业人员数量和结构构成，因为从这里能预测展会的专业观众的大约数量，而拥有一定数量和质量的专业观众正是专业贸易类展会的生存之本。

2. 经济环境

经济环境是指那些能对企业参展和观众到会参观产生影响的各种经济因素，如社会经济发展水平、产业利润率的高低、市场规模的大小、产业进出口状况、产业结构状况、展会所在地的住宿、餐饮、旅游、交通等配套设施的完备程度等。这些因素从侧面影响着企业参展和观众到会参观的意愿。

3. 技术环境

科学技术的发展会给企业的经营活动和经营方式产生重大影响，一方面，它可以给一些企业提供新的有利的发展机会；另一方面，它也可以给一些企业的生存与发展带来威胁。另外，在塑造展会服务的外部环境方面，科学技术的发展也能发挥巨大作用。如互联网的出现就极大地改变了会展业的办展思路和竞争模式，计算机的广泛使用使展会的观众登记模式发生了很大的变化。

4. 政治法律环境

由那些具有强制性的和对举办展会能够产生影响的法律机构、政府部门和其他压力集团所构成。由于举办一个展会涉及的行业和社会面非常广，因此，会展业会受到比其他行业更加严格的法律管制，如政府对举办的展会在消防、安保、工商管理和产品进出口方面的严格要求以及举办展会对《中华人民共和国广告法》和《中华人民共和国专利法》等法律的严格遵守等。此外，与展会展览题材所在产业有关的法律对举办展会也会产生较大的影响。

5. 社会文化环境

社会文化环境有三大类，一是物质文化，二是关系文化，三是观念文化。它们分别代表人们对物质生活、社会关系和意识形态等方面的要求、认识和看法。社会文化环境对企业参展和观众到会参观会产生较大影响。例如，人们的出行习惯、国与国之间的关系、世界各国的各种节假日和喜庆日的安排，对举办展会的影响非常大。在中国，春节期间就很难成功举办专业贸易类的展会；在西方，圣诞节期间举办专业贸易类的展会也是不可想象的事情。又比如，欧洲人普遍喜欢在每年的8月前后度假，在这期间举办展会，来自欧洲的参展企业和观众可能会比平时少。

6. 配套服务设施环境

随着金融、物流、旅游等服务业的加快发展，城市交通、通信等基础设施不断改善，将为展览业提供更好的配套设施和服务。例如，在会展接待设施方面，众多的星级宾馆，为会展业提供服务的专业会展公司、搭建公司、运输公司等，以及通晓外语、管理、贸易、营销和国际惯例的会展专业人才队伍，为举办大型会展活动提供了硬件设施，从而使接待能力得到保证。

7. 地理环境

发展会展业必须要具有明显的地理区位优势，一般是较为重要的海空大港和交通通信中心，交通要非常便利；还要是经济较发达地区的中心城市，并具有强大的经济集聚和扩散效应。比如上海，它具有明显的地理区位优势，是我国乃至全世界较为重要的海空大港和交通通信中心。上海已建成以浦东国际机场为主、虹桥国际机场为辅的组合型国际航空枢纽港。旅客运送能力基本达到了每年2500万至2700万人次；远期旅客运送能力将达到每年8000万至1亿人次。上海发达的信息交通网络的最终形成，将会为发展会展业所需要的快捷的信息沟通和立体多层次的交通联运体系提供坚实的基础。上海通过各种交通方式所连接的海洋腹地和内陆腹地两个扇面，辐射半径之大，为国内许多城市所不及。所以这一优越的区位一方面使上海在我国经济发展格局中居于重要的地位，另一方面也使上海具有强大的经济集聚和扩散效应。上海已初步具备接待大型国际会展的交通条件，在此基础上发展会展业可以说非常有利。

我们在进行认真的市场调查和充分掌握以上各种信息的基础上，要切实结合会展产业的实际特征，对举办展会所面临的宏观市场环境的各个方面做出准确的分析，寻找市场机会，发现市场威胁，为展会营销的最终决策服务。

二、 会展营销微观环境分析

微观市场环境是指对办展机构举办展会构成直接影响的各种因素。这些因素包括办展机构内部环境、目标客户、竞争者、营销中介、服务商和社会公众等。和宏观市场环境一样，微观市场环境所包括的各因素也可能会给办展机构举办展会带来市场机会，或者给其造成市场威胁。

1. 办展机构内部环境

办展机构内部环境包括办展机构的资金、人力、物力（办展资源）和能联系的社会资源等。通过对办展机构内部环境的客观分析，准确地找出它们在本展会所在产业以及它们本身所具有的办展优势和劣势，并对这些优势和劣势进行客观的评估，分析办展机构是否具有举办该展会的能力。

2. 目标客户

目标客户包括展会现实和潜在的参展商和观众。从类别上看，展会的目标客户包括消费者市场客户、生产者市场客户、中间商市场客户、政府部门和国际市场客户五大类。这些客户可能是参展商，也可能是观众。参展商和观众都是展会的服务对象，两者都必须重视。展会的最终目的是要满足目标客户的需求。因此，在分析展会的目标客户时，不仅要分析他们的数量和分布，还要注意分析和把握他们的需求及其变化趋势，并以此作为展会努力的起点和服务的核心。

3. 竞争者

竞争者就是与本展会有竞争关系的其他同类展会。在现实中，一个题材的展会往往不止一个，展会要想在市场上取得成功，就必须能比其他同类展会更有效地满足参展商和观众的需求。一般来说，每个展会都会面临三种类型的竞争：一是欲望竞争，即参展商和观众想要满足的各种需求具有可替代性，他们可以选择参展，也可以选择不参展。二是展会间竞争，即参展商和观众能在可以满足他们需求的同题材的不同展会之间进行选择，他们可以选择本展会，也可以选择其他同类展会。三是品牌竞争，即参展商和观众凭展会本身的品牌或办展机构的品牌对参加哪个展会做出选择。所以，在对竞争者进行分析时，不仅要分析具有竞争关系的展会，还要分析这些展会的办展机构；不仅要分析具有竞争关系的展会和其办展机构的现状，还要关注它们的变化，并及时提出应对的策略。

4. 营销中介

营销中介是受办展机构委托的或者是协助展会进行宣传推广和招展招商的中介组织和单位，包括展会的招展代理、招商代理、广告代理和其他营销服务机构等。好的营销中介能很好地分担和完成办展机构的宣传推广和招展招商等营销工作，能更好地协助办展机构成功地举办展会。分析营销中介，目的是要甄别那些候选的中介组织的资质、信誉和实际营销能力，以保证它们能为展会提供最好的营销服务。

5. 服务商

服务商是受办展机构的委托，为展会提供各种服务的机构，包括展会指定的展品运输代理、负责展位搭装的展位承建商、提供旅游服务的旅行社、提供住宿服务的宾馆酒店，以及提供展会资料印刷和观众登记的专门服务商等，这些服务商是办好一个展会必不可少的组成部分。在举办展会时，参展商和观众很多时候都将这些服务商提供的服务看成是展会本身的一个有机组成部分。因此，这些服务商提供的服务的好坏直接影响到展会本身。在策划举办展会时，对这些展会服务商要仔细甄选；在进行可行性分析时，还要对它们的资质、信誉和实际服务能力等进行深入的了解，以保证展会的服务质量不会因为他们的服务不周到而受损害。

6. 社会公众

社会公众是指对展会实现其目标具有实际或潜在影响的群体。展会所要面临的公众有五种：一是媒体公众；二是政府公众；三是当地民众；四是办展机构内部公众；五是金融公众。这五类公众都具有影响一个展会实现其目标的能力，有时候他们的态度还能直接影响到展会的市场前途。因此，成功地处理好展会与这些公众的关系非常重要。有些办展机构专门成立公共关系部门，专门负责策划和处理与这些公众的关系，为举办展会提供宽松的市场环境。

微观市场环境的构成要素与展会本身密切相关。我们在分析这些要素时，要能善用资源、整合资源，使各种资源优势互补，最大限度地挖掘资质优良的资源，并最大限度地降低办展成本。

三、 国内外会展营销现状和先进经验

（一） 国内会展营销现状

1. 国内会展营销普遍粗放、营销人才缺乏

展会推广，作为会展营销的第一步，应该说是非常重要的。但是国内很多会展公司依然管理粗放，常常是仓促应战，展会营销工作也缺乏针对性，多数停留在模仿阶段，缺乏对自身品牌独特风格、独特销售方式的深入研发与创新。有的公司虽然制订了相应的广告营销计划，但与展会当时的市场背景、消费需求以及社会潮流脱节，导致营销效果不佳。

会展也是一种产品，只有认识到这一点，才有可能真正地把会展当作一种产品去经营。根据现代广告运作的一般程序，主办方首先应该制订总体广告策略和计划，依据自己的营销目标，制订广告目标、广告费用预算、广告时机及广告规模等内容。其次要进行市场调查与分析，这个环节可以委托调查公司或广告代理公司来执行，通常包括总体的市场构成、同类会展及竞争对手的情况、参展企业和消费者情况等内容。在此基础上，再请广告代理公司拟定具体广告策划案。然后是广告作品的制作（包括创意、设计制作）和发布。最后是广告效果测定及反馈。

然而，这样的一个理想营销流程在国内会展界可能是很难行得通的。最大的瓶颈在于：中国会展业缺少高级项目经理，即展会策划、招商、宣传到布展、迎展等一条龙协调统筹的人才。这样的从业人员现状无疑影响了中国会展营销策划的水平与层次。据上海师范大学旅游学院调查，目前上海会展旅游业有经验的高级项目经理不足 50 人，复合型会展人才不到 100 人。而上海如今每周要举办 5 个展览，通常举办一个大型国际会展至少需专业人才 80 ~ 90 人。上海外服公司等单位的调查也表明，上海现有会展营销、会展运营管理、营销策划等人才仅能满足 1/3 的市场需要。按上海 200 家会展公司及会展服务公司计算，保守估计今后 5 年需要会展人才 2500 人；上海 205 家三星级以上饭店需要会展人才 1500 多人。考虑到会展公司和饭店增量、世博会自身需求以及对会展业的推动等因素，人才缺口会更大。而我国其他地区则远远落后于上海，就全国来说，包括会展营销人才在内的会展旅游专业人才极度匮乏。

2. 展会过多过滥、需要品牌建设

我国展览业的现状是展会过多过滥，而且同一时期、同一地点相同的展会非常多，形成了恶性竞争，恶性竞争的背后是场馆的效益下滑和亏损。为了争取到展会的举办权，许多展览场地不得不降低自己的标准摊位费用，使得不少展会总收入往往低于正常盈亏点。

我国展览业起步较晚，与发达国家相比，存在规模小、水平低，场馆建设不科学、管理机制落后、配套服务跟不上等诸多问题，离国际水平还有相当差距，特别是重复办展问题十分突出。因为展会无论规模大小都可能产生利润，所以很多地区都看中“展会经济”这块肥肉，都想分一杯羹。如在政府机构范畴内，具有展会组织权的部门有商务部、中华人民共和国科学技术部（简称科技部）等，行业协会、金融机构、展览公司也有权举办展会，因此，重复办展、多家办展屡见不鲜。

行内专家认为，世界展览大国德国由于造就了品牌化的规模展会，所以才将世界上绝大多数的规模展会都吸引过去。而我国政府用行政力量扶植的动作力度太大，市场经济条件下政府应转变角色，履行经济资源调节、市场监督、社会管理和公共服务职能，培育市场化品牌展会。

许多业内人士都提到政府应积极培育品牌展会，走市场化运作道路，使会展业在市场竞争中不断提升水平，向专业化、国际化的方向发展。宁波的会展业在过去很短的时间内由小到大，在国内服装、家电消费品展会中占据了重要位置。一个重要的特点就是根据城市产业特点，选择了服装行业作为会展业起步的突破口，同时依托中国家电生产基地的产业优势举办中国国际日用消费品博览会，形成了服装、住宅、消费三大品牌展会。

由此可见，培育品牌展会是我国展会的治乱良方，政府应尽快建立准入制度。只有品牌展会才能吸引高质量的参展商，有了高质量的参展商才能吸引来高质量的买家，而高质量的买家又会吸引来更多参展商，这样才能形成一个办展市场的良性循环。

（二）国外会展营销的先进经验

综观世界会展业的发展历史和现状，德国、美国、法国、新加坡等会展经济发达国家在营销方面的先进理论和科学实践，非常值得我们借鉴。

1. 争取国际专业组织的支持

会展经济发达国家在进行展会营销时都积极争取国际专业组织的支持，有些国家本身就拥有全球性的会展行业协会。换句话说，大到一个国家或城市，小到一家会展企业，拥有相关权威性组织的认可和支持是至关重要的，对于像世博会这样的全球性展览会尤其如此。即使对于单个企业，所主办的会议或展览会若能得到国际性组织认可，对与会者和参展商及专业观众也将具有很大的吸引力。

2. 行业管理体制顺畅

众多会展发达国家的成功实践都已证明，顺畅的行业管理体制是城市会展业健康发展和整体促销的基础条件。在欧美发达国家，政府不直接参与会议或展览会的组织和管理，而是为会展业的发展提供必要支持，除了提供优惠政策、投资兴建场馆（由公司自主经营）、资助企业出国参展外，还协助、促进会展公司开展会议或展览会的推广工作。

3. 成立促销联合体

由于行业多头管理、企业单纯利润导向等局限性，使我国政府在组织会展公司和旅游企业开展联合促销时存在很大障碍。这方面可借鉴法国专业展览会促进委员会的成功模式，本着平等自愿，投资多、受益大的原则，成立全国范围内的促销联合体，使得面向全球开展联合促销成为可能。因为单个的展览公司，哪怕是实力雄厚的展览集团，都没有足够的实力在世界上几十个国家建立属于自己的办事机构网络，但是如果从属于不同展览公司的几十个展览会把各自的营销经费集中到一起，就能组成一个有效的国际促销网络。同时，还可以对展览会进行统一规划、管理和促销。

特别值得一提的是，国外会展经济发达国家在开展会展活动，尤其是全球性会议或世界博览会的整体促销时，会展部门和旅游业往往能精诚合作，而国内会展界（行业协会/会展公司）在这方面做得还十分欠缺。在未来一段时期，国内会展界和旅游界不妨在联合促销方面进行一些大胆的尝试，因为会展活动和旅游活动存在许多共性，这决定了城市在进行目的地整体促销时，会展部门完全可以和旅游部门协作。即使是会展企业单独开展营销推广活动，也应将会议和展览会与城市及周边的旅游景点和旅游接待设施结合起来。

世界上许多国家的会议或展览业之所以能取得巨大成功，并在国际上享有盛誉，在很大程度上得益于整体促销活动的高效、有力。毕竟开展联合促销既能塑造和推广地区会展业的整体形象，又可有效组织分散的资金、人力和物力，集中力量宣传本地区优良的办展（会）环境以及一批品牌会议或展览会。

4. 开展整体营销

开展整体营销能促进和推广地区会展业的整体形象，并可有效组织分散的资金、人力、物力，集中力量宣传本地区优越的办展环境和品牌展会。一些城市常常通过开展国际性的公关与宣传活动来塑造城市的独特形象，吸引世界各地的商家游客，如巴黎、纽约和我国的香港。我国可以由政府有关部门牵头，大力推进目的地整体营销，将城市的各部分功能组织成一个产品进行营销，例如我国的香港旅游发展局、香港贸易发展局和香港展览会议业协会合作开展了大量的目的地营销活动，以期共同推动香港旅游业与会展经济的发展。新加坡旅游局下设展览会议署每年制订专门的推广计划，到世界各地介绍本国的旅游业和会展业情况，举办会展经济方面的研讨会，向与会者尤其是国际会议或展览会的组织者宣传新加坡举办会展活动的优越条件。

第二节 会展营销管理

会展营销是一个比较复杂的管理活动，它包括会展产品设计、会展产品定价、会展产品销售渠道和促销方法等一系列活动。

一、 会展产品设计

对会展业来说，展区和展位就是产品，而对展区和展位进行划分也就是会展业的产品设计。

展区和展位划分是展会招展策划与展位营销的一项重要的基础性准备工作。展览会一般都要按展品类别划分展区，在每个展区里，还要根据场馆的场地特征划分展位，决定哪些地方将搭建特装展位，哪些地方将搭建标准展位，两种展位各需要多大的面积。合理地划分展区和展位，对于展会招展和更好地吸引目标观众到会参观、增强参展商的展出效果、进行展会现场服务与管理等有着十分重要的作用。

1. 划分展区和展位的原则

展区和展位是在展会进行招展之前就应该划分好的。展会招展时，同类展品的参展商被安排在同一展区里。在该展区里，参展商一般可以根据自己的要求对自己需要的具体展位进行选择。

在划分展区和展位时，要注意遵循以下基本原则。

（1）按专业题材划分展区　所谓按专业题材划分，就是在满足展品对场地要求的基础上，将同类展品安排在同一个区域里展出。在展会招展前，要对展会所有的展览场地进行统一安排，按专业题材划分展区，筹划不同题材的展品适合安排在什么位置，各展区需要多大的面积。之所以要考虑展品对场地的要求，是因为有些展品对场地的要求比较严格。如果展会的国际参展商很多，也可以不按专业题材分馆的要求而将他们单独安排在一个展区里，这时，我们一般称这个展区为“国际馆”。按专业题材划分展区，可以使展会脉络清晰，方便观众参观。

（2）要有利于提高展会的专业水平　展区和展位的划分直接影响到参展商和观众对展会的印象。如果一个展会里的标准展位和特装展位的分布杂乱无章，各种展品的展位互相混杂，即使这个展会的规模很大，我们也会认为它档次不高，非常不专业，对它的印象也一定不会好。因此，展区和展位的划分要有利于提高展会的专业水准，使参展商和观众首先从外观上对展会产生好的印象。

（3）要有利于观众的参观 展区和展位的划分，要使对某类展品感兴趣的目标观众能很方便地找到展出该类展品的所有展位，并且也能在相邻的展区里找到与该展品有关联的产品。给予观众更多的方便就等于是在提高展会的影响，是在促进展会贸易成交量的提高，是在提高展会在观众心目中的地位。

（4）要有利于提高参展商的展出效果 展区和展位的划分对参展商的展出效果有直接的影响。例如，如果一个标准展位夹在一些特装展位之中，标准展位将变得非常不显眼；如果将一些次要的题材放在展馆最好的位置，展会的整体效果将大打折扣。因此，展区和展位的划分既要符合展品的特点，也要考虑到展位的搭装效果，还要考虑到方便观众参观和集聚，这样，参展商的展出效果才不会受到影响。

（5）要有利于展会现场管理和现场服务 展区和展位的划分要注意对展览场地的充分利用，最好不要有闲置的场地死角；展区和展位的划分要注意展馆消防安全，要便于遇到紧急情况时及时疏散人群；展区和展位的划分要方便展位的搭装和拆卸，方便展品的进馆和出馆。总之，展区和展位的划分要有利于展会现场管理和现场服务的提供。

划分好展区和展位以后，要按一定的比例将它绘制成展会展位平面图，并在图上标明各展区和展位的具体位置，标明展馆各出入口、楼梯、各服务设施等，为参展商选择展位提供便利。展位平面图是展会招展时需要经常使用的主要资料之一，在绘制时一定要准确、细致，图标和线条要清楚，使人一目了然。

2. 划分展区和展位时要注意的问题

综上所述，展区和展位的划分对展会的成功与否举足轻重。因此，在划分展区和展位时，还要注意以下问题。

（1）要注意统筹兼顾 所谓统筹兼顾，就是在划分展区和展位时，要在办好展会和符合展会需要的前提下，对展会所有的展位进行统一安排，最大限度地兼顾到办展机构、参展商、观众以及展会服务商各方面的利益和便利性。展区和展位的划分如果忽略了某一方面的需要，就会给相关方面带来不利的影响，并由此造成连锁反应，进而影响到整个展会的效果。

（2）要因地制宜 展区和展位的划分，除了要充分地考虑展会等相关各方的需要外，还要充分考虑到展馆的场地条件，因地制宜。例如，如果展馆里有柱子，我们就要考虑不能将柱子划在某个展位里面。另外，不同参展商对自己展位的具体形状的要求各不相同，有的希望展位是通道形的，有的希望是岛形的，有的希望是半环形的，展位划分时要充分考虑到这些需要。在划分展位时，如果只满足某些参展商的需要而不注意展会整体布局，场地就会出现一些无法利用的死角。

（3）要注意适应观众流的规律 展会观众流的形成和流动有其自己的规律，观众流是进行展区和展位划分时要充分考虑的重要因素之一。一般来说，展会观众流的形成和流动有以下特点：在中国，由于受交通规则的影响，人们进入展馆后习惯于直接向前走，如果不能直接向前走就习惯于向右转；在展馆的入口处、主通道、服务区和大的展位前的人流量比较大，容易形成大量的人群围观某一个展位或展品等。

（4）不能遮挡展馆的服务设施　展馆里的一些服务设施是展会安全的重要保证之一，要保证任何展位都不能遮挡展馆里的一些重要安全设施，如不能遮挡消防栓、不能堵塞消防和安全通道、不能遮挡配电箱等。在展馆的入口处要留出一定的区域供参观人流聚散，展场的各种通道要达到一定的宽度，以便参观人流通过。

（5）要合理地安排展会的功能服务区域　一个展会除了最主要的展示区域以外，还需要安排一些功能服务区域，如登记处、咨询处、洽谈区、休息区、新闻中心等，这些区域尽管一般面积都不大，但对展会整体而言还是十分必要的，在划分展区和展位时，不能只考虑展会展示区域的划分而忽视了对这些功能服务区域的统筹安排。

二、会展产品定价

为展会确定一个合适的展位价格是展会营销的一个重要任务。展位价格对参展商的参展决策有重要影响，如果价格过高，参展商可能不堪承受而放弃参加展览，展会的招展工作就会出现困难。但如果价格过低，展会的收入又会减少，展会就可能出现亏损。因此，确定一个合理的展位价格，对展会的展位营销和展会的经济效益都有着重大的影响。

1. 招展价格的制订

招展价格是展会众多价格中最重要的一种价格。招展价格就是展位的出售价格，按展位不同，可以分为标准展位的价格和空地的价格；按场地不同，可以分为室内展位价格和室外展位价格等。

制订合理的招展价格是一项十分复杂的工作，要制订合理和可行的招展价格，就必须在充分考虑顾客、成本和竞争的基础上，参照办展机构的具体价格目标，采用合理的定价策略来制订。

为了能制订最合理的招展价格，我们需要注意以下几点：

（1）要充分考虑竞争的需要来定价　制订展会的招展价格时，要充分考虑那些与本展会有竞争关系的同类展会的价格状况，有时候，它们的价格就是制订招展价格时的重要参考。要充分评估本展会在市场上处于什么样的地位，是处于市场领先地位还是处于跟随地位。如果处于市场领先地位，就可以将价格稍微定得高一些；如果后者，就必须将价格定得低一些。

（2）要结合展会的价格目标来定价　对于不同的价格目标，展会的招展价格也不尽相同。而展会一般有五种定价目标，即利润目标、市场份额目标、撇脂目标、质量领先目标和生存目标。在制订展会的招展价格时，这些目标是我们需要考虑的重要因素。例如，如果展会价格目标是以展会生存为主，那么，展会的“盈亏平衡价格”就是其定价的基本依据。

（3）要结合展会发展阶段来定价　每个展会都会有一个从培育、成长到成熟和衰退的发展阶段。在展会的培育阶段，招展价格不宜太高；在展会的成长阶段，招展价格可以适当提高；在展会的成熟阶段，招展价格基本固定，不宜变动；在展会的衰退阶段，招展价格应该较低。展会的发展阶段对展会的招展价格有着十分重要的影响，在制订展会的招展价格时必须充分考虑这一点。

（4）要结合展会的价格弹性来定价　所谓价格弹性，是指当价格每变动1%时展会展位销售量变动的大小，它是用来表示招展价格的变动对展位销售量影响大小的参数。如果展会的价格弹性较大，展会招展价格的降低就会引起展会展位销售量的大增；如果展会的价格弹性较小，展会招展价格的降低对展会展位的销售就不会产生什么影响；如果展会的价格弹性为负数，那么展会招展价格的降低不仅不会促进展会展位的销售，反而会降低展会展位的销售量。因此，展会招展价格不是随意确定的，我们还必须考虑展会价格弹性的大小。

（5）要考虑展会展览题材所在行业的状况　主要是要考虑该行业平均利润率和该行业的市场发展状况。行业平均利润率的高低决定了该行业内的企业可能的赢利水平和支付能力。如果行业平均利润率较低，展会的招展价格过高，企业将无法承受；反之，展会的招展价格就可以相应地定得高一些。行业的市场发展状况也是制订展会招展价格时需要考虑的另一个重要因素。如果某行业处于买方市场状态，企业参展的积极性就较高，展会的招展价格可以定得高一些；如果某行业处于卖方市场状态，企业参展的积极性就较低，展会的招展价格就应该定得低一些。

（6）要考虑展区具体位置的差别　办展机构一般是执行“优地优价”原则，即那些位置比较好的展位的价格要比其他展位的价格高。

（7）要注意国外参展商与国内参展商的差别　我国目前普遍实行价格“双轨制”，即对国外参展商与国内参展商推出不同的展位价格，国外参展商的展位价格一般要比国内参展商的展位价格高。当然，国外参展商的展位位置一般也要优于同档次的国内参展商的展位位置。

需要注意的是，上述各因素往往彼此影响，互相牵制。因此，在制订展会的招展价格时，对上述各因素必须通盘考虑。例如，在展会的培育阶段，展会的价格目标一般就不能以利润目标为主，否则，将不利于展会的发展壮大。另外，当我们的展位在市场上处于领先地位时，即使展会的价格弹性很大，我们也不宜随便降价，因为低价可能会与展会的档次和品牌不符。所以，如果我们只考虑某一方面而忽视其他因素，展会的招展价格就可能不合理，展会的招展工作就会因此受到影响。

2. 招展价格折扣

如果制订的招展价格在展位营销中能严格执行，招展时不给任何参展商价格折扣，那当然是非常好的一种情况。但在很多时候，在招展的具体执行过程中，展位的营销价格并不是严格按照上述招展价格来执行的，而是在招展价格的基础上给予参展商一定的价格折扣，然后按照折扣后的价格出售展位。招展价格折扣是办展机构给予参展商或者招展代理的一种价格优惠，其主要目的是为了吸引更多的企业到会参加展览。

不管处于什么阶段的展会，是否给予参展商一定的价格优惠，是与展会本身的发展潜力和办展机构的价格策略密切相关的。如果展会发展潜力很大，即使展会刚刚创立，企业参展也十分踊跃，甚至展位供不应求，这时，可以严格执行招展价格而不给任何参展商以价格折扣；如果办展机构一开始执行的就是稳定的价格策略，那么，也可以不给任何参展商价格折扣。

在现实中，给予参展商一定的价格折扣，在展位营销时是非常常见的一种促销策略。常见的价格折扣有以下几种：

（1）统一折扣　所有的参展商都适用于一个统一的折扣标准。这种折扣标准通常是按参展商参展面积的大小来确定，展位面积越大，所得到的折扣一般也越大。

（2）差别折扣　将价格折扣标准按需要分为不同的价格折扣。例如，按参展商的地区来源不同、行业不同给予不同的折扣，或者对标准展位和空地展位执行不同的折扣标准等。差别折扣如果从整个展会的角度看，各参展商适用的折扣标准是不一样的，但从某个具体折扣标准所适用的参展商来看，其所适用的折扣标准又是一样的。因此，这种折扣办法一般不会引起招展价格的混乱。

（3）展位位置折扣　此折扣是针对展馆内场地位置的优劣而制订的折扣标准。因为同一个展区内不同的展位其位置有好有坏，为了避免相对较差的位置无人问津，对这些较差的位置可以给予较多的价格优惠。

（4）特别折扣　通常是给予那些参展规模较大、影响力和知名度较高的企业的特别价格优惠。行业内知名企业对于提高展会的档次和影响力、对于促进其他企业做出参展选择有重要影响。为了吸引这些企业参展，办展机构一般会给予它们特别的价格优惠，也就是针对它们专门制订一个特别折扣标准。特别折扣适用于少数企业，对于一般企业不适用。

如果执行得比较科学，价格折扣对展会招展有一定的促进作用；如果执行得不好，价格折扣往往也会引起展会招展价格的混乱，而招展价格混乱对展会招展非常不利。因此在展位营销过程中执行招展价格时，必须要注意一些问题。

3. 执行招展价格时应注意的问题

如果招展价格非常混乱，不论是对本届展会的展位营销还是对展会的长远发展，都十分不利。引起招展价格混乱的原因很多，有的是因价格折扣而起，也有的是因展位促销策略而起，还可能是因为展会的招展代理工作不利而引起的。

为了避免出现价格混乱，办展机构一定要做到以下几点。

（1）严格执行价格及价格折扣标准　价格及价格折扣标准一旦确定，就要求所有的招展人员严格执行，对于不符合折扣标准的参展商坚决不能给予过多的价格折扣。对于某些如果不给予多一些的价格折扣就不参展的企业，我们要有勇气放弃。因为，如果给予了这些企业过多的价格优惠，那对于其他同类参展商来说是极不公平的，一旦那些参展商知道了此事，他们必然也会要求享受更多的价格优惠，这势必会引起整个价格体系的混乱。

（2）加强对招展代理的招展价格管理　招展代理的佣金一般都是按照他们所招企业的参展面积的多少来确定的，招展面积越多，他们所得到的佣金也就越多。所以，为了获取更多的佣金，招展代理往往会有一种低价销售展位的冲动，这使他们的招展价格往往不符合展会的价格及折扣标准，从而引起整个展会招展价格的混乱。为了避免出现这种情况，我们要对招展代理的招展价格进行严格管理和监督，不允许他们破坏展会价格标准而低价销售。

（3）避免在招展末期低价倾销展位　有些展会，眼看展会计划的开幕日期逐渐临近，可展会的展位销售却还不尽如人意。这时，有些办展机构为了能将全部展位都卖出去，就不顾展会的价格标准，将展位降价出售。这种做法是一种短视的行为，对下届展会的招展和展会的长远发展都非常不利。因为，这种做法不仅严重挫伤了那些在降价前报名参展的企业的积极性，还使所有知道在展会招展末期能获得特别价格优惠的企业对下一届展会招展采取观望的态度。如果这种企业数量较多，在它们的压力下展会到时将不得不降价出售展位，展会的经济效益也难以保证。在展会招展末期，对一些后期参展企业的价格特别优惠就是对早期已经决定参展的企业的一种价格惩罚，这对鼓励企业及早预订展位非常不利。

（4）严格控制差别折扣和特别折扣的适用范围　位置折扣的适用范围一般较好控制，因为展会里相对较差的位置一般都是比较明确的，执行起来比较方便。但是，差别折扣和特别折扣的适用范围有时候较难把握，而一旦把握不准就会引起价格混乱。在执行差别折扣时，折扣的标准不宜太多；各种折扣的标准划分要非常明确，不能含糊。在执行特别折扣时，可以将适用该标准的企业的名单一一列出，并明确它们达到多大参展面积时能给予的折扣范围。

另外，如果条件合适，办展机构可以执行稳定的价格策略，对所有参展商都实行统一的价格，不给任何参展商价格折扣，这样，展会的招展价格就可以始终如一，不会出现混乱。当然，实行这样的价格策略需要事先对展会进行充分论证，如果条件不具备，这种价格策略不但不会促进展会招展，反而它会对展会招展产生较大的阻碍。

三、 会展产品营销方法

在这里，会展产品营销方法主要论述会展产品通过哪些渠道销售产品以及采用哪些促销策略。

1. 联合营销

会展企业之间存在着竞争，但也存在着合作的可能。联合营销是指办展机构有选择地与一些机构和单位合作，采取一些有效的策略，共同来对展会展位进行营销的一种营销策略。联合营销的目的是通过与有关机构和单位的合作来扬长避短、优势互补、拓宽营销渠道和营销范围，扩大营销覆盖的地域，以取得更好的营销效果。法国国际专业展促进会是商会和政府牵头组织、法国专业展览公司自愿加入的民间团体。促进会为了向这些展会提供国际促进业务，在近 50 个国家和地区建立了办事处。这些办事处的任务是在各自负责的国家和地区为加入该组织的展会开展形式多样的促销业务。这种联合促销使单个企业的全球促销成为可能，而单个展览公司，哪怕是财力强大的展览集团，都没有足够的实力在世界上 50 个国家建立属于自己的办事机构网络，但是从属于不同展览公司的展会把销售经费集中到一起，就能组成一个有效的展会国际促销网络。中国也可以借鉴这方面的经验，各展览公司在自愿的基础上联合起来，在国际上建立一个为中国国际展览服务的行销网络。

随着展会国际化程度的不断拓展，联合办展已经成为许多展会共同的办展取向，跨地域和跨国界的招展活动越来越需要当地有关机构的配合。在招展时，每个办展机构都有自己的“营销盲点”，很难有精力在每个方面都亲力亲为、面面俱到。这时，利用合作机构的力量和渠道来扩大展位营销成果就十分必要了。

联合营销关键是要选择好营销的合作伙伴，并制订在营销过程中需要大家共同遵守的营销规则。好的合作伙伴对展位营销可以起到事半功倍的效果，而良好的营销规则则是保证营销秩序的有效办法。

联合营销的合作伙伴主要有以下一些机构和单位。

（1）行业协会和商会　行业协会和商会在行业里有重要的影响和强大的号召力，它们一般都拥有一定数量的会员单位，行业信息灵通，关系广泛，是办展机构理想的合作营销伙伴。

（2）国内外著名展览主办机构　每一个展览主办机构都有自己擅长的领域和自己的营销渠道，也有自己独特的营销技巧和营销手段，与这些单位合作，会受益匪浅。

（3）专业报刊　行业内的专业报刊对本行业有一定的影响，也拥有一批熟悉的客户，对行业发展趋势比较了解，联系比较广泛，不仅可以充当办展机构营销宣传的工具，还可以直接为办展机构招展。

（4）国际组织　一些相关的国际组织具有一定的权威性，在国际上有较强大的号召力，与它们合作往往能很好地带动国外企业参展。

（5）各种招展代理　招展代理是与办展机构紧密合作的专门的招展单位，合理地发展招展代理对展会招展很有好处。

（6）行业知名企业　行业知名企业在行业里有一定的号召力，它们的参展对行业内其他企业会有很好的示范效应，会带动一批企业参展。

（7）国外同类展会　我们可以与国外同类展会合作，在各自的展会上推广对方的展会，或采取其他合作方式争取合作双赢。

（8）外国驻华机构　外国驻华使领馆以及其他机构，如贸易代表处、办事处等不仅对我国各行业较熟悉，联系方便，而且对所在国也很了解，它们向我国企业推荐的展会一般能取得该企业的信任。

（9）政府有关部门　尽管政府部门正在逐渐从具体的经济管理事务中淡出，但政府的行业主管部门对行业的影响仍然很大，与它们合作，不仅有利于招展，还能获得很多其他支持。

（10）网络　网站是一个具有成本较低、覆盖面较广等特点的联合营销伙伴。

办展机构可以根据自己的展会特点和本身的优劣势，从上述机构中选择自己的合作伙伴。选择好合作伙伴以后，制订和遵守一些共同的营销规则是合作营销需要重点考虑的又一个问题。合作营销的伙伴可能不止一个，如果这些单位在营销中不遵守统一的规则，展位营销的秩序必会出现混乱，展会的招展效果将会大受影响。

展会的营销规则由办展机构统一制订，并要求合作伙伴共同遵守。这些规则主要有招展价格、展会宣传途径、展会服务承诺、招展范围、各单位招展地域或题材范围、展会展区和展位的划分等。这些规则合作伙伴不得擅自更改，也不得擅自做出决定。

值得一提的是，合作营销要求各合作伙伴遵守共同的营销规则，不是不允许各合作伙伴发挥各自的优势。恰恰相反，合作营销追求的就是在统一规则的统领下，充分发挥各合作伙伴的优势和积极性，为展会的展位营销服务。

2. 关系营销

关系营销是指办展机构与顾客以及展会服务中间商等建立和保持密切的关系，并通过彼此交换和履行共同的承诺，使有关各方都实现各自的营销目的的营销行为。关系营销的目的是希望与顾客结成长期的相互依赖的关系，发展办展机构和顾客之间的连续性交往，以提高顾客的品牌忠诚度来巩固市场，促进展位销售。

现代商业性展会基本都是连续多次举办的，连续举办的展会需要参展企业的连续支持，如果参展企业有时参展，有时又不参展，展会的招展工作将会受到很大的影响，尤其是行业中的知名企业更是如此。因此，争取相关企业的长期参展对展会的稳定发展非常重要。关系营销就是要通过与企业建立长期的稳定关系来赢得企业对展会的长期支持。

办展机构为了培养与参展企业长期稳定的关系，在营销方式的应用和服务范围的采用上，会和传统的营销方式有所不同。在实际操作中，关系营销可以分成三个层次：

（1）财务性关系营销　指营销人员主要以价格为手段，通过价格因素来与企业建立某种关系，并通过这种关系来刺激和鼓励企业参加展会。财务性关系营销不仅常常被办展机构用作留住老客户的主要手段，还常常被用来吸引新客户。财务性关系营销主要依靠价格因素在起作用，其局限性比较明显，也很容易被竞争对手所模仿。它较难形成一种长期的竞争优势，只能作为临时性的营销手段来使用。

（2）社会性关系营销　指以个性化的服务和在社会关系的基础上寻求与客户建立起某种社会性联系的营销策略。社会性关系营销不是漠视价格因素的重要性，它更多的是强调通过个性化的服务和与客户建立起社会性的联系来将潜在的客户和新客户变成关系客户，并通过这种方法将老客户留住。营销人员可以与企业建立起各种各样的社会性联系，如彼此在交往中成为好朋友，或者因相互对某一项活动有浓厚的兴趣而经常共同参与并形成深厚的友谊等。一旦与客户建立起了这种社会关系，如果不出现特别重大的变故，客户与展会的关系将变得非常牢固。

（3）系统性关系营销　指将企业参展和展会服务设计成一个服务价值传递系统，办展机构通过这个系统与客户建立紧密的关系，而不仅仅是依靠营销人员个人。系统性关系营销的服务价值传递系统常常是以顾客价值为基础而设计的，它往往能给顾客带来更大的利益。系统性关系营销的抗干扰能力很强，如果这种营销措施实施得好，客户转向竞争者的机会成本将很高，这使他们即使是在价格差异较大、社会性联系变得不稳固时，也不会轻易地考虑转向竞争对手。

3. 公共关系营销

公共关系营销是办展机构利用各种传播手段，与包括参展商、观众、展会服务商、普通大众、政府机构和新闻媒体在内的各方面公众进行沟通，建立良好的社会形象和营销环境的活动。公共关系营销的目标一般不是为了直接将展位销售出去，它主要是为了树立办展机构和展会的良好形象，并希望通过这个良好形象的树立来改善展会的经营环境。

公共关系营销的传播方式比较多，可以利用各种媒体传播，也可以自己进行直接传播。但公共关系营销对媒体的利用，主要是以新闻报道的形式出现，而不是做广告。另外，公共关系营销不仅仅针对目标参展商，它还针对展会的其他各方面公众。公共关系营销的社会公信度一般比较高，更容易被目标参展商及潜在的客户所接受。

公共关系营销通常可以采用以下一些方式。

（1）新闻宣传　办展机构可以通过新闻发布会、人物专访、记事特写、新闻报道等形式，通过媒体对外进行新闻宣传。新闻宣传的内容要具有一定的新闻价值，并具有一定的时效性，还必须真实可靠。

（2）公共关系广告 公共关系广告与一般的广告不同，主要是以宣传办展机构和展会的整体形象为内容，以提高办展机构和展会的知名度和美誉度为目的，它不仅仅是为了扩大销售。

（3）社会交往 办展机构可以通过扩大和社会有关方面的交往来扩大展会的影响，如组织联谊会、俱乐部，进行行业研究，对有关方面进行礼节性和策略性的拜访等，通过扩大社会交往来与各有关方面建立长期稳定的关系。其中，加入国内外有影响的行业协会和积极参加行业活动是极为有效的公关营销活动。

（4）公益赞助 办展机构可以以展会的名义对一些富有新闻价值的事件或者公益事业进行赞助，借以提高展会的知名度和美誉度。

需要指出的是，由于公共关系营销着眼于长期利益，其营销效果可能不像其他营销方式那样容易立竿见影。但是，一旦产生效应，作用将是长期和持久的，办展机构和展会将会长期从中受益。

4. 广告营销

宣传是一种单向的信息传递，即展览会组织者单方向地向潜在目标客户传达展览信息，而广告的优势是令信息可以传播得很广泛。广告的主要方式包括：媒体广告和户外广告。媒体广告包括：专业媒体，如报纸、杂志、网站等；大众媒体，如电视、电台、主导性报纸等。会展企业应围绕展览不同的卖点和亮点进行宣传，按区域、分行业地设计制作不同的软广告和硬广告。除此之外，还可以通过新闻发布会、行业研讨会等形式制造新闻题材，或对牵头参展的行业代表性企业进行新闻专访，从侧面传播展览会信息，来进行新闻炒作。户外广告是利用人流量较大的公共场所，如机场、车站、码头、商业街道和广场等地点，以海报、灯箱、广告牌、宣传布幅、彩旗等形式进行广泛宣传。其目的是营造展览会的声势，形成广告宣传攻势。现代会展操作越来越重视宣传广告的投入力度和宣传质量，因为好的广告宣传效果，是展览会成功的最关键因素，是打造品牌的最有效方法。

5. 网络营销

网络营销是以国际互联网为媒介进行展位营销的一种营销方式。网络营销是随着电子商务的发展而发展起来的一种新兴的营销方式，会展机构几乎可以将有关展会的所有信息都放到网上去供客户浏览。

和传统的营销方式相比，网络营销的优势非常明显。

（1）网络营销不受时空的限制，其营销范围具有全球性，客户只要能上网，就可以在任何地方随时查阅展会的相关信息。

（2）网络营销可以大幅度地减少营销成本。由于有关展会的信息都可以在网上看到，办展机构可以节省大量的人员出差等费用，成本优势明显。

（3）网络营销具有互动性。客户可以通过网络及时地反馈自己的参展信息，预订展位。办展机构可以通过网络对客户的要求做出反应，及时满足客户的要求。

（4）网络营销可以利用网络的互联性来增强办展机构和参展企业之间的协作关系。

由于网络营销具有传统营销方式所没有的优势，因此被很多办展机构广泛采用。

在进行展位营销时，网络营销的具体办法通常有三种：办展机构自己建立展会专门网站、办展机构在行业专业网站上营销、办展机构网站与行业专业网站互联。

第一，办展机构自己建立展会专门网站。通过精心设计，将该展会的有关内容放在网上，并在其他营销活动中告诉客户本网站的网址，使网站在客户中成为知名网站，以便客户根据需要随时上网查询相关内容、预订展位、提出建议。办展机构可在网站上设立“展会介绍”“参展须知”“参观指南”“行业概况”“预订展位程序”等栏目。办展机构也可以根据展会筹备的进展情况随时更新网上的内容。

第二，办展机构在行业专业网站上营销。办展机构也可以不建立展会专门网站，而将展会的有关内容交给行业专门网站，由他们帮助在网上推广本展会。办展机构负责向他们提供展会的有关资料，由他们在网上发布，或者由他们在网上开辟专门主页，供客户浏览。

第三，办展机构网站与行业专业网站互联。办展机构还可以组建展会专门网站，并将该网站与行业专业网站进行链接，形成互动，共同对展会进行推广。

6. 品牌营销

在会展越办越多的今天，能够生存下来并取得一定经济效益的都是具有一定知名度或特色的品牌展会。因此中国会展业要创立中国会展品牌，提升经营服务理念。

有业内专家提出，要依托城市产业培育会展品牌。因为打造一个城市的会展品牌，将其与该城市的产业特点相联系会达到事半功倍的效果。例如，被称为“时尚之都”的法国巴黎，其产业特色就是时装、化妆品、香水等时尚产品，因此培养了许多时装展、化妆品展等国际著名展会。又如，在德国，许多专业性展览会也是以城市产业发展起来的，如工业重镇汉诺威的工业博览会，杜塞尔多夫的国际印刷、包装展，旅游城市纽伦堡的玩具展等。这些专业性展览突出了各个城市的产业特色，打造了城市的会展品牌。

四、 展览会如何吸引外商参加

中国每年举办的各类展览会超过 2000 个，招展竞争十分激烈。作为国际博览会的组织者，如何获得更多国际参展商和海外观众的青睐，是一个应引起特别关注的问题。

会展公司要关注海外客商对中国市场和贸易方面的供求信息和展览问询情况，并且要经常同海外参展商和贸易人士沟通中国的展览和贸易情况。那么，如何才能使展览会对海外的参展商和观众更有吸引力呢？有以下几点措施。

1. 提高展览会的内在吸引力

展览会如果想吸引人，自身的吸引力是至关重要的。国外的贸易人士评价一个展览会，通常根据展览会自身的历史和背景进行分析，展览会举办的历史有多长，展览会的主办者是什么机构，是否专业，这些因素都可以影响国外贸易商对展览会的判断。还有，展览会的统计数据是参展商和贸易观众最为关心的。统计数据可以充分反映展览会本身成功与否，是否对其他参展商和观众具有吸引力。展览会的专业性对于国外专业贸易人士来说也是十分重要的。国外的专业贸易商一般宁愿去一个规模较小的、专用性强的展览会，也不会去一个展览会规模宏大，但什么都展出的展览会。

2. 借助国内政府机构和商会的支持

虽然中国的经济已经飞速发展，但有些外商对中国经济的市场化程度认识还不够，他们更多的是通过一些中国在海外的政府和商会来联络。每天都有很多外商找到中国的使领馆了解中国的贸易情况。中国国际贸易促进委员会（简称贸促会）是中国的展览管理机构，很多外商都愿意通过中国国际贸易促进委员会的驻外代表处来了解中国展览会的市场情况。正因如此，中国使领馆尤其是贸促会驻国外代表处对中国展览会的评价往往能够起到一定的作用。

广州每年举办的中国进出口商品交易会和上海举办的中国华东进出口商品交易会（简称华交会）是十分具有中国特色的中国展览会。这两个展览会通过中国驻各国的使领馆和中国国际贸易促进委员会（简称贸促会）的代表处来组织新观众。这样每年都有几万名来自海外的观众参观这两个展览会。现在，中国进出口商品交易会号称“中国第一展”，中国华东进出口商品交易会名气也直线上升，与中国使领馆和贸促会代表处的支持是分不开的。

因此，中国展览会的成功举办，是脱离不了中国政府机构和商会的支持的。

第三节　展会品牌管理

一、展会品牌形象概述

1. 展会品牌形象的含义

展会品牌形象是指参展商和观众如何看待展会品牌，是参展商和观众所得到和理解的有关展会品牌的全部信息的总和，它存在于参展商和观众的心目中。展会品牌所包含的各种信息经过参展商和观众的感知、体验和选择，在他们心目中形成了展会的品牌形象。展会品牌是展会品牌形象的基础，展会品牌形象是对展会品牌的诠释，是对展会品牌意义的体验，是对展会品牌符号的理解。

2. 品牌展会的特征

品牌展会具有四大基本特征：一是具有较高的知名度。品牌展会在一定区域内具有较高的知名度和较大的影响力，普遍能得到业界的肯定和认可。二是具有较好的规模成效。品牌展会具有明显的成效，能吸引许多参展商、专业观众的参与，同时也要具备相当的展位规模。三是具有较强的权威性。品牌展会具有一定的前瞻性和预见性，有明确的市场和专业观众，而且能提供几乎涵盖这个专业市场的所有信息，从某种程度上讲，它能代表该行业的发展方向，拥有较强的声誉和可信度。四是具有规范的服务和完善的功能。同时，品牌展会一般都会有针对性地安排一些顾客需要的配套活动。

3. 树立展会品牌形象的必要性

（1）“入世”将加剧中国会展业与国外品牌展会的竞争　在我国加入世界贸易组织后，中国会展业扩大对外开放的格局正在形成。国外会展公司纷纷涌入国内会展市场，在我国设立分公司、办事处或代表处，而且很多国际知名品牌展会被直接移植到中国。2018 年汉诺威上海 PTC 传动展和亚洲动力传动展，为国际工业巨头和渴望与其直接接触的中国企业构建了一个有效的平台，使我国原有的办展主体面临更加激烈的市场竞争和严峻的挑战。

（2）国内会展行业竞争逐渐加剧　我国会展行业规模不断扩大，展馆建设方兴未艾。会展行业会议的竞争将会更加激烈，很快将进入淘汰、整合时期，最终会形成几个具有权威性的品牌展会。

（3）品牌展会竞争优势明显　品牌展会是指具有一定的规模，能代表和反映该行业的发展动态和发展趋势，对该行业具有较强的指导和影响力的展会。品牌代表了规模、信誉和企业形象。一个展会如果只办一次，通常来说是很难赢利的，只有创出品牌，一届一届地办下去，才可能赢利。国际知名展会的举办本身就是一种品牌的象征，一种专业化的号召力，如德国汉诺威展览、法兰克福展览、意大利米兰展览已在世界上享有盛誉，是品牌化的著名代表。另有世界八大财经会议，如达沃斯论坛自 1971 年到现在已走过 48 个年头，财富论坛 1995 年开始至今也有 24 年了，而支持其发展至今的动力就是强大的品牌效益。

在国内，中国进出口商品交易会（广交会）单年会展规模稳居世界第三，已成为名副其实的“中国第一展”。截至第 123 届，广交会累计出口成交约 13237 亿美元，累计到会境外采购商约 842 万人次。目前，每届广交会展览规模达 118. 5 万平方米，境内外参展企业近 2. 5 万家，210 多个国家和地区的约 20 万名境外采购商与会。从第1届到第123届，在广交会的带动下，中国会展业从无到有，从有到盛，并已渐成规模。毫无疑问，广交会的存在不仅奠定了广州作为重要会展城市的地位，而且也大大拉动了广州乃至中国整体会展业的发展。

二、 展会品牌形象定位

从国际知名展会的发展来看，定位是关键。每个品牌展会的背后都有其自己的定位，只有把自己放在正确的位置上，才能找到合适的发展道路。世界著名的展会和论坛都有自己明确的定位，如欧洲品牌会议达沃斯论坛的定位就是一个较高层次的、宏观性的经济会议。

展会品牌形象定位的主要目标，是通过各种传播手段将一个符合展会定位的展会品牌形象深植于参展商和观众的心目中。要想将该展会品牌形象深植于参展商和观众的心目中，该展会品牌形象就必须要有其他竞争者所不具有的竞争优势。否则，它在参展商和观众的心目中就不可能占有一席之地。由此看来，给展会品牌形象进行定位，必须紧紧围绕发现、甄别和明确其竞争优势的思路来进行。

1. 发现潜在的竞争优势

竞争优势使本展会能比其他同类展会带给参展商和观众更多的价值，它可以来源于办展成本优势或展会功能优势。办展成本优势是在同等的条件下，本展会的办展成本要低于其他同类展会，成本优势可以转化为价格优势和其他优势。展会功能优势是指本展会能提供更符合目标参展商和观众需要的展会功能。一般来说，展会具有成交、信息、发布和展示四大功能。本展会可以集中精力打造四大功能中的某一个功能，使它成为本展会参与市场竞争的“王牌”，也可以全面塑造四大功能，使他人难以动摇本展会的优势地位。

2. 甄别潜在竞争优势

并不是所有潜在的竞争优势都能转化为现实的竞争优势，因为将不同的潜在竞争优势转化为现实的竞争优势是需要条件和成本的。有些潜在竞争优势可能不具备转化成现实竞争优势的条件，有些可能因为转化的成本太高而不值得转化，还有一些可能不适合展会的定位而必须放弃。所以，并不是所有的潜在优势都有价值，必须对它们有所选择。能够被选择作为品牌形象定位基础的潜在竞争优势必须要满足以下四个要求。

第一，差异性。它是其他同题材展会所不具备的，或者即使其他同题材展会具备了，本展会也能以比其更优越的方式提供。在这种条件下如果本展会具备了该优势，其他同题材展会将很难模仿。

第二，沟通性。该优势对于参展商和观众来说是可以理解和感觉到的，并且对他们来说是有价值的，是他们期望展会所能提供的。

第三，经济性。参展商和观众通过参加本展会来获取该优势带来的利益比通过其他方式获取要容易，他们也愿意为获取利益而支付参加本展会的有关费用，并且也支付得起这种费用。

第四，赢利性。该潜在优势具有转化为现实优势的可行性，办展机构将该潜在优势转化为现实优势是有利可图的，是值得的。

只有具备了上述条件的潜在优势才可以被利用。否则，即使选择了某项“潜在优势”，但由于它不具备上述条件，在策划和以后的营销实施上也会遭到失败。

3. 明确潜在竞争优势

经过上述甄别后，有利用价值的潜在优势就不多了，但并不是说所有满足上述条件的潜在优势都要包含在展会品牌形象定位之中。展会品牌形象定位到底要传播哪些优势，还要结合展会的定位和参展商与观众对展会的期望来做最后的选择。以展会的功能优势为例，到底是选择成交、信息、发布和展示四大功能中的哪一个或哪几个，除了要符合上述四个条件外，还要考虑展会的定位，更要考虑参展商与观众参加本展会的主要目的是什么。在很多时候，参展商与观众参加展会的目的不是单一的，而是多重的。例如，既希望多成交，又希望能收集更多的行业信息等。所以，最后确定的优势不一定就是某一个单一的优势，而是多重优势的综合体。

经过上述步骤以后，展会品牌形象的定位就非常清晰了。

三、 创立展会品牌形象的目标

创立展会品牌形象的最主要目标是为展会创造差异化和个性化特征，使展会通过这种差异化和个性化特征来获取竞争优势。创立展会品牌形象的目标有短期目标和长期目标、有办展机构内部目标和对外目标之分。

1. 创立展会品牌形象的短期目标

创立展会品牌形象的短期目标是创立展会品牌形象的基本目标，也就是通过细分会展市场来发现符合自己的目标市场。细分会展市场是办展机构根据一种或几种要素，把某个题材的会展市场分割成为若干个有相似需求和特征的子市场的市场细分过程。通过细分市场，使每一个细分市场内部的市场需求和特征比较相似，不同的细分市场之间的需求和特征的差别比较明显。办展机构要想在某一特定的细分市场里办展成功，就必须使该展会具有符合这一细分市场的标记。也就是说，办展机构在创立展会的品牌形象时要明白应该赋予它怎样的属性，要让它有什么样的吸引力，能提供何种利益，能表现展会怎样的优势。细分市场为办展机构集中企业资源，选择和进入符合自己优势的目标市场，为增强展会营销的有效性提供了强有力的手段。

2. 创立展会品牌形象的长期目标

创立展会品牌形象的长期目标是获取长久的差异化竞争优势。创立展会品牌形象，应有为展会长期发展服务的准备和规划，且应能适应展会长期发展的需要。为此，创立展会品牌形象就不仅仅是为某个展会设计LOGO（品牌标志）或某些装饰性的符号，也不是仅仅为某个展会设计宣传口号，而是要经过长期努力，不断地在参展商和观众的心目中强化有关本展会的优势和特征，最终形成一种让参展商和观众普遍认同的品牌资产，由此获取参展商和观众对本展会的认可和忠诚，获取竞争优势，使本展会长盛不衰。

品牌的竞争优势是通过提高品牌的竞争力来实现的，一般地，品牌的竞争力表现为以下五个层次。

（1）品牌不识别　大多数参展商或者观众不知道该展会或该展会品牌，展会品牌的竞争力较差。

（2）品牌知晓　参展商或者观众对该展会或展会品牌有一定程度的了解，但不一定选择参加该展会，参展商或者观众的流动性较大，展会品牌的竞争力一般。

（3）品牌接受　大多数参展商或者观众不拒绝该展会或该展会品牌而选择参加该展会，展会品牌的竞争力较强。

（4）品牌偏好　通过与其他同类展会的反复比较，大多数参展商或者观众认准该品牌而选择参加该展会，展会品牌的竞争力更强。

（5）品牌忠诚　大多数参展商或者观众只认该品牌而只参加该展会，对其他同类展会基本上不考虑，展会品牌的竞争力强大。

当展会品牌竞争力上升到上述第四层次时，展会的竞争优势开始形成；当展会品牌竞争力上升到第五层次时，展会的竞争优势已经确立并不可动摇。

3. 创立展会品牌形象的外部目标

创立展会品牌形象的外部目标，是对参展商和观众参加本展会做出某种承诺。这种承诺可以是有形的，也可以是无形的，可以是直白的，也可以是暗示的。展会通过品牌与参展商和观众建立起一种带有承诺的沟通，使参展商和观众通过这个品牌，知道他们将获取怎样的利益，将能得到怎样的服务。品牌对参展商和观众的这种承诺是心理上的，不是法律上的契约关系。参展商和观众之所以信赖这个承诺，是因为他们认知了这个品牌。展会之所以保证实现这样的承诺，是因为办展机构对展会品牌的珍惜。展会品牌就是展会与参展商和观众之间的这种承诺与信赖关系的有效凭证。

4. 创立展会品牌形象的内部目标

创立展会品牌形象的内部目标，是对办展机构本身形成一种约束，让办展机构时刻注意按照展会品牌形象的要求去工作，去服务参展商和观众，去为参展商和观众提供价值。品牌在对外部顾客提供一种承诺的同时，也是给办展机构内部形成一种强有力的约束，它要求办展机构必须努力创造条件去实现展会品牌对参展商和观众的一贯承诺，去满足参展商和观众基于对展会品牌的信赖而对展会产生的各种期望。如果办展机构做不到这一点，就会毁坏展会的品牌形象和品牌声誉。所以，从某种意义上说，展会创立的品牌形象，就是为展会设立了一定的质量标准。办展机构的各种行为必须要符合并且努力超越这些标准，展会的品牌形象和品牌声誉才不会受到损害。

可见，创立展会品牌形象的目标不是单一的，必须要兼顾到上述各个方面。

展会的品牌不能是空洞的符号、名称或口号，也不能是脱离产业热点和时代方向的空洞说教。展会的品牌必须拥有具体的含义，必须能告诉参展商与观众关于本展会的价值、内容和发展方向，或者是能引起他们关于上述内容的一些联想。参展商和观众通过参加展会，获得对展会品牌内涵的体验和感受，从而增加对品牌意义的完整理解和记忆。所以，从某种意义上说，品牌是参展商和观众对展会的记忆的集中表现。正是有了对品牌的记忆的不断累积，展会才会深入人心，才会获得参展商和观众的认同和忠诚。

四、 创立展会品牌形象的策略

我们可以从品牌的性质出发来说明创立展会品牌形象的策略。一般来说，展会品牌具有依附性、异化性和延伸性。所谓品牌的依附性，就是品牌要依附于特定的展会而存在，品牌的声誉和价值是依靠其所依附的展会来形成的，参展商和观众对某个展会品牌的认知是要通过对该品牌所代表的展会的体验来检验的。所谓品牌的异化性，是指品牌一旦被参展商和观众所接受，品牌所代表的展会的声誉就转化为品牌的声誉，品牌成为展会的品质、价值或文化的象征。所谓品牌的延伸性，就是当某一品牌应用于某一新展会时，品牌所代表的某种品质、价值或文化就会延伸到新的展会上，参展商和观众有时会像对待原展会一样对待新展会，形成所谓的品牌效应。

从品牌的上述性质出发，创立展会品牌形象的策略主要有以下五种。

1. 个别品牌策略

个别品牌策略就是给每一个展会创立一个独有的品牌，并给予它们各自不同的市场定位，期望它们去占领各自不同的特定细分市场。个别品牌策略使办展机构能在新的市场上进行尝试，由于各展会彼此互不关联，即使新展会举办失败也不会影响到其他展会。另外，个别品牌策略也有利于办展机构开拓那些成长性很好的市场。

2. 统一品牌策略

统一品牌策略就是在不同题材的展会上使用同一个品牌，是一种同一类别的家族品牌策略。统一品牌策略适用于那些与原展会有较高关联度的新展会，有利于集中办展机构的资源来培育展会品牌，消除参展商和观众对新展会的不信任感。

3. 分类品牌策略

分类品牌策略就是给一些处于相同水平和层次的展会以同一个品牌，使所有的展会都使用不同类别的家族品牌，是一种不同类别的家族品牌策略。分类品牌策略能使所有的展会都享受到该品牌的声誉，降低举办新展会的成本和风险，有利于统一和规范展会的营销模式。

4. 产品线品牌策略

产品线品牌策略就是给同一类题材中密切相关的一些展会以相同或相似的市场定位，采用相同或相似的营销策略，服务于一些彼此有密切联系的目标市场。产品线品牌策略有利于扩大展会规模和维持展会品牌的持久形象，有利于降低新展会的举办风险和减少推广费用。

5. 双重品牌策略

双重品牌策略就是将所有展会置于同一个母品牌下，另外每一个展会再使用一个子品牌，形成每一个展会都同时拥有两个品牌的品牌结构。双重品牌策略利用子品牌去占领细分市场，可以通过子品牌的贡献来强化母品牌的价值，子品牌和母品牌共同作用，互相促进，共同稳定和占领每一个细分市场。

在会展业的实际操作中，上述五种品牌策略经常被组合使用。如在通过分列展会题材来筹办新展会时常使用双重品牌策略；在合并展会题材来筹办新展会时常使用统一品牌策略。

五、　精心设计展会品牌形象

展会的品牌形象设计不能脱离展会品牌形象定位而独立进行，不能偏离展会品牌形象定位的主旨而存在，要遵循展会品牌形象定位的基本方向来进行。

一般来说，人们总是容易记住有形的事物而比较容易忘记无形的事物，有形的事物总是能比无形的事物带给人们更深刻的印象。创立展会品牌形象时，不管是展会品牌的含义，还是展会品牌的价值，或者是展会品牌的个性，都是通过一些无形的理念或者概念存在于办展机构、参展商和观众的心目中。要想使这些无形的东西更容易被参展商和观众所理解和接受，办展机构就要想方设法使它们有形化，通过对展会品牌的有形展示来使参展商和观众增加对展会品牌的记忆和理解，促使他们接受展会品牌。

对展会品牌的有形展示可以通过展览场所、办展人员、展览设备、沟通材料等来实现。在创立展会形象时，对展会品牌的有形展示最主要还是集中在三个方面：品牌名称、展会 LOGO 和标志语。

1. 品牌名称

在创立展会品牌形象时，给展会品牌取一个好名字非常重要。办展机构都希望自己举办的展会品牌的名字不仅能准确传达展会的信息，还能使人过目不忘。要做到这一点，就必须遵循品牌命名在语言、法律和营销三个方面的基本要求。

第一，在语言方面，要使品牌的名称符合语音、语义和语形等各方面的要求。在语音上，品牌名称要容易上口，并且读起来或者是听起来要让人感到愉快。当品牌跨出国门时，在其他主要语言中最好是以单一的方式来发音，在不同的语言中不会引起发音的困难。在语义上，品牌名称要有时代感，容易理解和记忆，不因时间的推移而产生歧义，不会由品牌名称引起某些不悦、消极甚至恐怖的感觉和联想。在语形上，品牌名称要简洁、简单，并且易于传播。

第二，在法律方面，要使品牌的名称在使用时具有法律的有效性，并且在市场中是独一无二的。品牌名称具有法律的有效性，就可以保证展会使用该品牌不侵犯他人的知识产权，他人也不能侵权使用本品牌，展会品牌就成为本展会专有的。品牌名称在市场中是独一无二的，可以使展会品牌富有个性，更容易被人们所接受。

第三，在营销方面，要使品牌的名称具有广告促销的作用，能对展会价值有所明示或暗示，能与办展机构的形象和展会本身的形象相匹配，并且要能支持展会的LOGO及其标志物。

2. 展会LOGO

展会LOGO是经过艺术设计的品牌标志。LOGO往往是由一些艺术化的图案、符号和文字等构成，并以艺术化的符号形式向参展商和观众传递展会的形象、特征和信息。LOGO是展会品牌形象有形化的重要手段，和展会品牌的名称一样，好的展会LOGO有助于参展商和观众获取对展会品牌的认知，引起他们对展会品牌形象的联想。所以，展会LOGO的设计创意除了要遵循平面设计的基本原则外，还要注意考虑展会营销的需要和参展商与观众的心理需求。因此，不管是用古典主义手法，还是用现代主义或者是后现代主义的思路来设计展会LOGO，都要遵循以下五个基本要求。

第一，创意要求。要对品牌的理念和价值有很好的明示或暗示作用，不仅设计要新颖独特，对视觉有较强的冲击力，而且要直观醒目，适用于各种媒体，并且在法律上不会引起纠纷，有国际传播的潜力。没有创意的LOGO是很难吸引参展商和观众的。

第二，设计要求。设计要清晰简洁、布局合理、整体平衡，色彩搭配协调，图案线条和谐，注意整体形式的美感。如果在图案中包含有希望传达给参展商和观众的隐喻或象征意义，则隐喻或象征要恰当，不能产生歧义。

第三，营销要求。要能体现展会的品牌价值和经营理念，能准确地传达展会的信息，体现展会的特征和品质，展现办展机构的实力，用容易理解的图案将展会的优势明确化，使LOGO成为展会的象征。

第四，认知要求。要遵循参展商和观众的心理认知规律，符合人们的文化背景，通俗易懂，容易记忆，能很容易地吸引公众的注意力，让人对其产生深刻的印象，不脱离时代。

第五，情感要求。要有较强的感染力，容易被大家接受，令人愉悦，有美的享受，并能使人产生丰富的、积极的联想。

3. 标志语

品牌名称和LOGO构成了展会品牌资产表象的核心。然而，仅仅一个名称和一个图案还是难以很好地表达展会的价值、特征和优势等要素，要想参展商和观众对展会的品牌形象有更快、更好、更准确的理解，往往还是要借助于品牌标志语。品牌标志语能更直观地提供品牌名称和LOGO所不能提供的信息，能引起参展商和观众对展会更多的联想，它与品牌名称和LOGO一起，能更好、更全面地传播展会的品牌形象。

标志语一般都很简洁，通常是以“口号”式的语句来表达的。如中国进出口商品交易会（广交会）是目前我国历史最长、效果最好、规模和成交量都最大、到会外商最多的展会，其标志语是“中国第一展”，既简洁明了，又充分体现出中国进出口商品交易会在我国会展业中的强势地位，十分准确。

标志语虽然通常以“口号”的形式出现，但它的含义要比“口号”丰富得多。在会展行业，展会的标志语常常与展会的定位和展会的主题密切相连，并努力通过展会的标志语来传达展会的优势和特征，以增强展会与参展商以及观众之间的沟通。

标志语通常是和展会的品牌名称与LOGO一起使用的。标志语在使用时主要承担了两项重要的职能：品牌识别和沟通。其中，沟通是标志语最主要的使命。由于品牌名称的主要使命是品牌识别，往往在沟通性上有所欠缺，LOGO尽管有一定的沟通作用，但依赖于参展商和观众对它的理解程度。只有标志语，才能最直接、最准确地将展会的有关信息传达给参展商和观众。这样，标志语就超越了广告传播本身的作用，成了展会品牌形象的重要组成部分。

由于标志语的作用超越了广告传播本身，所以标志语的创意十分重要。由于标志语具有“口号”式的形式，简洁明了的特性，不可能很长，往往是寥寥数语甚至是仅仅几个字，所以它不可能包含展会的全部信息，只能反映展会最本质的特征，或是反映办展机构最希望参展商和观众了解的展会的特质。那种“包含一切”的标志语往往流于形式、内容笼统而空洞，起不到很好的沟通和识别作用。

所以，标志语的创意要紧密联系展会的定位和主题，抓住展会的本质特征，既要独特显著，有较强的差别化效果，又要生动有趣，容易理解和记忆，还要注意语言修辞上的技巧，具有一定的心理导向作用和大众流行语的特质。

展会的品牌名称、LOGO 和标志语通常是一起使用的，它们是一个有机整体，比如，在平面媒体上使用时，通常是展会的品牌名称和 LOGO 在上，标志语在 LOGO 之下。所以，在设计展会的品牌名称、LOGO 和标志语时，也要考虑它们三者在布局上的可搭配性。

思 考 题

1. 会展营销宏观市场环境包括哪些因素？
2. 会展营销微观市场环境包括哪些因素？
3. 会展营销管理包括哪些复杂的活动？
4. 展位营销时常见的价格折扣有哪几种？
5. 会展产品的营销方法有哪些？
6. 如何给展会品牌形象进行定位？
7. 品牌的竞争力表现为哪几个层次？
8. 创立展会品牌形象的策略主要有哪些？

第四章

会展场馆布置

学习目标

通过对本章的学习，了解商业性交易场馆、会议以及户外节事活动的场地布置要求，重点掌握商业性交易场馆、会议活动场地布置的方法。会展场馆是会展活动的专用场所，可满足多种实际功能的需要，我们要从空间环境的角度去确立框架，以便设计出经济、美观、实用、安全的会展场馆。

第一节 交易场馆场地布置

从产权的归属来看，我国场馆可分为国有、集体、个体、外资等多种形式。在这些场馆中，虽然国有性质的占有相当大的比重，但我国场馆的产权性质已呈多元化状态，各项大型活动从纯政府事业操作向着社会化经营方向转移。

从场馆的经营性质来看，我国场馆可分为一般性场馆和商业性场馆两类。

一般性场馆主要是公益性场馆，它存在时间长一些，从我国计划经济时期开始到现在一直存在。一般性场馆兼属功能较多，特别是各大城市的老博物馆、公益性体育馆、事业性场馆、文化宫等，如公益性体育馆一般用于运动训练、竞赛等活动。此类场馆大多属于国有性质，一般为中等或中等规模以上。事业性场馆也是一般性场馆的一种，它主要指学校及各类企事业单位所属的场馆。此类场馆在改革开放之前主要用于学校和单位内部师生、职工的体育教学和群体活动，但目前已逐步向社会公众开放。

商业性场馆一般以营利为目的，它是随着市场经济体制的转变而产生的，它的生存和发展都与市场因素息息相关，因此商业性场馆的管理和建造，需要以产业创新的理念和超前的经营思维，通过科学的管理来提供高效、优质的服务，努力建造个性化的会展经济平台，求得满意的经济效益和社会效益。现代化的大型国际展览中心大多数活动都是以商业性为主，注重经济效益。

下面来分别谈一下一般性场馆和商业性场馆如何进行场地布置。

一、 一般性场馆的场地布置

（一）场馆布置主要考虑的因素

1. 展台设计准备阶段场馆布置主要考虑的因素

展台设计是建筑空间的设计，为人们提供了三维的交流空间。活动的策划和展品展示促成了人与空间的交流。而建筑设计、媒体设计、美工设计、展品设计、灯光设计和舞台布景等都是用来表达参展商理念的工具。显著而富有个性的展台形体、精辟表现的主题、创造了弥漫着宾至如归气氛的访客区等，均给来访者留下独树一帜的深刻印象。

（1）展览的性质和主题　企业展台的搭建，首先必须明确展览的性质。从性质上分，展览有贸易性展览和消费性展览两种。贸易性展览主要目的是交流信息、洽谈贸易，主要是对工商业企业与组织开放的展览。消费性展览主要目的是直接销售展品，是对公众开放的展览。其次，必须了解该展览的规模，是国际展、国家展、地区展、地方展，还是独家展。最后，必须知道该展览的主题，明确参展商在展出过程中所需表达的主旨。

（2）展馆资料　展览场馆对展览设计、搭建有各种各样的管理规定和限制。因此，必须在进行展台设计前熟悉展馆各种规章制度，设计出符合展馆要求的展台。第一，有关展台的规定。展览会对展架及展品都有限制规定，尤其对双层展台、楼梯、展台顶部向外延伸的结构等限制更严。展馆往往对双层展台有高度限制，然而，限高不是禁止超高，如果办理有关手续并达到技术标准，有可能获准搭建超高展位。第二，对有关展览用具的规定。通常展览会规定必须使用经防火处理的材料，限制使用塑料、危险化学品。一些具有较大面积的展览，通常会在展台四周悬挂大型喷绘做宣传，为了保证展览的安全性，这些宣传喷绘往往经过防火处理。第三，有关消防的规定。如果是大面积的展台，必须按展馆面积和预计的观众人数来设紧急通道或出口，并设置标识，同时须配备消防器材。

（3）参展商的企业文化和形象　参展商参加会展活动是作为整个营销活动的一部分，也是其树立、推广形象的良好契机。因此，我们必须深入了解客户的产品内涵，找出产品的核心内容，总结出品牌形象的精髓，并将之转化成空间的体验。

2. 展台设计阶段场馆布置主要考虑的因素

在做足了展台设计的前期准备工作之后，便可开始进行展台设计布置。展台设计布置必须注意以下几个方面。

（1）统一性标准　整合而统一，是展台设计的首要标准，即形态统一、色彩统一、工艺统一、格调统一。总之，好的设计在艺术形式的秩序方面是十分明确的。

（2）创造性标准　任何展览展示活动的目的都在于创造。创造是新世纪的主要特征。展台设计的创造性主要表现在创意的新颖和艺术形象的独创性。独特的形象给人以冲击、震撼、刺激，令人过目不忘，从而发挥最有效的市场作为，实现最有效的形象传播。这种创造涉及形式的定位、空间的想象、材料的选择、构造的奇特、色彩的处理、方式的新颖等。

（3）时代性标准　时代性标准也可称为观念性标准。时代的观念浸润着展台设计的每一个细胞。如今，展台设计应体现如下几种观点：新的综合观念、人本观念、生态观念、系统观念、信息观念、高科技观念等。具体地讲，应注意下述五个方面。第一，空间环境的开放性、通透流动性、可塑性和有机性，给人以自由，给人以亲切，让人可感、可知，可以自由进入、参观和交流。第二，实现展品信息的经典性原则，严格落实少而精的要求。实现固有色的“交互混响”的综合色彩效果，重视对无色彩系列的运用。第三，尽量采用新产品、新材料、新构造、新技术和新工艺。第四，积极运用现代光电传输技术、现代屏幕影像技术、现代人工智能技术等高科技成果。第五，重视对软件材料的自由曲线、自由曲面的运用，追求展位环境的有机化效果。

（4）行业性标准　行业性标准也可称之为功能性标准，主要是讲形式和内容的统一性问题。

（5）文化性标准　设计要有突显的风格和品位，其中地域和民族性的文化传统应当有自然的表现，体现出历史继承下的发展特征。

（6）环境性标准　这里包含两层意思。其一是任何一个美的客观存在都是在特定环境中实现的，好的设计必然是充分研究四周环境后的产物，必须与环境在形式上达到“相得益彰”；其二是任何一个好的设计都不会造成环境污染，都得符合“可持续发展”基本国情的要求。

除了上述需要注意的几点以外，展台设计还要充分利用各种可能的要素，如音响、光线、色彩。这些要素的配合使用，有助于增强工作人员谈话内容的说服力，使参观者的瞬间好感在有限的时空内能够反复得到证实和加强，为展览后期的联系工作打下基础。总之，展位设计要坚持内容与形式的统一、整体与局部的统一、科学与艺术的统一、继承与创新的统一。

3. 展台搭建阶段场馆布置主要考虑的因素

展台搭建是整个展台设计流程中最为重要的一部分。现场施工的好坏决定了项目设计是否得到了实现。在这一过程中，要注意以下几点。

（1）图纸审核　通常每个订购空地特装的参展商都必须在规定时间内随同指定搭建商申请表提交一份最终的展位设计图，以供当地消防部门及展馆进行审核。双层展台的搭建需要审核批准，所有双层展台设计图必须经有资质的设计师签章。

（2）办理搭建手续　为了方便管理各搭建商和参展商，有效控制展馆内工作人员数量，搭建商必须在规定时间内办理搭建手续，如办理进场搭建、展览期间以及退场期间进入展馆的工作人员通行证，并在规定时间内完成展台搭建工作，同时接受场馆工作小组的安全检查，如需整改的，必须立刻按照场馆要求整改。

（3）熟悉展览搭建时间安排　为了展馆的统一管理，通常在展出前三天安排搭建商统一搭建，值得注意的是，展馆通常每天提供 10 小时供搭建商搭建。搭建商如需加班搭建，必须在当天向展览现场管理办公室提出申请，并按照展馆的规定支付加班费。

展台设计是一个短暂的过程，但是在展台设计之前，展台搭建商必须从方方面面掌握相关的展览资料，并根据客户的要求设计独特、醒目的展台。在搭建前，必须掌握展览时间的安排，充分利用时间，将图纸转变为实体，从而给参展商提供更多对外宣传的舞台。

（二）一般性场馆展厅布置要素规划

展厅的规划要考虑的要素很多，如是否有柱子、楼梯间、出入口，以及天花板高度、灯光装置、冷气暖气、地面承重情况等。现在我国的一些展览馆还存在不少问题，如廊柱过多、顶层不高等，举办一些高级汽车展、大型机械展时，根本没有物理和视觉上的足够空间。如今，科技水平的提高已经解决了展馆设计的一些技术难题，如大跨度无柱展馆结构，展馆顶部轻型材料的应用等。随着新技术、新材料的不断问世并被大量应用到展览中心建设中来，现代化展览中心的建筑科技会更高，更能满足参展商、观众和物业使用者的需要。

展厅规划的要素主要有以下几点。

1. 展厅外观

展览中心建造设计材料要体现功能性，要求展厅建筑本体坚固、耐用、美观，能起到很好的保护内部环境作用，但外观并不需要过多的装饰。国外的展览中心一般都很注重设施的齐全、实用。

2. 展厅面积

展览中心的展场总面积趋向于越来越大。德国的汉诺威展览中心室内展场面积就达 47 万平方米，室外展场 21 万平方米。我国的广州国际会展中心，展馆内建筑面积 39. 5 万平方米，共拥有 16 个展厅，展厅总面积 16 万平方米，有国际标准展位 10200 个。

一般情况下，展厅内展位的数量和每一个展位的尺寸决定了需要多大的净场地面积，再在考虑展场通道、防火安全等因素基础上适当放宽，还要加上主办单位的工作场地或服务区等面积，所以展厅面积通常约为净展位场地面积的 2 倍。展厅面积太小会给人以拥挤、局促的感觉，而太大又会给人一种冷清、人气不旺的感觉。

国外现代化展览中心的展厅基本上都是单层、单体。1 万平方米的单层单体展厅，往往是长 140 米，宽 70 米，处于人眼的正常视觉范围内，观众不容易迷失方向。展厅最好可以自由分割使用，所有展区的使用价值均等。例如，上海的新国际博览中心，即由 5 个面积相等的单层展厅组成。

3. 展厅的层高

经过调研及多方论证，发现与底层相比，二层展厅的观众会减少一些，到三层则更少。这和展品进出的方便性和观众的心理因素有关。所以，展厅最好是单层的。每层高度应符合大多数展台设计要求，适合布展作业。过低的天花板无法满足某些展览要求，如帆船展、大型设备展等，它会阻碍较高设备的安装，而且影响声音的发散。过于高大的展馆不但浪费资源，而且还会使置身其内的观众感觉自己过于渺小。一般来说，每层高度 13 ~ 16 米能够满足一般展台设计的要求。

4. 地面条件

地面条件包括地面状况和地面承重条件。大部分展场的地面为混凝土，如果铺地毯，在吸声和观瞻等方面都会产生良好的效果。地面的承重条件如何决定了能否展出很重的设备，有些重型机械展对这方面要求很高。在展品运输、展品安置和展品操作等方面均应考虑地面承重能力。展览中心必须提供分区的地面承重数据，以便于布展和保障展览活动的安全。如对地面承重条件有疑问，展览主办单位应于搬入展品前向展览中心查询。

5. 布展空间规划

展厅的规划是为展览活动服务的，在布展时，设计展示的每个具体空间与展厅的整体规划将发生密切的联系。因此，这里需要提到布展空间规划问题。展厅的平面规划应展示内容的分类，划分各个陈列功能的场地范围，按照展出内容的密度、载重、动力负荷，结合总体的平面面积合理分配位置，确定具体尺寸。同时，要考虑观众流线、容流量等因素，结合展览会的性质特点，规划出公众活动的场地。以上各项平面要素的组织划分都应以平面图的形式表现出来。展厅的立面规划应在平面图的基础上，根据不同展示功能的地面分区，考虑展览中路线的分配，确定具体的展示内容表现形式以及展出场地现存的建筑结构、风格来实现空间的过渡和组织处理，要考虑协调空间环境的方方面面。

6. 细节问题

除了以上几点外，在展厅规划中还有很多细节问题要加以仔细考虑，如出入口、卫生间、通道宽度等。这些部分规划得是否合理，与展览活动能否顺利进行也有着密切的关系。

总的来说，展览中心的场馆规划要以人为本，注意空间环境的开放性、通透性、有机性，方便展览活动的开展，并且给人以自由亲切的感觉；尽量使用新材料、新技术、积极运用高科技成果；各种设计必须与四周环境达到协调，而且不会造成污染，符合可持续发展的要求。一个优秀的展览中心场馆规划，应坚持内容与形式的统一、整体与局部的统一、科学与艺术的统一。

二、 商业性展馆的场地布置

展览现场是商业性展览的中心区域，其布置受多种因素的影响，如展示活动的规模大小、展览场地的布局、展示活动的内容和主题及主要参展商的重视程度。特别值得一提的是展示活动的内容和主题对场地布置的影响。机械展与工艺品展在场地布置上有很大差异。同样，迎春商品展销会的场地布置要比其他主题的商品展销更加欢乐和喜庆。

1. 展览区的布置类型

（1）案头类展区　案头类展区主要适合于展览面积有限、参展商较少，或者展销在外面进行，无法搭建标准展台时使用。案头类展览布置的形式是在展览区摆放条形桌，可以在条形桌上铺上桌布进行装饰，展示品可置于案头上，以便客户挑选。每个案头类展位往往比较简陋，成本很低，物品摆放较为杂乱。

（2）分区类展区　分区类展区主要是根据展示品的需要特别设置的展区，如大型的设备展览。分区类各展位所占面积较大，展位布置和装饰也风格各异，给参展商以极大的想象空间。分区类展位的设置有利于满足大型参展商的需求，也容易突出主题，如中国留学人员广州科技交流会现场特别设置分区类展位，用于各个省市搭建自己各具特色的展位，以吸引留学人员回国。

（3）展位类展区　展位类展区是将展览区分割成统一规格大小的展位，由隔板将自己的展位与他人展位隔开，形成一个个独立的展览空间。

常见的展位有以下五种类型：

第一，双开面型。一般位于走道拐弯处或十字形、丁字形通道交叉处，有相邻两面向两边观众通道敞开。它的优点是人流量比较大，视野宽，比较适宜重点展品与精品的展示。其缺点是用于展示的墙面少，需要更多地使用独立展具。

第二，双向通道型。指两端敞开的展位。它的优点是有良好的展示面，两边可摆放展品，观众在通道中可以边走边看，人流畅通，展示效果好。

第三，内角型。一般位于场馆的墙角处。它的优点是两个通道的观众均可注意到展位，容易吸引观众。其缺点是需要三个展位才能达到展出效果。

第四，半岛型。指展位空间三面向通道敞开。它的优点是设计安排上有很大的灵活性，视野开阔，容易构成某种舞台景观，成为视觉中心。其缺点是不宜使用标准展具，可利用的展墙更少。

第五，环岛型。指四面敞开，一般位于展厅的中央位置，通常都是以空地的形式提供给参展商。它的优点是展示面积大，且造型尺度、规模可以相对较大，也是人流量最为畅通的展位空间，给人宽松、自由之感。其缺点是没有可供布置的墙面。

2. 展位规格及编号规则

（1）展位号的表示方法　展位号依次由馆号、楼层号、通道号（用英文字母表示）和展位序号组成。例如 7. 4H15 即表示 7 号馆 4 楼 H 通道的第 15 号展位。

（2）展位规格分为标准展位和非标准展位两类　标准展位面积为 9 平方米，分为 3 米 ×3 米、2. 4 米 ×3. 6 米两种。非标准展位面积分别为 7 平方米、6 平方米和 5 平方米。7 平方米展位的规格有：3. 6 米 ×2 米、2. 4 米 ×3 米等；6 平方米展位的规格有：2 米 ×3 米、2. 4 米 ×2. 4 米、3. 6 米 ×1. 6 米等；5 平方米展位的规格有：2 米 ×2. 4 米、1. 6 米 ×3 米等。

（3）1/2 展位的左右区分方法　有些展位的左右区分不以人的面向所形成的左右为区分依据，而以展位排列顺序号为区分依据。第一，按展位排列顺序号，靠近小序号的 1/2 展位为左展位；靠近大序号的 1/2 展位为右展位。例如，某交易团有 2. 1A08 ~ 10 三个展位，其中 A09 展位分为左、右两部分，则靠近 A08 展位的半个展位为左展位，靠近 A10 展位的半个展位为右展位。第二，标准展位的 1/2 展位，在展位号后加注 R—右，L—左，例如 4. 2A01L、4. 2B02R。

（4）1/3 展位的左右区分方法　第一，按展位排列顺序号，靠近小序号的 1/3 展位为左展位；靠近大序号的 1/3 展位为右展位；中间的为中间展位。第二，标准展位的 1/3 展位，在展位号后加注 R—右，M—中间，L—左。例如 3. 3A04M。

（5）标准展位不允许以小于 1/3 的单位进行分配；非标准展位不允许以小于 1/2 的单位进行分配。

3. 展览会、展台布置设计与企业整体形象

展台设计与展台搭建上应体现和加强企业形象，反映企业精神。展览会不再是摆摊推销卖货，不应是孤立地展示个别的产品，而是以产品为载体通过综合的手段展示企业整体的能力和档次。除了产品本身的介绍和推销之外，这些手段还要包括广泛的信息传播、交流、广告、公关和咨询等。使观众在了解产品的同时，也在一定程度上加深了对企业的印象。因此在展台设计与搭建时，要围绕这个中心，做到以下几点。

① 充分利用各种可能的要素，例如，展台的形状、材料、音响、光线、色彩和其他装潢用品，不断给观众以新鲜感，刺激其好奇心，使他们对展台产生兴趣，进而产生与展览者谈话的意愿。

② 展台的设计要强调个性，同时要在空间上和气氛上方便交谈，如果能使人在此既有“别有洞天”之感，又仿佛宾至如归，那就再理想不过了。

③ 展台要素的配套使用还应有助于增强工作人员谈话内容的说服力，使顾客的瞬间好感在有限的时空内能够反复得到证实和加强，为展览会后的联系打下基础。

④ 展台设计还要考虑到与展览会期间企业计划举办的其他活动配套。越来越多的大企业把展览会当成了进行主题公关活动的好场所，除了展览本身以外，他们还在展览会期间同时举行各种各样的会议、研讨会、表演或招待会等活动。因为展览会期间观众量大而且集中，这些活动与展览同时举行，影响大且节约开支。这也对展台搭建提出了新的要求。归根结底，企业对参展的态度还取决于经济上是否划算。因此，在保证效果的同时，还要算好经济账，尽可能使用新型的、可重复利用的展台材料，认真研究设计方案，减少不必要的开支。它需要展台设计和搭建人员更加具有想象力、创造性和灵活性。

4. 展览设计和展台搭建的管理规定和限制

各国、各地的展览会对展览设计、施工都会有各种各样的管理规定和限制。很多规定和限制与维护公共安全和公共秩序有关。

（1）有关展台搭建的规定

① 高度限制　展览会对展架及展品都有限制规定，对双层展台、楼梯、展台顶部向外延伸的结构等限制更严，限高往往不是禁止超高，如果办理有关手续并达到技术标准，有可能获准超高建展台、布置展品。

② 开面限制　很多展览会禁止全封闭展台设计，如果展台封闭，展览会就失去展示作用，参观者就会有抱怨，但是展出者需要封闭办公室、谈判室、仓库等，因此，协调的办法一般是规定一定比例的面积朝外敞开。朝外敞开面积的比例一般是70%，允许30%以下的面积封闭。

（2）有关展览用具的规定

① 展览用具材料的限制　在很多国家，展览会规定必须使用经防火处理的材料，限制使用塑料，限制危险化学品。

② 电器的规定　绝大部分国家的展览会对电器都有严格的规定，所用电器的技术指标必须符合当地规定和要求。

（3）有关展览会人流的规定　主要是对走道宽度的规定和限制。为保证人流的畅通，展览会规定走道的宽度，禁止展出者的展台、道具、作品占用走道。电视、零售商品展览往往容易造成堵塞，因此也有相应的要求，比如电视不得面向走道，柜台必须离走道有一定距离等。

（4）有关展览会消防的规定

① 消防环境的规定　如果是大面积的展台，必须按展馆面积和预计的观众人数按比例设紧急通道或出口，并设标志。

② 消防器材的规定　必须配备消防器材。

③ 人员的规定　有些展览会要求展台指定消防负责人，并要求全体展台人员

知道消防规定和紧急出口等。

（5）有关展品的规定和限制　主要是对异常展品包括超高、超重展品的规定。只要采取适当措施，一般都可以解决。比如限高，只要展馆高度足够，就可以与展馆商量解决；超重展品可以使用地托，分散单位负荷。比较常见、难解决的问题是展馆卸货大门的尺寸不足，这是自然限制。超高、超重展品一般需要先于其他展出者的展品进馆。如果遇有难以解决的问题，要尽早与展览会组织者或展馆所有者商量。这类展品对展览会通常有宣传价值，因此，组织者会愿意积极协助。有些展览会考虑安全，会限制操作机器。对于武器，一般都有专门的规定，且手续都很麻烦。

（6）有关展览会环境的规定

① 音量限制　背景音乐由展览会组织者安排，展出者的声像设备的音量必须控制在不影响周围展出者的范围内。

② 色彩限制　若展览会组织者想取得较好的效果，往往会提出色彩要求，要求展出者使用某种基本色调或标题色调。

展览会还可能会提出标题字型、大小的要求，这方面的规定大多比较宽松。展出者只要遵守规定，不干扰周围展台，展出者一般可以任意设计展台形状、摆置展品、使用颜色。

（7）有关展览会手续的规定　展览会大多要求展出者将设计送审，并要求展出者施工前办理手续。

第二节　会议活动的场地布置

一、会议活动的概述

（一）会议的概念

会议是人们为了解决某个共同的问题或出于不同的目的聚集在一起进行讨论、交流的活动，往往伴随着一定规模的人员流动和消费。一次会议的利益主体主要有主办者、承办者和与会者，其主要内容是与会者之间进行思想或信息的交流。作为会展业的重要组成部分，大型会议特别是国际性会议在提升城市形象、促进市政建设、创造经济效益等方面具有特殊的作用。但目前国内学术界和实业界都存在一个误区，即人们在提起会展经济时，往往忽视会议的重要性，或者把会议看得不及展览会重要。

现代会议早已超出了单一的政府会议格局，正朝着多元化方向发展，很多都是直接带有商业目的并能产生巨大经济效益的，如各种高峰论坛、专家培训会议等。会议的一般操作原理为：会议的主办者制订举办会议的计划并委托给承办者，承办者（可以是专业会议组织者即PCO、公司的会议与奖励旅行部等）将围绕既定的主题进行精心设计，并在市场上联系会议的买家（即目标与会者）、相关人员（如政府官员、演讲嘉宾等）以及举办场所，最后自己接待会议，或将业务分包给会务公司。

（二）会议类型

1. 按照举办单位划分

一般认为，按照举办单位的性质不同，可将会议分为三大类，分别为公司类会议、协会类会议和其他组织会议。

（1）公司类会议　公司类会议的规模不一，小到几个人，大到上千人。公司管理者强调的是信息传递，而公司内部信息传递的最基本方式之一便是会议，因此公司类会议的数量极其庞大。有关机构在做会议数量统计时，很难准确统计公司类会议的数量，因为很多公司并不愿意对外宣传内部会议。如果将公司类会议比作冰山，那么它们中被纳入统计资料的仅仅是冰山一角。

公司会议通常以管理、协调和技术等为主题，具体可分为销售会议、经销商会议、技术会议、管理者会议及股东会议等。

（2）协会类会议　协会类会议在会议市场中同样占有相当重要的地位。协会因人数和性质的不同而不同，分为小型地区性组织、省市级协会、全国性协会、国际性协会等。协会大致可以划分为行业协会、专业和科学协会、教育协会和技术协会等类型。其中，行业协会被认为是会议业最值得争取的市场之一，因为协会的成员多为业内成功管理人员。协会类会议常常与展览结合举行。例如，我国定期举行的旅游交易会每次都吸引着大批来自全国各地乃至境外旅游企业的参与。

（3）其他组织会议　这类会议的典型代表是政府机构会议。在省市两级，中小规模的政府机构会议的召开十分频繁，从而形成了可观的市场。在很多国家，工会同样是重要的会议举办者。

2. 按会议规模划分

根据会议的规模即参加会议的人数的多少，可将会议分为小型会议、中型会议、大型会议及特大型会议。

（1）小型会议　出席人数少则几人，多则几十人；

（2）中型会议　出席人数为100～1000人；

（3）大型会议　出席人数为1000～10000人；

（4）特大型会议　出席人数在10000人以上，例如节日聚会、庆祝大会等。

3. 按照会议的性质划分

（1）年会（convention）　年会指就某一特定主题展开讨论的聚会，议题涉及政治、经贸、科学、教育、技术等领域。年会通常包括一次全体会议和几个小组会议。年会可以单独召开，也可以附带展示会。多数年会是周期性的，最常见的周期是一年一次。参加年会全体会议的人员通常比较多，一般要租用大型宴会厅或会议厅。小组会议上讨论的是具体问题，一般租用的是小会议室。

（2）专业会议（conference）　专业会议的议题通常是就具体问题展开讨论，可以召开分组小会，也可以只开大会。就与会者人数而言，专业会议的规模可小可大。

（3）论坛（forum）　论坛的特点是反复深入地讨论，一般由小组组长或演讲者来主持。它可以有许多听众参与，并可由专门小组成员与听众就问题的各方面发表意见和看法。可能有两个或更多的讲演者持相反的立场，对听众发表讲演，而不是互相讲给对方听。主持人主持讨论会并总结双方观点，允许听众提问，所以主办者必须为论坛会议提供多个话筒。

（4）座谈会、专题讨论会（symposium）　这种座谈会或专题讨论会除了比论坛会议更加正式外，其他方面与论坛会议是一样的。不管个人还是专门小组参加，方法就是进行一种陈述讲演，有一些听众参加，但是一般来说要少一些论坛会议所拥有的那种平等交换意见的气氛和特征。

（5）讲座（lecture）　讲座更正式一些，更有组织一些，经常由一位专家进行个别讲演，讲座后可能安排观众提问。讲座的规模大小不一。

（6）研讨会、专家讨论会（seminar）　这种研讨会通常有许多活动，出席者有许多平等交换意见的机会，把自己的知识和经验与大家分享，研讨会通常是在讨论主持人的主持下进行的。

（7）培训性会议（training sessions）　一般至少要用一天的时间，多则几周。这类培训会议需要特定的场所，培训内容高度集中，由某个领域的专业培训人员教授。

（8）奖励会议（incentive meetings）　奖励会议是公司为了对员工、分销商或客户的出色工作进行表彰奖励而召开的会议。

4. 按照会议活动特征划分

（1）商务型会议　指公司、企业因其业务和管理工作发展的需要在饭店召开的商务会议。出席这类会议的人员素质较高，一般是企业的管理人员和专业技术人员。他们对饭店设施、环境和服务都有较高的需求，且消费标准高。召开商务会议一般选择与公司形象大体一致或更高层次的饭店，如大型企业或跨国公司一般都选择当地最高星级的饭店。商务型会议在饭店召开常与宴会相结合，会议效率高、会期短。

（2）度假型会议　公司等组织员工边度假休闲，边参加会议，这样既能增强企业自身的凝聚力和员工之间的了解，又能解决企业所面临的问题。度假型会议一般选择在风景名胜区的饭店举办。这类会议通常会安排足够的时间让员工观光、休闲和娱乐。

(3) 展销会议　参加商品交易会、展销会、展览会的各类与会者会入住酒店，住店天数比展览会期长一两天，同时，还会在酒店举办一些招待会、报告会、谈判会和签字仪式等活动，有时晚间还会有娱乐消费。另外，一些大型企业或公司还可能单独在酒店举办展销会，整个展销活动全在酒店举行。

(4) 文化交流会议　指各种民间和政府组织组成的跨区域性的文化学习交流活动，常以考察、交流等形式出现。

(5) 专业学术会议　这类会议是指某一领域具有一定专业技术的专家学者参加的会议，如专题研究会、学术报告会、专家评审会等。

(6) 政治性会议　国际政治组织、国家和地方政府为某一政治议题召开的各种会议。会议可根据其内容采用大会和分组讨论等形式。

二、 会议场地的布置

(一) 会议场地布置需要考虑的问题

传统的会议并没有过多的讲究，把问题摆在桌面上，大家一谈了事，对于沟通效果、解决问题的效率较少考虑。现代会议有了质的飞跃，不光加入了诸多起辅助作用的电子设备，更是对会场的布置进行了诸多科学的研究，下面我们来探讨会场布置的问题。会议场地的选择要结合开会人数、会议内容等综合考虑，在有条件的情况下，主要考虑下列因素。

会场的大小要适中，太大显得松散，太小则过于拥挤，会场座位的摆放也有技巧，多为从演讲者位置往外呈放射状的直线排列，位置之间的间隔要合理，不能过窄或过宽，过窄的距离不方便落座与进出，过宽的距离则会给与会者带来距离感，缺乏应有的融洽气氛。另外，最好能以内凹圆弧或是 V 形对屏幕和演讲者形成包围状，如此形状的摆放，对于演讲者以及与会者都会有更佳的参与感受。

会场的地点要适中，会场所在的地方要能够方便与会者到达，如果会议要持续几天时间，还需要考虑在会场附近是否有合适的酒店可以提供住宿。

会场的附属设施要齐全。部分会议对保密性有较高要求，这时就需要对会场周围做周全的考察，了解周边会有怎样的团体与会，甚至可能需要对会场地址做出保密要求。不同主题的会议对视听设备会有不同要求，这就需要根据具体要求来考察会场，看会场是否能够提供大屏幕投影、是否有万维网或者局域网、会场能否提供最新的投影设备或是否需要找专业的租赁公司租赁，诸如此类关于视听设备的问题都需要周全地考虑到。还需要考虑会场可以配备哪些专业人员，以便协同会场各设备的调试、故障的解决。这些对于会议成功举行都有举足轻重的作用。

(二) 常见的会议场地的布置方法

不同形式的会场布置，可以获得不同的会议气氛。下面我们将会场的布置分成四种类型来分别介绍，见表4-1。

表4-1　会场布置的四种类型

类　型	主持者控制力	与会者视线	参与者互动
剧院型	高	好	低
教室型	高	良	中
圆桌型	低	良	高
会议型	中	差	高

1. 剧院型

如果需要在一个固定的会场摆下最多的位置，那么成排成列的剧院型会场是最佳选择。通常采用剧院型会场的会议以主持者演讲为主，这需要向与会者提供演讲稿以及笔记本，以方便记录，也提醒与会者以聆听为主，无须互动或是与其他与会者交流。剧院型会场并不适合以交流或是互动为主的会议，主持者带来的强大压力以及座位的摆放，都将会成为交流和互动的阻碍（图4-1）。

为了让与会者更为舒适地度过会议时间，需要尽量选择能够提供符合人体工程学座椅的会场。如果条件有限，那么至少也要避免座椅靠得太紧，也可以将座位的摆放做适当调整，让座椅与主席台呈V形分布，以提供给与会者更好的视线。

2. 教室型

教室型的会场布置，需要在每一位与会者的座位前增加一个小台板，以方便书写和小组交流，这种类型的会场布置只适用于普通规模的会议。如果与会人数很多，又需要将会场布置成教室型，那就只有将会议分到两处或是多处进行了。

如图4-2所示，将教室型会场的座椅摆放成V形，将会使会场更具包容感以及参与性。有了座位前的小台板，前后排之间很容易就可以组成小组进行讨论。

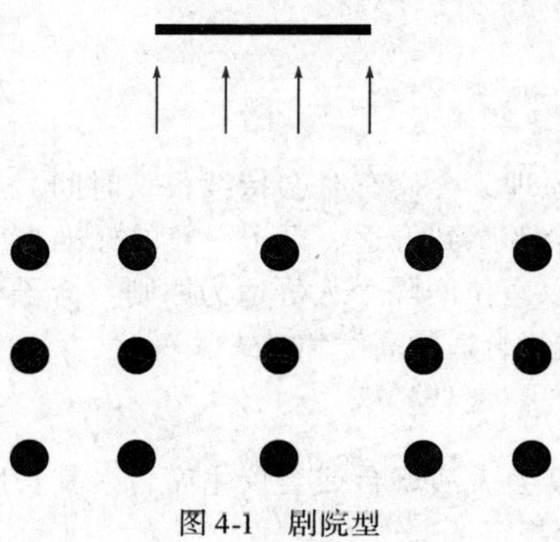

图4-1　剧院型

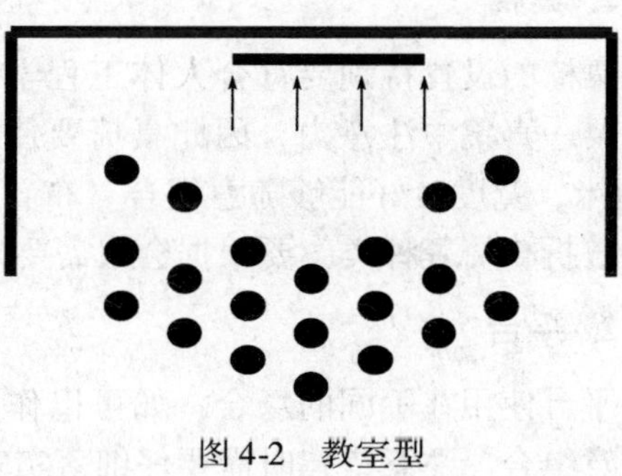

图4-2　教室型

3. 圆桌型

如果会议内容以小组讨论为主，那么圆桌型会场将是最佳选择。每个圆桌的最佳人数是5～7人，如果人数再多的话，比较害羞的与会者将会在讨论的时候，不自觉地被排挤在外，无法参与。如果与会者在进行小组讨论的同时，还要兼顾聆听会议主持者的演讲，那么与会者就只能在面朝主持者的那一半落座（图4-3）。

桌椅位置的摆放、会议投影的位置，以及主持者站立的位置，需要经过认真考虑。首先，要保证与会者能够同时地看到主持人和投影影像，而不需要左顾右盼。如果采用正投，主持人将无法避免会在投影屏幕上留下影子，此时就可以考虑使用背投来解决这个问题。其次，当主持人需要确认内容是否已经投影到屏幕上时，绝对不能完全背转过去，而是应该侧头快速浏览一下，进行确认即可。

4. 会议型

会议型会场，一般采用U形和矩形的会议桌，此类会场能提供最佳的团队合作氛围。会议型会场布置，建议不要采用大型投影，而是在每位与会者桌前提供一台小型的显示设备。会议型会场能够最大限度地弱化主持者的权威感，让与会者更为平等和积极地参与到讨论之中（图4-4）。

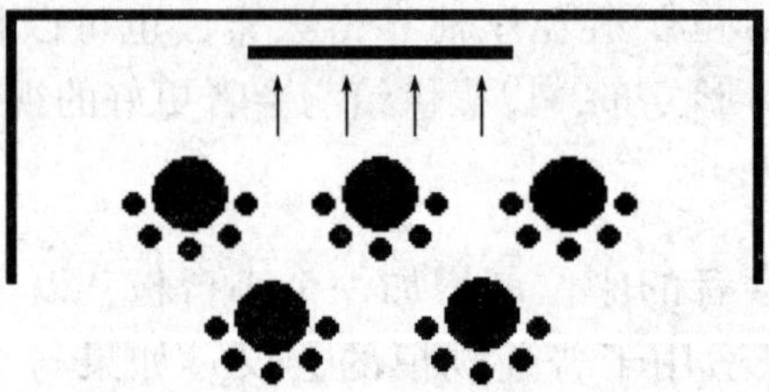

图4-3　圆桌型

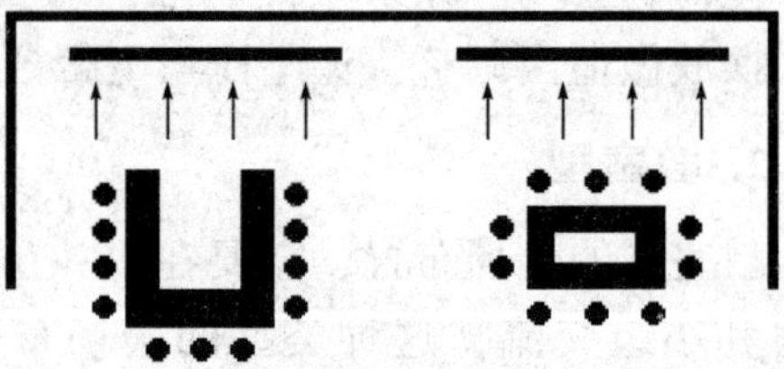

图4-4　会议型

三、会议室家具与内部环境

（一）会议室家具

1. 桌椅

桌椅的设置特别要符合人体工程学的原理。会议有时会持续很长时间，与会者需要一直集中注意力，因此桌椅要使与会者感到舒适。桌子一般的标准高度是60厘米，宽度最好能够随意组合。布置时以座位间隔令人舒适为原则。椅子有扶手椅、折叠椅等种类，要根据会议需要来选择合适的高度和样式。

2. 平台

平台使用在不同的场合，如可以作为宴会表演舞台或会议主席台。其长度可以任意组合。注意搭建时需要仔细落实安全规定。

3. 讲台

一般有桌式或地面式讲台。平时要在讲台上准备好照明固定装置和足够长的电线，保证能够接到电源插口。要确保在顶灯关闭的时候讲台照明的电源不会被同时切断。一般来说，永久性讲台允许安置供演讲者直接操纵灯光和视听设备的控制器。便携式讲台多适用于临时性布置，只要配有音响系统并能够连接普通电源插口就可以了。

总的来说，选择会议室家具时要考虑家具的牢固性和耐用性，选择便于操作、便于储藏的家具，不使用时可以叠放在一起。还有，为了避免过多地搬运和储藏，最好是购置多用途的会议室家具，如可拆卸并且可互换不同底盘的桌子、有双重高度的折叠台等。

（二）会议室的内部环境

1. 会议室的照明

会议室照明对于会议的效果和气氛有着很大的影响。大部分新型的会议室都有完善的灯光设备。会议室基本照明设备的种类有射光灯、泛光灯及特殊效果灯光，有时还会用舞台灯和聚光灯突出讲台上某位演讲人。室内灯光的调光器是会议室内必要的装置，可调节光线装置显然要比简单的开关键更适合会议活动的需要。当人们演讲时，通过调光器提供局部照明可以提高屏幕上的画面清晰度。也可以设置头顶暗光灯开关，以便使观众在看屏幕上投影的同时，能够记笔记。

照明方面的技术细节应由专业人员负责。会议中心的服务人员也应对灯光设备的使用有足够的了解。在每个会议活动开始前一定要做好灯光调试工作。

2. 会议室的空气状况

与会者集中在会议室封闭空间内，会议室的空气状况大大影响着人们的健康和心理感受。因此，要时刻保证室内通风良好，空气质量良好。

一般要求会议室净高不低于4米，小型会议室不低于3.5米；室内气温一般夏季为24～26℃，冬季是16～22℃；室内相对湿度夏季不高于60%，冬季不低于35%；室内气流应保持在0.1～0.5米/秒，冬季不大于0.3米/秒。

3. 其他细节

会议室的高度会制约投影屏幕的高度，影响放映机的距离和座位安排。在确定天花板高度时，不但要考虑其本身的形状，还要考虑到吊灯、装饰物等。会议室墙壁的隔声效果要好。在木质、瓷砖的地面上走动会发出声音造成干扰，因此会议室需要铺地毯。柱子往往会影响座位数量与视听设备的设置，如果会议室有柱子，要合理安排座位布局，使它们不至于遮住与会者的视线。

第三节 户外节事活动的场地布置

一、节事活动的概述

从概念上来看，节庆是“节日庆典”的简称，其形式包括各种传统节日以及各种创新节日。在国外的“事件及事件旅游”的研究中，常把节日和特殊事件合在一起作为一个整体来进行探讨。国内有学者将其简译为“节事”，同时也有专家把各种节日界定为“狭义的节庆”，而把各种节事界定为“广义的节庆”。

广义节庆活动的内容非常广泛，国外学者将其划分为八个大类：文化庆典，包括节日、狂欢节、宗教事件、大型展演、历史纪念活动；文艺娱乐事件，包括音乐会、文艺展览、授奖仪式；商贸及会展，包括展览会、展销会、博览会、会议、广告促销、募捐活动；体育赛事，包括职业比赛、业余竞赛；教育科学事件，包括研讨会、专题学术会议、学术讨论会、教科发布会；休闲事件，包括趣味游戏和体育、娱乐事件；政治事件，包括就职典礼、授职/授勋仪式、贵宾观礼、群众集会；私人事件，包括个人庆典、周年纪念、家庭假日、宗教礼拜、社交事件、舞会节庆、同学亲友联欢会等。

国外的一些城市节庆活动举办历史较长，周期持续稳定，富有传统特色，获得了极高的知名度，比如法国戛纳的电影节、巴西里约热内卢的狂欢节、西班牙潘普洛纳的圣费尔明节（又称奔牛节）、德国慕尼黑的啤酒节、奥地利维也纳新年音乐会等。这些节庆活动已经发展得十分成熟，成为城市的象征品牌和旅游文化产品，这种产业化发展道路是值得我们学习借鉴的。

在我国，各种节日庆祝和庆典活动早已有之，然而有目的地去宣传城市和推进旅游的大型节庆活动仅有一二十年的历史。国内各地举办的较为知名的大型节庆活动中，传统的如中国进出口商品交易会等，新兴的有大连服装节、哈尔滨冰雪节、潍坊风筝节、中国国际、航空航天博览会等。多数城市由于缺乏传统的节庆活动，纷纷申办各种国际性和全国性的节庆活动，如昆明举办世界园艺博览会，其他城市引入各种选美赛事、电影节等。同时，一些机构也逐渐推出了面向各个城市的新型活动产品。从目前各地对节庆活动的筛选、策划、组织和运作方面来看，总体上处于探索和培育过程中，但是有一些具有优势条件的城市，已经开始有意识、有目的、有计划地推进大型节庆活动的品牌化和产业化。

二、 节庆活动场地布置要求

(一) 现代节庆活动的功能

任何节庆活动的兴起都不是偶然的，是历史发展的产物，具有一定的物质基础和文化渊源。上下五千年的历史孕育了我国千姿百态、丰富多彩的传统节庆活动，而随着社会的不断发展，我国在这些传统节庆的基础上又发展了许多具有新时代气息的现代节庆活动，形成了传统与现代节庆活动交相辉映的喜人局面。现今，全国各地节庆活动方兴未艾，展示出了巨大的社会资源整合、经济发展拉动、地方文化传承、大众群体参与的功能。

1. 社会资源整合功能

资源整合就是要优化资源配置，要获得资源利用的整体最优。节庆活动的开展需要良好的、和谐的环境，对举办地的交通设施、公用设施、环保、绿化、卫生等都有相应的标准和要求。节庆活动的组织者则可以借助组织节庆活动，充分整合举办地的人力、物力、财力、信息等各方面的资源，加强举办地各种硬件设施和软件设施的投入，改善环境，以提高节庆活动的氛围品质，增强吸引力。同时，举办地环境的美化，自然与人文景观的完善，也为举办地及其节庆活动的可持续发展打下了坚实的基础。这些资源的整合，为一个地方的发展创造了良好的条件。例如 2019 年，北京市为了主办“世界园艺博览会”，就对 960 公顷的世博园区及相关设施进行了大力投资，并相继建成约 12 家星级饭店，使延庆及周边地区的建设大大加快，同时也使其城市建设明显改观。

2. 经济发展拉动功能

举办现代节庆活动的目的不仅在于吸引参与者，而且在于节庆活动的多种拉动效应。近年来，节庆活动表现最为突出的功能就是推动一个地区经济的发展，已成为经济发展的一个重要的助推器。节庆活动对举办地区域经济的推动作用，首先表现在它能带来巨大的投资效益和商业消费。举办一个节庆活动，将有数以万计的顾客涌入，对当地的旅游、餐饮、购物、住宿、交通、广告、通信、娱乐等行业起着拉动性效应，能有效地激活举办地各行各业的消费需求，例如，北京旅游节、大连国际服装节、中国龙虾节等，在其举办期间无不吸引了国内外大批商家和游客的参与，宾馆、酒店宾客云集，餐馆人头攒动，市场一派兴旺，其消费带来的经济效益不言而喻。其次，节庆活动为举办地提供了潜在的经济发展机遇。举办节庆活动，就是以“先声夺人、美声引人、高声过人”的方式包装、推介和发展自己。成功的节庆活动可以为区域经济的发展营造出优良的环境和不可多得的发展机遇，在直接经济收益背后更隐藏着潜在的巨大财富。总之，节庆活动不仅具有一个轰动的即时效应，而且带来了持久的经济效益，从而达到投资与消费的双赢目的。

3. 地方文化传承功能

节庆活动一方面推动了举办地的经济发展，为其带来了巨大的经济效益，另一方面也带来了良好的社会效益。这突出地表现在节庆活动的文化传承功能上。节日是最能够反映文化特质的核心要素之一，它凝结着民族历史、人类起源、氏族分支、宗教祭祀、农事生产、娱乐交际、知识技能传授、伦理道德观念、审美情趣、服饰等文化现象。这些地方文化现象，不论观念意识，还是日常行为模式、风俗习惯，都牢牢地凝结在节日文化之中。但是，随着科技和社会的进步，不同的地域文化间的交流不断加强，必然产生文化同构、文化流失等不良现象。随着各地民间节庆活动的开展，当地一些原先几乎被人们遗忘了的传统习俗和文化活动重新得到开发和恢复，一些传统的手工艺品因市场的需求重新得到制作和发展，一些传统的音乐、舞蹈、戏剧等又受到重视和发掘，一些传统的民间服饰、美食佳肴等又重新展现在人们而前。所有这些原先几乎被遗弃的民间文化不仅随着节庆活动的开展而获得新生，并且形成了自己独特的文化资源。它们不仅受到游客欢迎，而且丰富了当地群众的精神文化生活，使人们对自己的传统民间文化增添了新的自豪感，从而起到了传承文化的作用。

4. 大众群体参与功能

随着体验经济时代的到来，人们对现代节庆活动的关注大大增强，并希望作为参与者亲自加入节庆的各项活动中去，体验其中的快乐和兴奋。因此，现代节庆活动的举办者特别强调节庆活动的大众参与功能，节庆项目的设计也不断增强公众参与的分量。许多地方举办节庆活动时，坚持面向民众，植根民众；坚持办大众化的节，办老百姓的节，使游客和市民都能从亲身参与中感受到节日的美好和快乐。在对节庆活动的主题、内容、形式等策划上，在对节庆活动的会徽、吉祥物、纪念品的制订上，都十分注重发动当地群众参与，注意听取专家和广大人民群众的意见，充分体现了节庆活动大众参与功能。反过来看，节庆活动也只有群众的参与，才能集聚人气，渲染气氛，使节庆活动有“气势”，有“声势”，才能达到节庆活动的目的。

（二）节庆活动场地布置要求

1. 场地布置与活动主题相一致

由于节庆活动主题非常鲜明，或隆重的纪念性活动，或喜庆的联欢活动，或竞争性的竞赛活动，或充满神秘色彩的宗教节日。它们对场地的布置都提出了相应的要求。

庄重严肃的纪念性活动一般在城市的大型广场上举行，场地布置应简洁明快，不用过分装饰，避免出现杂乱无章的背景图画或广告。由于这种政治性或历史性纪念活动一般是政府举行的，在场地布置上可用国旗、国徽、党旗、党徽等来烘托气氛，有时还需奏国歌、升国旗，以显示活动的隆重与庄严。这种类型的节庆活动往往有国家或政府的重要官员参加，甚至会邀请国外元首或代表，在场地安排上要特别注意安全保卫，对高层要员的出入通道要优先考虑。

举办喜庆的联欢活动可选择的地方比较多，既可以是商业广场，也可以是运动场，或者某条封闭的街道。在场地布置上，应突出热烈欢快、喜气洋洋的气氛。其布置形势多种多样，在装饰上比较多地采用鲜艳亮丽的颜色，如红色、黄色、紫色、天蓝色等。当然不同的节日有其特有的装饰物，如圣诞节的红色蝴蝶结、圣诞树，复活节的彩蛋，万圣节的南瓜灯和怪异装饰等。这些装饰物品往往来源于古老的传说，有着广泛的民众基础，因此也就成了节庆活动的标志性装饰物。

大型竞赛活动的场地布置应体现热烈、激动、兴奋，甚至疯狂的气氛，这种气氛的营造需要通过刺激参与者的视觉、触觉和听觉来达到。因此在场地布置上，要充分利用动感的装饰、激扬雄壮的音乐和富有激情的主持风格。同时，为了让观众有机会参与活动，在场地安排上可以设置一些观众活动区，以刺激观众参与的热情。

2. 场地布置要与节庆活动的程序相协调

节庆活动的程序，一般由这样几方面组成：安排专门主持人宣布活动开始，介绍重要来宾，由组织的领导和重要来宾致辞或讲话，此时要在场地上合适的位置摆放讲桌。有些活动，需要有剪彩的安排，要事先准备好剪彩工具，在布置场地的时候要保证剪彩领导专用通道的通畅。还有些活动，需要安排交流的机会，可以事先布置好中型的会议室或多功能厅。

3. 要设专门的接待室，安排接待工作

节庆活动开始前，应做好一切接待准备工作。接待和服务人员要安排好，活动开始前所有有关人员应各就各位。重要来宾的接待，应由组织的首脑亲自完成。要安排专门的接待室或会议室，以便在正式活动开始前，让来宾休息或与组织的领导交谈。入场、签到、剪彩、留言等活动，都要有专人指示和领位。

4. 在布置场地时要考虑物质准备和后勤工作

节庆活动的现场，需要有音像设备、文具、电源等。需要剪彩时，要有彩绸带。鞭炮、锣鼓等在特殊场合也要有所准备。宣传品、条幅和赠予来宾的礼品也应事前准备好。赠送的礼品要与活动有关或带有企业标志。另外，为活动助兴，可以安排一些短小精彩的文艺节目，这些节目可以组织内部人员表演，也可以邀请有关文艺团队或人员表演，节目力争要有特色。

5. 要清理场地障碍物和危险物

某地举办春节烟花会演，当地有关部门为防止观众破坏路基两旁的灌木，临时在灌木的四周拉起了带刺的铁丝网。然而，由于观看烟花的群众太多，导致不少的观众被铁丝网划伤，这警示我们，在进行节庆活动场地布置时，应以人为本，避免给活动参与者带来伤害。如事前应该将场地内的杂物和垃圾清走，及时填补场地内的坑洞，检查是否有裸露的高压线，场地路面是否有凸起物，是否有即将脱落的粗壮枯枝。这些工作虽细小，但对于保障人们生命安全，保证活动的圆满进行有着重要的作用。

6. 场地布置要考虑安全保障因素

举办节庆活动最为重要的就是搞好安全保障工作。举办大型的民族节庆活动，在交通、入园、活动场地、紧急情况疏散等方面都要做好应急预案。如每年的“火把节”“泼水节”活动中，“狂欢”往往被作为一个主要的诉求提出，在活动现场的安全保障方面提出了更高的要求。在组织泼水狂欢时，要注意防止游客发生摔伤等事故，还要注意及时劝阻因相互泼水发生的纠纷，避免发生游客间的恶性冲突事件。在组织火把狂欢、斗牛、摔跤等活动时，也存在一定的危险性，要注意防范风险，控制现场气氛。为保证节庆活动的顺利进行，节庆的承办单位在举办节庆活动前应将安全措施的落实情况呈报政府部门进行审核。对举办万人以上大规模的节庆活动，要成立节庆安全协调小组，以便协调各方力量，检查安全措施的落实，及时排除安全隐患。在节庆期间需要采用加强型警力，增加安全工作的巡视，并建立相关安全隐患的应急预警机制，做到有备无患，万无一失。医疗救护、消防、保安、防暴等方面的人员和设施一定要布置到位。

7. 合理划分场馆功能区，指示标志要明显

由于参与的人数众多，在进行场地规划时需要清晰地规划活动场地的功能区。这些功能区包括活动区、观赏区、展示区、行走通道、停车泊位、绿地、垃圾收集点、流动厕所等。

在规划这些功能区前，应预先获悉谁将参加活动，参与活动的人数大概有多少，活动过程的具体内容和时间安排，参与活动人员的主要目的是什么等，在掌握这些信息后，节庆主办方即可根据现场情况进行功能区域划分。

划分功能区时，首先要确定活动的中心，其他区域都围绕它进行布置。活动的中心可能是节庆活动的主席台，或者是花车巡游需经过的街道，或者是烟花燃放点。在确定了活动的中心后，就可以规划人群集聚区域，如展示区、观赏区等。最后可以规划停车泊位、流动厕所、垃圾收集点、休息区等。需要注意的是，垃圾收集点和流动厕所应设置在下风口，且远离人群的地方。有时参与节庆活动的人成千上万，这就需要清晰地标识一些功能区，如将观赏区细分为各个不同编号的座位区，以便观众能及时地找到座位，还要有明显的通往紧急医疗组或厕所的标志。

节庆活动中心的布置非常重要，是节庆场地布置的重中之重。为烘托节日气氛，节庆主办方常利用充气拱门、飘空气球、彩旗、路灯旗、充气模型、彩球、条（横）幅、花篮等装饰活动中心。在节庆活动中心舞台，还会安排舞狮、放礼炮、军乐队演奏、放飞和平鸽等助兴活动，这些活动在事前也需要安排场地。

总之，做到热情有礼，热烈有序，就会使节庆活动取得成功。

三、 露天文艺表演的场地布置要求

（一）露天文艺表演的特点

1. 观众的参与性、互动性

人们希望通过观看露天文艺表演获得暂时的放松和享受，造就积极、兴奋和欢快的心情。故此，露天文艺表演与室内的文艺表演形式有一些不同，它更强调演员与观众、观众与观众之间的互动。这种互动可以让观众的情绪激动亢奋起来。同时由于文艺表演是露天举行的，观众感觉会更自然，更容易参与到表演中来，因此现场的气氛也会被观众带动起来。

2. 文艺表演轻松活跃

露天文艺表演一般以通俗流行节目为主，较少安排交响乐、芭蕾舞等高雅的演出，这主要与表演场地和观众的类别有关。一方面，一般情况下，露天表演难以满足高雅文艺表演所要求的音响、灯光、布景条件，加之观众在露天环境中比较放松，不可能产生好的艺术效果；另一方面，露天文艺表演的观众通常以年轻人为主，这些人活泼好动，喜爱热闹，有自己喜欢的明星偶像，为满足他们的要求，露天文艺表演常安排一些节奏鲜明和欢快的节目。

3. 演出紧凑协调

任何一个文艺演出，其安排必须紧凑，不能出现节目之间的空当。对于室内表演来说，即使出现短暂的空当，观众往往也会耐心在座位上等待。但对于露天表演，节目之间的短暂空当极可能造成观众的不满和离开，甚至导致过激行为。在节目的安排上还要统筹编排、相互协调，开幕和压轴的节目一般最为精彩，一来给人惊喜，二来让人意犹未尽。

4. 前期准备工作繁杂

要办好一个露天文艺表演，需要大量的前期准备工作，尤其是大型文艺表演。从场地布置、安全保卫、电力供应和保障、停车场地安排，演员休息室、公共卫生间等现场安排，到医疗、通信、消防、电视录播、演员及助手的食宿等服务，都要事前确定落实，同时还须对参加晚会的领导和嘉宾的接待以及现场秩序维持、验票、安检、场内观众入座引导、演出的协调、焰火燃放、演出后观众的疏导等各项涉及安全的工作严格把关。

（二）大型广场的场地布置要求

在大型广场上进行露天文艺表演的难度较大，无论从场地布置、舞台搭建、安全保卫，还是设施配备、现场装饰，其难度都很高，原因是大型广场只是一个空旷的场地，所有的改变都需要灵活应对，难度高，所以在场地布置上须有更充足的准备。

1. 场地安排应合理，可分区编排

由于场地空旷，应对观众区的场地进行编区，如 A 区、B 区等，每一个区域可安排一定数量的座位。每个场区通常可安排 200～400 个座位，每个座位编一个号，观众可以根据入场券上的座位号对号入座。每个场区之间应留有 2 米左右的通道，以方便观众行走。

2. 舞台和看台搭建要稳固

由于是临时搭建的，所以舞台和看台的稳固程度很重要。要充分考虑舞台和看台的承载能力，尤其是对于一些动作比较激励和夸张的表演。如举办摇滚音乐表演，台上台下的气氛极其热烈，人们禁不住会伴随着音乐跳动，这就很容易造成共振，导致舞台特别是看台的坍塌。

3. 座椅应轻便、结实

演出现场的观众座椅是临时放置的，可以移动，在发生打架斗殴时很容易变成袭击对方的武器，因此，观众座椅应选择比较轻便的，最好是没有靠背的塑胶凳，这样也比较节约空间。塑胶凳的一个不足之处是不够结实，可能会给体重超常的人带来不便，因此，在摆放座椅时应注意将那些出现裂纹或高低不平的塑胶凳修理或更换。

4. 应隔离演出现场

大型广场是一个开放空间，人们可以从四面八方进入。为保证演出的正常进行，在进行场地规划时，应将演出现场与外界隔离。根据现场观众规模，隔离可以采用一级隔离、二级隔离和三级隔离等方式。一级隔离主要针对的是观众规模较少的情况，有入场券的观众通过一级隔离便可直接进入观众区。当观众人数众多时，为控制人群，可设二级隔离，也就是持入场券的观众需要经过两道检查才能进入观众区。一般来说，最外层的隔离采用捆绑在一起的铁栏杆，以防止没有入场券的观众入内；里层则采用布条导向带，主要是引导有入场券的观众找到座位，同时也阻挡一些没票但已通过第一道隔离的人员。三级隔离的目的是将普通观众与领导和嘉宾隔开。

5. 应设置多个大型屏幕

因活动参与的人数成千上万，而且大部分的广场地面平坦，无法形成阶梯形的看台，大部分坐在后排的观众其实是很难看清或者看到舞台上的表演。为解决这个问题，通常会在不同的地方安装大型屏幕，通过现场转播的方式，将舞台的表演投影到屏幕上，使得每个观众都能同步欣赏到演出。

6. 要临时搭建相关设施

除了搭建大型舞台外，在广场内还需要规划演员休息和更衣场地、公共卫生间、医疗急救中心、停车场等。如有领导参加，还要安排领导休息室和专门的卫生间。除此之外，大型文艺表演所需的电力供应不可忽视，特别是安排在晚上的大型文艺表演，其用电量非常大，有时甚至需要在现场安装预装式组合变电站，以保证演出现场电视录制的照明、舞台灯光、音响等大型用电设备的运转需求。

（三）露天体育场的场地布置要求

露天体育场与大型广场的不同点在于它为活动提供了一个很好的演出场地。这个场地不仅提供了阶梯状摆放的固定座位，而且中心运动场自然变成了舞台。同时，体育场的卫生间、运动员休息室、主观礼台、电力系统等都可以加以利用，为演出提供后期的供电、演员化装休息间、嘉宾接待室（观礼台）、观众洗手间等。因此，在体育场里举办大型文艺演出往往是活动承办方的首选。

露天体育场的布置要求如下。

1. 应做好安全防范工作

与在广场上举行活动不同，露天体育场的出入口有限，当发生意外时，人们不能向四面八方散开，而是全部挤在出入口，这带来的后果不堪设想，因此，事前应做好充分的安全防范工作，如禁止醉酒者入内，安装安检门，检查随身物品，禁止带硬物入场等。有时还会禁止观众自带饮料，主要是防止不法之徒在饮料中装入易燃易爆液体。为了防止碰撞意外，还应准备好人群疏导指示牌以及座位引导员。

2. 舞台搭建应分层次

体育场内一般均设有周长为400米的国际标准的塑胶田径场和足球场，看台可容纳的观众数量往往超过2万人，如果仅利用一半（另一半作背景），观众数量也超过万人。由于体育场内的面积较大，如果舞台搭建得太小，会给人不够大气和壮观的感觉，因此舞台需要比较宽大。另外，如果把舞台设置在跑道的弯道上，不仅远处的观众无法看到，而且使得舞台只能向场内有限地深入，没有向两侧延伸，导致整个场地看起来比较狭小。舞台通常会采用多层次的布置方式，这样会显得整个舞台有立体感和空间感。除了演出的舞台外，舞台下的场地常常也会被利用起来作为表演场，该表演场主要是用于大型团体操、舞蹈、杂技、舞狮、花车巡游等节目，用于烘托现场气氛。

3. 应强调色彩、灯光、音响的效果

在体育场举行的大型表演通常安排在晚上举行，为获得热烈、兴奋、激动人心的效果，整个体育场要使用大型彩色灯光柱或激光灯，烟花和高功率的音响来控制和调节现场气氛。尤其是对于中心舞台的控制，聚光灯投射效果的应用能快速地将观众的眼光吸引到节目中，同时为下一个节目提供了准备时间。灯光的色彩、灯光的亮度、闪动的频率、音乐的舒缓、声音的大小等对于体育场现场气氛的调控有很重要的意义。

思考题

1. 一般性场馆和商业性场馆的区别有哪些？
2. 一般性场馆展厅布置要素规划有哪些？
3. 展览区的布置类型有哪些？
4. 会议场地是如何布置的？
5. 节庆活动场地布置的要求有哪些？
6. 大型广场活动场地布置的要求有哪些？

第五章 展会服务与现场管理

学习目标

通过本章学习，要求学生了解展会服务的内容、基本特征及质量管理，掌握展会服务的策略，熟悉展会现场环境卫生、车辆交通、开幕式、现场工作等环节的管理。

一个成功的展会，除了要拥有一定数量和质量的参展商和观众以外，还必须要具有优质的展会服务和良好的展会现场管理。展会场馆的硬件条件，如展会场馆的地理位置、场馆大小、会议室和展厅的多寡、交通的便利程度、场馆内的建筑格局、场馆内的设备设施等一般已经确定，较难有大的改变。即使要改变，其投入的资金也将十分巨大。因此，会展在竞争中胜出的一个重要法宝就是提供优质的会展服务。随着国内会展活动规模和档次的提高，会展参与者对会展活动所需的服务层次要求越来越高，服务的内容和形式也日益多样化、个性化。那种只提供活动场所和简单的安保服务的场馆管理理念已经不能满足活动举办方和活动参与者的需求，人们希望场馆管理者能想顾客所想，为顾客提供全面、细致、贴心的服务，真正建立以服务为导向的会展场馆管理体系。展会服务、展会现场管理、展会招展与展会招商共同构成展会策划与筹备最为核心的四个中心环节。展会服务贯穿于展会的始终，且在展会展览现场最为集中和明显。展会现场管理是对展会展览期间的各种工作的计划和管理，是展会能成功举办的重要保证。

第一节 展会服务

随着我国会展业的飞速发展和展会品质的逐步提高，优质的展会服务正日益成为各种展会之间展开竞争最为锐利的武器之一。展会服务是具有无形特征但却能给参展商和观众带来某种利益或满足感的可供有偿转让的一种或者一系列的活动，它渗透到展会举办的方方面面之中，是展会不可或缺的重要组成部分。

一、 展会服务的内容

从不同的角度来看展会服务，展会服务包含的内容非常广泛。主要包括以下内容。

1. 从展会服务的对象上看

展会服务主要包括对参展商的服务、对观众的服务和对其他方面的服务。

（1）对参展商的服务　参展商是展会最重要的客户之一，也是展会最重要的服务对象之一，对参展商的服务包括：通报展会筹备情况、提供行业发展信息、提供贸易成交信息、展示策划服务、展品运输、邀请合适的观众到会参观、展位搭建、展览现场服务、商旅服务等，其中，邀请到一定数量和质量的合适观众到会参观是展会提供给参展商最重要的服务。

（2）对观众的服务　和参展商一样，观众是展会另一个最重要的客户和服务对象。展会为之提供的服务分为两种，一是对专业观众的服务，二是对普通观众的服务。对专业观众的服务包括：通报展会展品信息、提供行业发展信息、提供产品供给信息、招揽合适的参展商到会展出、展会现场服务、商旅服务等，其中，招揽到一定数量和质量的合适的参展商是展会提供给专业观众的最好服务。

（3）对其他方面的服务　除了参展商和观众以外，展会还有其他的一些相关服务对象：新闻媒体、行业协会和商会、行业主管部门、国际组织、国外驻华机构等，对这些对象的服务包罗万象，其中最主要的是信息服务。

需要特别指出的是，展会服务的参展商和观众，不仅包括展会现有的参展商和观众，还包括展会潜在的参展商和观众。

另外，展会服务商，如展位承建商、展品运输商、指定旅游公司和指定酒店，对展会客户提供的服务也是展会服务的重要组成部分，我们不能因为展会将这些服务委托给相应的专业机构提供就忽视它们的存在，或者干脆就认为它们不是展会服务的组成部分。对于这些服务，参展商和观众通常都把它们看成是展会直接提供的，如果它们服务不好，参展商和观众就会认为展会的服务不好。因此，对于这些服务，展会要委托高质量的专业机构来完成，并时刻监督其服务质量。

2. 从展会筹备的不同阶段来看

展会服务包括展前服务、展中服务和展后服务。

（1）展前服务　即展会开幕前提供给参展商、观众和其他各方面的有关服务，如展会筹备情况通报、展品运输、参展参观咨询、展示策划服务等。

（2）展中服务　即展会开幕期间及以后展览期间的服务，如现场安全保卫、清洁卫生、观众报到登记等。

（3）展后服务　就是展会闭幕以后展会继续提供给参展商、观众和其他各方面的后续服务，如邮寄展会总结、展会成交情况通报、介绍展会参展商和观众的来源及构成等。

在实际操作中，很多办展机构只注重展中服务，对展前服务只是被动地提供，对展后服务很不重视或根本没有什么展后服务。其实，展前服务、展中服务和展后服务都是展会服务的重要组成部分，对任何一部分的忽视都会严重影响到展会服务的质量。

3. 从展会服务的功能上看

展会服务主要包括展览服务、信息咨询服务和商旅服务。

（1）展览服务　就是展会提供的产品展示、贸易成交、新产品发布、展示策划服务等传统服务，这是展会最基本的服务，它们主要是在展览现场提供和完成的。

（2）信息咨询服务　就是展会为参展商、观众和其他有关方面提供有关行业发展、贸易需求、行业动态、市场分析等商务信息及其咨询服务。

（3）商旅服务　为了更全面地了解当地市场，有些参展商和观众到某一个展会参展或参观以后，还会顺便考察当地市场，对于有此需要的客户，展会还应提供商旅咨询和组织商旅考察等服务。

4. 从展会服务提供的方式上看

展会服务主要包括承诺服务、标准化服务、个性化服务和专业服务。

（1）承诺服务　展会事先就自己拟向客户提供的服务方式和服务质量等向客户做出承诺，然后严格按照承诺向客户提供服务。

（2）标准化服务　展会对自己向客户提供的各种服务制订统一的标准，然后严格按照标准向客户提供规范的标准化服务。

（3）个性化服务　展会根据各个客户的不同需求，向不同的客户提供适合其需求的有差别的服务。

（4）专业服务　展会根据展览行业实际需要，由经过培训的专业员工，以专业的手段和方式，为客户提供的各种服务。

5. 从展会服务的具体内容上看

（1）秘书礼仪类服务　指在会议和展览期间提供会议记录、资料整理、签到引导、现场咨询、会展调研等内容的服务。

（2）安全保卫类服务　为保证会展活动正常开展，防止出现人员或物质安全事故所做的工作称之为安全保卫类服务。

（3）设计安装类服务　指对会展活动现场展位展台、开幕式现场等进行设计和施工安装的服务。

（4）物品租赁类服务　指为参展商或与会者提供展柜、衣架、桌椅、电脑、电视、花木等各种设备或物品租赁的服务。

（5）运输仓储类服务　指为参展商提供展品场内运输以及展品包装物品储存的仓储服务。

（6）广告宣传类服务　指为会展活动的参展商提供企业或产品宣传，扩大活动期间企业或产品知名度的服务。

（7）后勤保障类服务　为保证活动正常进行所需的服务，如紧急医疗救治服务、餐饮服务、保管箱服务、电信服务、银行汇兑服务等。

二、展会服务的基本特征

展会服务具有以下基本特征。

1. 无形性

展会服务在本质上是抽象的、无形的，在很多时候，参展商和观众对展会的服务只能通过感觉感受到而不能像触摸物品那样触摸到。展会服务的无形性对展会既有有利的一面，也有不利的一面。从有利的方面看，服务的“无形”使展会服务难以度量，这为展会提高服务的技巧和满足客户的需要提供了极大的空间，为展会服务技巧的发展提供了广阔的天地。从不利的方面来看，参展商和观众不容易识别这些“无形”的服务，服务的质量也较难控制和测量，一旦发生纠纷，对服务的投诉较难处理。因此，想办法让“无形”的服务有形化，让客户能实实在在地感受到服务的存在，是提高展会服务质量的重要一面。

2. 差异性

由于同一服务由不同的人来操作，其质量可能会出现很大差异，并且即使是同一个人进行同样的服务，由于服务对象的不同以及在不同时间里服务人员心理状态的差异，服务质量也可能有较大的波动。另外，不同的客户享受某种服务的经验和对该服务的期望不同，这使得即使是对同一种服务，不同的客户所给出的评价也不一样。展会服务的差异性对展会有有利的一面：有利于针对不同的客户提供差异化和个性化的服务，有利于提高服务的灵活性，有利于进行服务创新。展会服务的差异性对展会也有不利的一面：它使得展会服务难以规范化和标准化，服务规范较难严格执行，服务质量不稳定。因此，保持服务的品质，力求服务始终如一，始终维持高水平是展会服务需要努力的方向之一。

3. 不可分割性

服务的生产、消费与交易是同时进行的，展会工作人员在向客户提供服务的同时，客户也就享受到了这种服务。在很多时候，客户只有而且必须加入到服务的流程中来才能享受到该服务。同一个工作人员，很难同时在两个地方向不同的客户提供服务。展会服务的不可分割性对展会有有利的一面：促使展会缩短服务流程，精简服务渠道，更多地采用直接供给的服务方式提供服务；由于客户大量地亲自参与服务流程，有利于展会和客户直接交流并建立更紧密的关系。展会服务的不可分割性对展会也有不利的一面：许多服务展会服务人员只能“一对一”

地提供给客户，这会给展会带来不便，易造成混乱；服务质量的好坏不仅仅取决于服务人员的操作，还有赖于展会所有相关服务人员及部门的配合和协调；服务人员与客户接触的第一印象十分重要，如果把握不好，服务质量将深受影响；服务质量的高低还有赖于客户的积极配合。因此，展会需要经常与客户交流，了解客户的需求，不断改进服务流程。

4. 不可储存性

服务产品不能像一般物品一样储存、转售和退还，很多服务如果不及时利用就会过期作废，所以展会无法将一些服务事先储存起来以满足服务需求高峰时客户的需要，当客户对某项服务不满时也无法像一般物品一样退还给展会。展会服务的不可储存性对展会有有利的一面：对参展商和观众形成一种压力，如果在展会展览期间享受不到展会提供的服务，他们的一切努力都将是白费力气；对办展机构形成一种动力，促使办展机构更加重视时间资源在展会服务中的作用和更加重视服务的效率；促使展会不断改进服务流程设计和对服务人员的组织管理；重视服务的空间布局。展会服务的不可储存性对展会也有不利的一面：客户为享受某种展会服务而来，如果该种服务供不应求，客户势必失望而去；服务在时间和空间上较难协调，容易出现忙闲不均，影响服务的效率和质量。因此，展会必须充分考虑如何解决服务供求不平衡所引致的矛盾。

三、 展会服务的策略

从展会服务的上述特征可以看到，展会服务的每一个基本特征对展会既有有利的一面，也有不利的一面。在制订展会服务策略时，我们要充分利用它们对展会有利的一面，克服它们对展会不利的一面，以此来构建展会服务的策略体系。

1. 针对展会服务“无形性”所采取的服务策略

用服务有形化来克服其不利的一面，用服务专业化来发扬其有利的一面。

（1）展会服务的有形化　是指办展机构策略性地向参展商和观众提供有关展会服务的有形线索，使参展商和观众能更形象地了解和识别展会所提供的各种服务。所谓“有形线索”，是指展会服务流程中能被参展商和观众直接感知的、能提示展会服务的各种有形物品，如展会展区展位分布图、参观指示图、参观指南、公布展会宣传推广成果等。参展商和观众看不到展会服务，他们只能通过这些有形的物品来感受展会的服务，这些物品就成为展会提示参展商和观众某项服务客观存在的重要“线索”。展会服务的有形化可以从以下几个方面来具体进行。

第一，服务承诺化。办展机构对外公布展会服务的质量或者效果标准，并对参展商和观众参加展会的利益加以承诺。由于承诺是看得见的利益，这对参展商和观众非常具有吸引力。为了使展会服务承诺化，办展机构必须制订相应的服务质量标准。这些服务质量标准既要是对参展商和观众有吸引力的，又要是办展机构能够提供的，没有吸引力的承诺等于是没有承诺，而有了承诺又不能切实实现将严重影响到展会的声誉。服务承诺化既是对客户利益的一种担保，也是对员工的一种激励，它为员工树立了明确的服务质量目标，鼓励员工努力去提供优质的服务。

第二，服务品牌化。办展机构为自己的展会树立品牌并以该品牌来促进展会服务。办展机构可以通过多种形式将品牌展现在广大参展商和观众面前，使品牌成为一个有形的线索，向参展商和观众提示展会服务质量和服务特色，有利于参展商和观众对展会服务进行识别。一旦展会形成品牌，就可以不断通过该品牌提示新老客户该展会服务的存在，还可以通过老客户的“口碑”宣传该展会的服务，并可以树立展会的良好形象，让展会服务从中受益。

第三，服务展示化。是指尽量将展会服务通过有形的线索布置在展会现场，让它们时刻提示参展商和观众展会服务的存在，这要求办展机构在展会现场环境布置上要下一番功夫。如对展会宣传推广成果的展示、对观众需求的实物引导、对参展商名单和展位号的集中公布等。服务展示化使办展机构抽象的服务理念和服务手段通过有形的物品和展会现场环境布置来得到体现，从而有利于参展商和观众认识和感知到展会的服务。

第四，服务便利化。是指办展机构尽量从参展商和观众的需求出发来设计展会服务流程和布置展会现场环境，努力让参展商和观众能以最便利的方式得到展会的服务。例如，展会布展环节的便利化、观众登记的便利化、展馆内参观指示引导的便利化等。

（2）展会服务的专业化　是指办展机构努力为参展商和观众提供符合展览行业需求的专业服务，展会服务人员的服务技能、服务知识和服务态度等都达到专业的水准。展会服务的专业化，使展会服务有了一把行业评价的尺子，使展会服务具有很好的行业可比性，有利于参展商和观众感知展会服务的存在。展会服务的专业化可以从以下几个方面来具体进行。

第一，服务的技巧化。办展机构培养和增强展会服务人员的服务技能，利用服务人员的服务技巧来提高展会的服务质量。每一个展会都有自己的服务传统和自己独特的服务技巧，这些服务技巧增强了它们的竞争力，使参展商和观众能体会到这个展会的与众不同之处。展会服务十分讲究服务的技巧，同一种服务，不同的服务人员来操作，由于服务的技巧不同，服务的质量和效果可能差别很大。

第二，服务的知识化。提高展会服务人员的专业知识素养，发挥知识在展会服务中的作用，努力用知识来完善展会服务和满足参展商和观众的服务需求。

第三，服务的技能化。提高展会服务人员的服务熟练程度、服务技艺和服务能力来满足参展商和观众的服务需求。参展商和观众最终得到的服务与提供该服务的展会服务人员的技能有很大的关系，例如展会现场问题的处理技能等，都能让参展商和观众真实地感觉到展会服务的效果。

第四，服务的国际化。为参展商和观众提供符合国际惯例的服务，如展会资料的制作应充分考虑各国文化的差异，提供不同语言服务等。服务国际化有利于参展商和观众在国际对比中增强对本展会的信心和忠诚度。

2. 针对展会服务“差异性”所采取的服务策略

用服务规范化来克服其不利的一面，用服务个性化来发扬其有利的一面。

（1）展会服务规范化　是指办展机构为展会服务建立起规范并用这些规范来引导和约束展会服务人员，以此来保持展会服务质量的稳定和一致。展会服务“差异性”使得展会服务质量不容易稳定，参展商和观众不易感受到展会服务。为了克服这些不利的影响，办展机构可以努力使展会服务规范化，以此来减少展会服务的差异。展会服务规范化可以从以下几个方面来具体进行。

第一，服务理念化。就是办展机构为展会服务提出符合客户需要和展会实际的服务理念，并在展会服务的实践中要求服务人员从该服务理念出发，努力实现该服务理念。服务理念用以指导员工的服务态度和行为，并提示参展商和观众，他们正被办展机构高度地重视。服务理念化有利于展会形成自己的服务特色，有利于展会以服务为武器与别的展会展开竞争。

第二，服务标准化。在统一的和被客户接受的服务理念的指导下，办展机构为展会服务建立起一套质量标准，并用这套质量标准来约束服务人员的服务行为。行为是在理念指导下的行为，行为规范是理念规范的具体化，所以，服务标准化能很好地统一服务人员的思想和行为，有利于展会服务质量的量化管理和控制。

第三，服务系统化。办展机构在服务标准化的基础上，将展会服务的各环节有机整合，使展会服务流程更加合理化和人性化，将展会服务各环节的质量偏差控制在尽可能小的范围内。服务系统化使展会服务变得可以控制，而展会服务一旦变得可以控制就更有利于对展会服务进行质量管理，如果展会服务不可控制，再好的服务标准也形同虚设。

（2）展会服务个性化　办展机构在展会服务规范化的大原则下，针对不同客户的需要尽量采取适合其需要的个性化的服务。展会服务的差异性揭示的是不同的客户需求可能不同，同一个客户在不同的时间和地点其期望得到的服务也可能不一样，展会服务个性化正是利用这一点来尽量满足不同客户的不同需求。展会服务个性化可以从以下几个方面来具体进行。

第一，服务多样化。办展机构针对不同客户的不同需求提供不同的服务。尤其是展会的一些大客户和重点客户，他们的需求与一般客户往往不同，而他们对展会又极为重要。为他们提供多样化的展会服务，对展会留住这些重要客户有很大的帮助。

第二，服务特色化。办展机构向客户提供与众不同的能体现自己独有特色的展会服务。每一个办展机构都有自己的优势，每一个展览机构也都有自己的服务“秘诀”，办展机构可以凭此形成自己的服务风格。

第三，服务差异化。办展机构根据服务提供的时间和地点的不同，或者根据环境变化的需要来向客户提供不同的服务。由于服务时间和环境的变化，有些服务标准变得难以执行或者根本没有执行的必要，这时，差异化的服务能极大地增强服务的灵活性和创造性。

3. 针对展会服务“不可分割性”所采取的服务策略

用服务流程化来克服其不利的一面，用服务关系化来发扬其有利的一面。

（1）展会服务流程化　是指办展机构科学设计展会服务的流程，使展会的服务人员和客户之间能实行部分的分离，以此来减少展会服务的复杂性和对服务人员的过度依赖。展会服务流程化可以由服务自助化、服务分离化和服务网络化来具体实现。

第一，服务自助化。办展机构通过向客户提供部分服务用品或工具，使某些服务由客户自己来完成。例如，对展会的老客户发放多届有效的参观卡或者 VIP 观众卡，他们凭该卡到会参观就不用再排队登记而可以直接进场参观。

第二，服务分离化。将展会的某些服务分离出去，由其他专业的服务公司为客户提供服务。例如，将展会的展品运输和报关委托给专业的国际货运公司，将展会的展位搭建委托给专业的展位承建商，将展会的商旅服务委托给专业的旅游公司来服务，这样更有利于提高展会的服务质量。

第三，服务网络化。通过国际互联网来完成某些展会服务。例如，展开网上参展和参观预先登记，进行网上信息咨询等。

（2）展会服务关系化　是指办展机构在展会服务中强调与客户建立良好的关系，及时进行沟通，重视客户口碑传播，利用关系营销来使客户与展会形成融洽的关系。展会服务关系化可以通过服务情感化、服务合作化和服务组织化来具体进行。

第一，服务情感化。办展机构使展会服务在服务实施过程中倾注情感因素，如赋予服务人员一定的角色，让其在服务中全神贯注地进入角色；让服务人员处处关心和体贴客户，从细微处照顾客户的需要和感受。情感化的服务容易拉近客户和展会的距离，有利于留住客户。

第二，服务合作化。办展机构与展会的其他服务商之间通过紧密合作来共同满足客户的需求，发展与客户的关系。展会将有关服务委托给展位承建商、展品运输商、旅游公司以后，并不是就对该服务不闻不问了。办展机构还要与这些服务商密切合作，保证各种服务的质量。

第三，服务组织化。办展机构以某种方式将客户组织起来使客户与展会的关系更加明确化和正式化。例如，采用会员制，展会的参展商或观众达到一定的标准就可以成为展会的会员并享受相应的优惠服务等。

4. 针对展会服务“不可储存性”所采取的服务策略

用服务灵活化来克服其不利的一面，用服务效率化来发扬其有利的一面。

（1）展会服务灵活化　是指办展机构通过对服务时间、服务地点和服务供求关系的调节和灵活处理来满足客户的需求。展会服务“不可储存性”使展会服务的供求经常在时间和空间上不一致，展会服务灵活化有助于展会克服这一不利影响。展会服务灵活化主要通过调节展会服务时间、服务地点和服务供求关系来实现。例如，对展会开馆和闭馆时间的调节，对展会现场服务点设置地点及其布局的调节，对观众进馆参观高峰时间的人流量的调节等。

（2）展会服务效率化　是指办展机构通过提高展会服务的效率来满足客户的需求。展会服务的“不可储存性”要求展会服务能快捷、高效。这样参展商和观众才能在最短的时间里取得其所期望的展会服务。例如，如果展会观众登记效率不高，观众将会对登记台前的排队长龙望而生畏。展会服务效率化主要通过服务的便捷化、服务的一条龙化和服务的多功能化来实现。

四、展会服务的质量管理

展会服务可以通过上述策略体系来具体实现，但是，如果展会服务的质量得不到有效的保证，任何策略对展会服务来说只是策略而已，它并不能给展会服务带来任何实质性的改观。因此，在采取合理的服务策略的同时必须保证服务质量，这才是展会服务的“康庄大道”。

和有形的物品不同，“无形”服务的质量很难测量和控制。消费者对有形物品的质量的评价可以根据一些客观的指标和参数来进行。但对于服务，客观的指标和参数往往很难起作用。为此，站在消费者的立场来理解服务的质量就成为一种可供选择的有效办法。

展会服务的消费者主要是参展商和观众。站在参展商和观众的立场，展会服务的好坏并不取决于展会的宣传口号有多响亮，也不取决于展会服务的理念提得多么动听。对参展商和观众来说，展会服务的好坏主要取决于以下三个方面：一是经验属性，二是信任属性，三是个人需求。所谓经验属性，就是参展商和观众对服务的评价主要取决于自己对该服务的主观感受，他们主要根据自己的经验来评价该服务的质量，并决定是否重复参加该展会；所谓信任属性，就是其他人对某一展会的服务的评价会极大地影响到参展商和观众对该服务的评价。对于有些服务，参展商和观众凭自己的经验也难以判断其好坏，这时，他们会征求其他人对该服务的意见，然后以其他人对该项服务的评价来评价该服务，这时，展会的口碑好坏就成为影响参展商和观众信任属性的重要因素。

参展商和观众主要从以下五个方面对展会服务的质量做出评价：一是可靠性，就是办展机构是否已经准确可靠地履行其对展会服务所做出的各项承诺。二是责任感，就是办展机构是否愿意帮助参展商和观众并提供快捷的服务。三是可信度，就是办展机构是否具有举办其所宣称的展会的能力，展会的实际情况是否和当初宣传推广的信息一致。四是同情心，就是办展机构是否真正在意满足参展商和观众的需求，是否对不同参展商和观众的需求采取有针对性的服务措施。五是有形环境，就是展会现场的环境布置、服务设施、服务人员以及展会的各种宣传资料给他们的印象。

可见，对展会服务质量的管理应该从参展商和观众的角度而不是从办展机构的角度来进行。展会服务涉及面广、中间环节多并需要许多人配合才能完成，有效的服务管理是对展会服务的全过程的管理，服务质量管理对展会服务的每一个环节都不能忽视。

第二节 展会现场管理

一个完整的、高品质的展会活动，现场管理尤其重要。一般来说，展会现场管理分为外围环境管理和展会环节管理两个主要方面。外围环境管理主要指环境卫生管理和交通管理；展会环节管理主要指展会开幕管理、展会专业观众登记管理和展会现场工作管理。

一、环境卫生管理

环境卫生管理涉及大型会展场馆的形象，更重要的是涉及会展活动参与者的安全。2003 年的“非典”事件给会展业敲响了警钟。只有坚持不懈地搞好环境卫生工作，将一些可能发生的疾病进行有效的预防，才能为会展业的发展提供可靠的保障。同时也要认识到，环境卫生管理不仅仅是会展场馆人员的责任，还必须教育每一位会展活动的参与者提高自我保护意识，表现出良好的卫生修养，只有这样，才能保持会展场馆幽雅、整洁和安全的环境。

（一）环境卫生管理的范围

大型会展场馆占地面积大，功能区域多且分散，因此环境卫生管理的难度也较大。从环境卫生管理的范围来看，场馆的环境卫生管理包括以下两方面。

1. 场馆外部环境卫生管理

场馆外部包括场馆建筑物外墙和屋面、人行道路、广场、室外楼梯和平台、室外餐厅、草地、垃圾站、沟渠等。除此之外，有些场馆还设有喷水池、水池或人造小溪，这些场地也需要进行卫生管理。

2. 场馆内部环境卫生管理

场馆内部环境包括各楼层和各展厅及会议室地面、停车场、公共厕所、楼梯、各类门、电梯、餐饮区、室内天花板、立柱、内墙壁、楼道开关、灯具等部分。

无论是场馆外部还是内部，对其环境卫生进行管理首先应制订保洁工作计划，根据计划定期进行保洁并实施监督和检查。除了制订和执行相关的保洁计划外，场馆管理者还需要建立场馆卫生管理公约，要求活动参与者和公众共同遵守。这些公约包括以下几个方面。

① 严禁在场馆内随地吐痰，乱丢果皮、纸屑等杂物，严禁在场馆内吸烟。

② 严禁向地毯或地面上倒水或其他液体，当有液体溢出时，应及时通知场馆服务部门处理。

③ 严禁将碎纸、泡沫、木屑等物存放在摊位背后，严禁将纸箱、废品等大件垃圾堆放或丢弃在通道上，以防止堵塞通道或引起火灾。

④ 严禁在电梯轿厢、洗手间、围板、地面及展馆其他设施上张贴、刻画。

⑤ 非经展馆方书面同意，任何企业或个人不得在展馆范围内经营餐饮服务。

在人员方面，要确保场馆内工作人员的身体健康，所有为活动提供服务的工作人员经卫生部门健康体检，合格后方可上岗工作。发现患有“五病”（即痢疾、伤寒、病毒性肝炎等消化道传染病，活动性肺结核，化脓性或渗出性皮肤病）以及有碍公共卫生疾病的人员，应及时调离工作岗位。如发生重大传染病疫情，须对参与者和工作人员做好健康申报登记工作，健康申报登记的内容要齐全、规范，并及时由卫生工作领导小组汇总后上报。组织人员进行公共卫生知识培训，必要时组织实施模拟演练。

（二）日常清洁卫生管理

根据会展活动的周期，大型会展场馆的日常卫生管理可以分为三个阶段，即筹展阶段、展中阶段和撤展阶段。在展览的每一个阶段，其日常清洁卫生管理工作的内容和重点都有所不同，以下分别进行分析。

1. 筹展阶段

筹展阶段的日常卫生清洁工作是大量的，因此，在展会活动前首先要进行场馆卫生检查，了解场馆内卫生状况，制订展会活动的卫生管理计划，确定人员分工与责任区域，制订每个岗位的工作任务和责任，并给相关人员进行有关培训。在做好展会活动清洁卫生组织工作的同时，还需要对场馆的内外部进行清洁和消毒工作，做好展会活动前的准备。

① 在展会活动尤其是特大型活动开始之前，应对场馆内部及外围的环境进行全面的清洁，包括场馆前的广场、人行道、展厅等，有时为了需要，还要清洗场馆的屋面和墙面。

② 对公共区域的物体表面消毒，包括公共区域的地面、墙壁、电梯以及经常使用或触摸的物体表面，如门窗、柜台、桌椅、门把手、水龙头、话筒、洗手池、卫生间等。一般可用 0.05% ~0.1% 过氧乙酸溶液，或有效氯、有效溴含量为 250~500 毫克/升的消毒溶液拖擦或喷洒。消毒应遵从先上后下、先左后右的原则进行喷雾、喷洒或擦拭，喷雾、喷洒作用时间为 30~60 分钟。

③ 检查场馆内外的排水系统，清理和疏通排水沟渠，有化粪池的还需要清理其中的污物。清理和疏通完成之后，要用清水冲洗干净，并在其周围撒上消毒粉，防止细菌滋生。

④ 尽可能打开门窗通风，保持场馆内的空气清新，同时将室内消毒液气味散发出去。使用空调系统的，应保证送风安全，保证充足的新风输入，所有排风要直接排到室外，未使用空调时要关闭回风通道。在风机房、回风滤网处可安置臭氧紫外线灯。必要时应对整个送风设备和送风管路用有效氯或有效溴含量为250～500毫克/升的消毒液擦拭消毒。

⑤ 对空调或通风系统中的过滤器与滤网进行清洁和消毒。具体方法是将过滤器与滤网浸入有效氯或有效溴含量为250～500毫克/升消毒溶液中30分钟，消毒后用水清洁、晾干。不适合用以上消毒剂时，可使用0.1%的胺盐类化合物或其他消毒剂。

⑥ 对会展场馆内的所有排风扇进行清洁与消毒。具体做法是用自来水冲去挡板上的积尘，去除污垢，然后用有效氯或有效溴含量为250～500毫克/升的消毒溶液冲洗并维持30分钟，待挡板完全干燥后才能使用。

⑦ 大型会议前，应对座位套、扶手套等纺织物品清洗消毒，保持清洁。纺织物品的清洗消毒首选物理消毒方法，耐热耐湿的纺织物可用流通蒸汽（100℃）作用20～30分钟，或煮沸消毒作用20～30分钟。不耐热的可用化学法消毒，用0.2%～0.5%过氧乙酸溶液、有效氯或有效溴含量为250毫克/升的消毒液浸泡30分钟，清洗后备用。

⑧ 必要时，在展会开始之前可对会展场馆进行全面的空气消毒，以采用紫外灯照射的方法实施。特殊时期，如传染性疾病流行期间，每天对场馆进行空气消毒。

⑨ 在场馆内外进行一次全面的杀虫灭鼠工作，防止场馆内出现虫、鼠等。杀虫灭鼠工作可以请专业公司来进行。

⑩ 参展商搭建展位展架放置展品时，要及时将包装垃圾清理出馆，保证场馆的整洁和畅通。

⑪ 展会前除了做好卫生清洁外，还要对场馆内部和外部的绿化进行维护。检查场馆内的绿化养护状况，发现与绿化要求不相符合的，及时更换，保证室内外的花木生机勃勃。同时要对草坪、绿篱、花等进行修剪、施肥、杀虫和整理。要做到：a. 场馆外的草坪无杂草蔓延，无黄土外露，草坪上无杂物。b. 绿篱平整，造型优美，无枯叶。c. 花坛按要求摆放造型，花色鲜艳，叶面光润，无枯枝败叶，无虫蛀。d. 室内盆栽植物叶面干净无尘、光润鲜艳，无黄叶、无折枝、无虫、无杂物，观赏面正对客人，花盆面无污迹，地面无积水。

2. 展中阶段

展中阶段是人流最为密集的阶段，也是最容易发生卫生安全事故的阶段，因此在展中阶段要更为严格地进行卫生清洁管理，确保展会期间不发生传染性疾病。具体来说要做到：

① 随时保持室内外环境整洁，地面无废弃物。及时清除场所内的垃圾和污垢，每天展会闭馆后都要对地面和墙面进行清洁、消毒，特殊时期还需要对展馆内部进行空气消毒。

② 特别注意厕所卫生，随时清洁厕所内的地面、便池、洗手台、玻璃镜等，及时添加洗手液、纸巾，移走废弃物。展会闭馆后要对所有厕所消毒，消毒方法可用有效氯含量为500毫克/升的消毒溶液擦拭。

③ 展会闭馆后应严格按照操作规范对为客人提供的公共用品进行清洗消毒，如电梯扶手、柜台、门把手、水龙头等。

④ 会议室内的茶具每客一换，清洗后消毒。茶具的消毒可以采用物理的方法，也可以采用化学的方法。首选物理消毒方法，即流通蒸汽（100℃）作用20～30分钟，或煮沸消毒作用15～30分钟，或远红外线消毒碗柜（125℃）作用15分钟以上。化学消毒法可用0.1%～0.2%过氧乙酸溶液，或用有效氯或有效溴含量为250～500毫克/升的消毒溶液浸泡30～60分钟，清洗后备用。

⑤ 场馆内提供的公共电子设备，如计算机的键盘和鼠标、公共电话话筒等每天均要用75%的乙醇清洁消毒；电脑其他部件表面先用有效氯或有效溴含量为500毫克/升的消毒溶液擦拭，作用30分钟后用湿布去除表面残留的消毒液。

⑥ 垃圾要及时清运到垃圾中转站，未清运的垃圾要置于有盖的桶内，每天用有效氯含量为1000毫克/升的消毒溶液喷洒垃圾桶内外表面。垃圾中转站的垃圾要联系环卫部门及时清运，每天清运完所有的垃圾后，要在中转站区域撒上消毒粉。

⑦ 及时清理餐饮残余物，避免食物的残渣剩水撒漏。一旦撒漏及时清扫，防止其发酵变质。一次性餐具废弃物应集中处理和销毁。

⑧ 加强自然通风，展会闭馆后要开窗换气，活动前利用风机、空调及换气扇进行全面换气。

⑨ 活动场所内张贴醒目禁烟标志，有条件的应设置吸烟室，但吸烟室要及时清扫，避免烟头、烟灰污染其他地方。

⑩ 密切观察参与人员的身体状况，尤其是在传染性疾病易发时，要按规定执行健康申报制度，禁止有疑似病状的人进入场馆。

在垃圾处理上，日本爱知世界博览会（简称爱知世博会）的做法很有借鉴意义。在爱知世博会期间，爱知世博会现场内的每个垃圾点都设立有九个不同类别的垃圾桶，包括液体垃圾桶、电池回收桶、生活垃圾桶、纸品回收桶、塑料回收桶等。如果一位游客要将手中喝完的饮料杯丢弃，需先将杯中的冰块倒入液体垃圾桶，然后将吸管和杯盖丢到塑料回收桶中，最后将纸杯丢入纸品回收桶中。虽然游客需要做的程序复杂了，但对废弃物如此精细地分类，一方面可以使废物重新得到利用，利于环保；另一方面提高了废弃物分类和搬运的效率。当然要做好这项工作，除了需要组织者高效率的管理和广泛的宣传外，游客和参展者的个人素质也是影响该措施成功与否的重要因素。

3. 撤展阶段

撤展阶段清洁卫生工作的重点是将场馆环境恢复到与展会前一样的状况，以迎接下一个展会活动。撤展时的主要工作内容是：

① 将撤展后遗留的垃圾进行分类整理，回收和清运大量的展览垃圾。

② 洗刷地毯与地面，修补地面或墙面的损伤，将场馆展厅恢复原状。

③ 对场馆进行全面清洁与消毒，如洗地、吸尘、消毒、整理、擦拭灯具等。

④ 修复场馆周围设施及绿化，修复倒塌的围栏，清扫草地上的杂物以及绿篱上的残枝败叶；及时撤走活动造型花坛，并清洗花坛地面，确保不留印记。

⑤ 全面清除沙井、明沟内污物，疏通有堵塞现象的下水管道，对下水管道及周围地区进行消毒。

每当展会结束时，大量的展会垃圾被遗弃，其中包括搭建展位用的木板、泡沫、塑胶、铝合金材料等，还有不少废弃的包装材料、地毯、宣传资料等。这些废弃物一方面造成了极大的资源浪费，另一方面也给环境带来了污染。因此，在会展场馆布置时应尽可能鼓励使用环保和可循环利用的展位搭建材料，如多功能展架、可拆卸的多功能展位等。在材质上，应多使用可回收利用的材料，以防止对环境带来危害。

4. 特殊时期

会展场馆清洁卫生管理除了以上工作外，还要考虑特殊时期的卫生管理。所谓的特殊时期，是指当展会活动期间出现了流行性疾病，或者参加活动的人员中出现了流行性疾病疑似患者的时期。对于这段时期，要加强对环境卫生的管理，严格控制和防范流行性疾病。具体做法如下。

① 参展参会人员在活动期间出现发热、咳嗽、头痛、呕吐、腹泻或其他身体不适症状，要立即报告活动卫生责任人，及时安排到就近医院检查、治疗。

② 加强对场馆清洁和消毒的强度和频率，加强对进入场馆人员身体情况的监控，防止有发热、咳嗽或其他不适症状的人进入场馆。

③ 发现传染病病人后，应由专业人员进行终末消毒，具体的消毒方法如下。

a. 室内空气消毒。每立方米用18% ~20%过氧乙酸原液5 ~6 毫升，放置于瓷或玻璃器皿中加热蒸发，密闭熏蒸2 小时后开门窗通风。也可用0.3% ~0.5%过氧乙酸溶液、3%过氧化氢溶液、有效氯含量为1500 毫克/升的消毒溶液或500 毫克/升二氧化氯溶液，进行喷雾消毒，按每立方米20 ~30 毫升用量计算，密闭1 ~2 小时后开门窗通风。

b. 空调系统消毒。独立空调系统在做上述消毒处理后还应对空调滤网用有效氯或有效溴含量为500～1000毫克/升的消毒溶液进行浸泡或擦拭消毒。如遇中央空调系统，应先对病人活动的房间按上述方法进行空气消毒处理后，打开所有门窗，并将空调系统开至最大进行空气抽换并维持一段时间。对所有的过滤器、过滤网浸入有效氯或有效溴含量为500～1000毫克/升的消毒溶液中30分钟，消毒后用水清洗、晾干。所有送风设备和送风管路用有效氯或有效溴含量为500～1000毫克/升的消毒溶液擦拭消毒。

c. 物体表面消毒。对大堂、通道等公共区域的地面、墙壁、电梯以及经常使用或触摸的物体表面，如门窗、柜台、桌椅、门把手、水龙头、话筒、洗手池等部位，用0.2%～0.5%过氧乙酸溶液、有效氯或有效溴含量为1000毫克/升的消毒溶液拖擦或喷洒，作用时间不少于60分钟。

d. 茶具消毒。物理法消毒可以采用煮沸消毒15～30分钟、流通蒸汽（100℃）作用20～30分钟、远红外线消毒碗柜（125℃）作用15分钟以上等方法。化学法消毒可采用0.2%～0.5%过氧乙酸溶液、有效氯或有效溴含量为500～1000毫克/升的消毒溶液浸泡30～60分钟等方法。

e. 座套等纺织品消毒。耐热耐湿的物品，可用流通蒸汽作用20～30分钟或煮沸消毒作用15～30分钟。不耐热的物品，可用0.2%～0.5%过氧乙酸溶液或有效氯或有效溴含量为500毫克/升的消毒液浸泡30分钟。

f. 分泌物、呕吐物、排泄物消毒。稀薄的排泄物或呕吐物，每1000毫升可加漂白粉50克或有效氯含量为20000毫克/升的消毒溶液2000毫升，搅匀加盖放置2小时。无粪的尿液每1000毫升加入干漂白粉5克、次氯酸钙1.5克或有效氯含量为1000毫克/升的消毒溶液100毫升混匀放置2小时。成形粪便不能用干漂白粉消毒，可用20%漂白粉乳剂（有效氯含量为50000毫克/升）或有效氯含量为50000毫克/升的消毒溶液2份加于1份粪便中，混匀后，作用2小时。盛分泌物、呕吐物、排泄物的容器使用后，可用有效氯含量为5000毫克/升的消毒溶液全部浸没消毒30～60分钟，用水冲洗后备用。

g. 便池、下水道消毒。用5～10升有效氯含量为100～2000毫克/升的消毒溶液冲洗，停留30分钟，用自来水冲去残留的消毒剂。

h. 垃圾处理。可燃物质尽量焚烧，也可喷洒有效氯含量为10000毫克/升的消毒溶液，作用60分钟以上。消毒后深埋。

④ 消毒人员在进行消毒工作时要自我防护，防止消毒过程中自身被传染。具体做法是：a. 消毒液应在通风良好的场所配制，并穿工作服，戴口罩与橡胶手套等防护用品，避免与皮肤、黏膜直接接触，一旦接触应立即用大量水冲净。b. 在进行清洗与消毒时也应穿工作服，戴口罩与橡胶手套等防护用品，避免与皮肤、黏膜直接接触，一旦接触应立即用大量水冲净。c. 工作完毕，脱去防护用品，立即放入密封袋内，并进行手的清洗消毒。d. 使用后的个人防护用品应经消毒清洗后方可重复使用。

二、 车辆交通管理

大型会展场馆在举办展会期间尤其是特大型展会期间的车辆往来量是巨大的。以中国进出口商品交易会（广交会）为例，每年春秋两届广交会，各类车辆在展馆周围忙碌地穿梭，特别是在流花展馆（现广州流花展贸中心），每次的广交会都需要对周边地区进行临时的交通管制，否则可能造成严重的交通阻塞现象。虽然各个大型会展中心在设计时已经考虑到会展活动对交通的依赖，如增加公共交通班次、配备大型停车场、设置地铁站等，但如果不实施有效的场馆车辆交通管理，一样会带来交通问题。停车管理是经常被忽略的，现在很多参展商和采购商都是开着车来的，如果处理好了停车管理，无疑会吸引更多的人来参展。门禁管理系统可以给停车管理提供十分优越的服务，它通过智能方案对场馆内停车进行很好的管理，为客户提供便利。如果在门禁中设有停车管理系统，在展览的淡季，停车场门禁同样可以作为普通的门禁，为场地所有者提高收入。

大型会展活动期间，进入场馆内部和周边地区的车辆种类较多，包括小型汽车、大型货车、大中型客车、集装箱车、工程机械车、叉车、电瓶车以及其他特殊车辆，如电视转播车、备用救火车、紧急救护车等。各种车辆在管理的方式上有所不同，如电视转播车是临时性停车，要求停留在接收信号比较好的地方，而且由于数量比较少，场馆管理人员可以按照转播的需要安排停放；而救护车和救火车则应该停在出入较为方便的地方；电瓶车应按照指定的线路和停靠站在场馆内部四周行驶；叉车则是来往于展厅和卸货区之间，应按会展规定的线路进出，以防止碰撞。所有车辆的运行路线和停放均要严格按照规定执行。

要做好车辆交通管理工作，不仅要靠会展场馆部门，还需要联系当地的交通管理机构共同管理，特别是在举办超大型活动时，更是需要与交警部门密切合作，制订交通管制计划，并需要交警全力地参与执行。在举办大型展会活动前，应对会展活动参与的人数、规模、类别进行分析，预计可能出现的交通问题，并与交警部门一起制订有关的交通管理计划，以协调对场馆周边地区以及场馆内部的交通管理。

大型会展场馆的交通管理包括场馆的停车场管理、现场交通管理和现场交通突发事件管理，以下分别予以阐述。

1. 停车场管理

一般的大型场馆都配备有大型停车场，以方便参展商和观众的停车需求。除了与场馆配套的固定停车场之外，活动主办方或场馆管理部门在大型活动前期还会与交通部门沟通，在场馆附近设置临时停车场。要做好展会期间停车场管理工作，须从以下几方面着手。

① 明确地划分车辆停放的区域，对不同的车辆进行分区管理。如可以将场馆

内部及周边的停车场划分为小轿车停放区、大中型客车停靠区、大型货车和集装箱车停靠区或卸货区等。对于有政府官员或其他贵宾参加的展会活动，要安排特别的停车区域，以保证这些车辆的无障碍出入。

② 在停车场做好明显的交通指示标志，保证停车场内的指示标志清晰明了，以合理地引导车辆进出停车场。这些标示包括：车场进出标志、限速标志、限高标志、方向标志、停车线和禁停标志、停车车位标志、车道示宽标志、严禁烟火标志、车流导向标志，等等。

③ 若活动期间停车场车位紧张时，须预先通知需进入展馆停车场的车辆办理有关手续，如车辆通行证或停车证，对于无停车证或通行证的车辆不予通行或停放。

④ 进入停车场的车辆须按规定读卡交费，车场管理员对车辆的停放进行指挥。对进入会展场馆地下停车场的车辆要实行安全检查，以防止放置有易燃、易爆、剧毒等危险物品的车辆进入停车场。

⑤ 对进出机动车进行登记，该登记工作可以通过智能化的停车场管理系统完成，也可以通过人工完成，当有需要时能及时与车主联系。

⑥ 车场内应安排车管员指挥进出车辆，维护场内车辆停放秩序和行驶秩序，制止车辆跨车位停泊或超出停车线，杜绝事故隐患，防止车辆丢失、损坏。

⑦ 室外停车场要用临时胶带划分出停车车位，大型客车或货车要抓紧时间上下乘客和货物，并及时驶离，以便增加车辆流转的速度。

⑧ 在场馆内的停车场内应配备必要的安全防范设备，如监控系统、防爆设备、防火设备等，以保证场馆的安全。

⑨ 场馆内的地下停车场应禁止吸烟，不得逆行，不得乱丢垃圾、杂物等。

2. 现场交通管理

大型展会期间，会展现场交通将达到高峰，因此必须对场馆内部及周边地区的交通进行管理。在对场馆进行交通管理时要本着以人为本、高效快速的原则疏通交通道路，保证道路的畅通。会展活动开始前，场馆管理部门或活动主办方首先应就活动期间的交通问题与当地交警部门沟通，获得交警部门的支持，并就车辆的进出场馆给出建议。必要时，场馆周围的公共交通道路需要实行临时管制，以保证活动期间交通的正常通行。主办方或会展场馆部门应将参展商或活动参与者车辆进出场馆的路线事先告知，以保证参展物品和人员能顺利到达和进入场馆。

会展期间的现场交通管理具体要做到以下几方面。

① 为方便外地参展企业自带车辆在市区指定线路及会展场馆区进出，主办方或场馆管理部门应统一发放“车辆通行证”，无“车辆通行证”的车辆一律不得进入场馆区。

② 在一些重要的道路出入口和交叉路口设置清楚、明显且足够多的指示信号灯和指示标牌，引导车辆按规定的路线行驶，必要时要加派交警予以维持秩序。

场馆内部应有足够明晰的交通图指示一些重要的交通点的位置，如出租车等候点、大巴停放点、地铁站、地下停车场出入口、公交车站等，以方便活动参与者寻找到相应的交通工具。

③ 设计车辆行驶线路时，要注意将人流和车流分开，避免人流阻碍车速，或者车辆碰撞行人，要安排交通管理人员进行人行方向的引导，防止行人乱穿马路，防止人群在交通通道上停留。

④ 保证车辆进出畅通，统一流向，尽可能采用单向行驶。

⑤ 严禁车辆乱停乱放，对于乱停乱放的车辆应立即移走，疏通道路。

⑥ 观众疏散道路应畅通，不可停放任何车辆。场馆入口处应留有疏散通道和集散场地，可充分利用场馆现有的道路、空地、屋顶、平台等地方。

⑦ 场馆周围道路应满足通行消防车的要求，净宽度不应小于 3 米。上空有障碍物或穿越建筑物时净高不应小于 4 米。场馆周围消防车道应畅通，消防车应可直接开入场馆建筑内部。

⑧ 对于大型工程机械车进出场馆的要有专人负责指挥，以防止发生突发事件。原则上叉车由场馆方提供，各参展商可以租用叉车来往于卸货区和展览区搬运笨重货物，但叉车应按指定的路线行驶，以免碰撞或阻塞通道。

⑨ 对往来于会展场馆的车辆要密切监控，发现形迹可疑或者异常的车辆应要求其停车检查，以防止恐怖事件的发生。

3. 现场交通突发事件管理

展会期间，由于车流量和人流量都非常大，因此需要对一些交通突发事件做好准备，必要时需要做好交通突发事件的预案或者预演，以提高紧急事件的处理能力。这些交通突发事件包括：

① 汽车起火。如发生汽车起火事件，应首先疏散起火现场一带的人群和车辆，然后运用就近的消防器材将火扑灭，或控制火势蔓延，与此同时，通知场馆内的相关部门或现场待命的消防队到场处理。灭火后，要保护现场，等候有关部门调查事故。

② 车辆碰撞。无论在停车场还是在场馆周边的道路上，如出现车辆碰撞，交警应及时赶到现场拍照，扣押当事人的有关证件，并尽快将碰撞车辆驶离或拖离通道，以保持道路畅通。之后再根据现场碰撞情况对肇事司机予以处罚。

③ 地下停车场停电。虽然不少场馆的地下停车场采用自然采光，但还是有一部分场馆采用电能，而且一旦停电，停车场的出入控制系统无法正常工作，因此要立即开启紧急照明，保持通道的照明，同时应立即在停车场的出入口加派人手，采用人工方法控制车辆进出。地下停车场出现停电时应及时通知场馆工程部门，了解停电的原因。

④ 出现滋事者。这里的滋事者有可能是酒后开车者，或者不听从交通指挥者，或者情绪激动的斗殴者，对于这些人首先应保持冷静，耐心地控制他们的情绪，

有礼、有理地对其不良行为予以规劝，尽可能将事件控制在较小的范围。如滋事者无理取闹，将事态扩大，导致人群围观或交通拥堵，则须采取强制措施将滋事者立即带离现场处理。

⑤ 停车场内或车内发现危险品。若在停车场内或车内发现危险品，首先应通知公安部门立即到达现场，并将附近的人群安静地疏散，禁止任何人进入该区域。然后由防爆专家或其他专业人士对危险品进行勘测和排除。

三、 展会开幕管理

展会开幕管理是展会现场工作的第一个环节，它是对展会开幕式的筹划、准备、控制和协调。展会开幕式是展会筹备过程的结束，同时也是展会展览期间的开始，参展商和观众对展会的第一印象是从展会开幕式上得到的，因此，筹划好展会的开幕式，对举办好展会有着十分重要的作用。

（一）展会现场布置

很多办展机构在展会开幕之时都要举办展会开幕仪式。在举办展会开幕式之前，还必须将展会现场布置好，以便为展会开幕式和观众到会参观做充分的准备。

如果展会开幕式在展馆外广场举办，那么在展会开幕现场就需要布置好展会背板、门楼或展览会横幅，并在背板上写上展会名称、开放时间、展会的主办、承办、支持单位等办展机构的名称等。如果有单位祝贺展会开幕或有企业做现场广告，还要布置好现场空飘气球或其他广告牌等。另外，对于展会举办开幕式的主要场所要提前安排。如果展会开幕现场有表演，还要按表演的需要布置好表演的场地。开幕式现场要布置得庄严隆重，气氛要符合展会定位的需要。

如果展会展馆有序幕大厅，则一般还要在展馆序幕大厅里布置好以下内容：展馆、展区和展位分布平面图、各服务网点分布图、各参展企业及其展位号一览表及名录牌、展会简介牌、展区参观路线指示牌、展会宣传推广报道牌、展会相关活动告示牌等。序幕大厅的布置要与整个展会的气氛相协调，要醒目，容易辨认。

在展会各展馆里，除了各参展企业的展位以外，办展机构还要布置一些内容。如各展馆（展区）的主要展览内容提示牌、参观路线指示牌、本展区服务网点提示牌、至其他展馆（展区）的路线提示牌、本展区参展企业及其展位号一览表等。上述内容要布置在展馆（展区）比较显眼的地方，或在观众容易迷路的地方，这样更有利于观众参观。

除了以上内容外，很多展会还会在展会适当的区域内开辟一定的空间作为展会嘉宾的休息室或者会客室供展会嘉宾使用。在该休息室或者会客室里，除了要配备一些茶水、咖啡和小点心等以外，还可以放一些有关展会的介绍资料。如果有必要，还可以为该休息室或会客室配备专门的服务人员或者翻译。

为了方便参展商现场租赁各种展具和申请额外用水用电，展会可以在展馆适当的地方设立展会布展“一条龙服务点”，集中处理参展商布展及展览期间租赁展具和申请额外用水用电的需求。

另外，为了方便参展商和观众，大会还可以在展馆序幕大厅、展馆的主通道或其他便利的地方设立“联络咨询服务中心”，安排专门的人员在该中心负责接待和联系客户，现场处理和回答客户的有关问题。如果展会规模较大，除了该联络咨询服务中心外，展会还可以在其他合适的地方再设立一些“联络咨询服务点”，更方便地为客户服务。

对展会现场进行上述各种布置是为展会开幕做准备。因为展会一旦开幕，观众就将入场参观，如果展会现场的各种布置在观众进场后还未完成，那势必会严重影响展会的现场秩序和展会的整体形象，影响观众的参观和参展商的展出效果，对展会发展不利。

（二）媒体接待与管理

展会开幕前，办展机构要与有关媒体取得联系，为召开新闻发布会或邀请媒体记者对展会开幕现场和展览现场进行采访和新闻报道做准备。邀请的媒体记者包括新闻记者和摄影记者。

许多展会在展会开幕前会举办一次新闻发布会，向媒体通报展会筹备情况，并告诉社会各界展会将按计划如期举办。这次新闻发布会是展会开幕方案的一个组成部分，它起到将展会消息提前通知新闻界的作用，使新闻界提前对展会开幕进行预备报道，并让他们对随后到来的展会开幕进行的各种采访有一定的准备。

很多办展机构都会在展会现场适当的地方开辟一定的区域作为展会的“新闻中心”供各媒体和记者使用。新闻中心里除了要配备有电脑、传真机、写字台、纸笔等供记者写稿、发稿用的必要设施之外，还要配备供记者小憩的茶水、咖啡以及小点心等。另外，还可以在新闻中心放一些有关展会的介绍资料，如展会的办展背景、行业概况、展会特点、相关活动安排计划以及展会的相关数据等，以便记者在写新闻报道时参考。新闻中心一般只供媒体的有关人员使用，其他人员除非被邀请，否则不准进入。

对于所有的媒体记者，展会可以给他们每一个人发放一个“新闻袋”。所谓新闻袋，就是办展机构发放给有关媒体以及到会嘉宾的装有有关展会资料的资料袋。新闻袋里放置的展会资料一般有：展会开幕新闻通稿、展会背景介绍、展会特点介绍、展会有关数据、展会相关活动安排计划、展会会刊、展会参观指南以及一些小礼品等。新闻袋务必发放到每一个记者手中，这样更有利于他们编写展会新闻报道。

展会要安排专人负责新闻记者的接待和联络工作，负责接待新闻记者的展会工作人员要对展会的有关情况非常熟悉，能随时回答记者提出的有关展会的各种问题。如果记者希望现场采访某些参展企业、出席展会开幕式的嘉宾或者某些重要的观众，而展会又认为可行，那么展会要事先与有关人员取得联系并征得他们的同意，然后安排好具体的时间和地点，通知记者到时采访。为示尊重，采访完毕后，如果记者采访的内容在有关媒体上发表，最好在会后邮寄一份给被采访的有关人员。

展会可以有意识地组织、引导和安排各新闻媒体对展会进行新闻报道，为各媒体记者提供必要的展会资料，积极回答记者提出的各种问题。展会可以根据不同媒体的不同新闻需求来向其提供不同的展会资料。例如，专业媒体更倾向于报道一些较专业的行业新闻，大众媒体则更注重大众所喜闻乐见的新闻。只要报道的基调一致，展会可以引导不同的媒体从不同的侧面对展会进行报道。

对于各媒体和新闻记者对展会的各种采访报道，办展机构在展会展览期间及展会闭幕以后要注意及时收集和整理，要分析这些资料对展会报道的内容和角度是否符合展会发展的需要，分析这些报道还有哪些可以改进的地方，以便下一届展会开幕时与媒体沟通改进。如果某些媒体对展会的报道有失偏颇，就要及时采取补救措施来扭转媒体的报道视角。

（三）展会开幕式管理

办展机构一般以举办展会开幕式的形式来宣告展会开幕。展会开幕式是办展机构用一种隆重的仪式向社会各界宣布展会正式开幕。开幕式是一项较为大型的活动，一般还有有关领导参加并伴有一些表演活动，涉及的层面很多，事务也很复杂，需要事先经过周密的部署和仔细的筹划。

1. 开幕时间和地点

展会开幕的时间和地点要提前做好安排并通知到有关方面。展会开幕的时间一般不宜太早，太早了不利于参展商进场准备和出席开幕式的嘉宾按时到场；展会开幕式持续的时间也不宜太长，太长了会让等待进场参观的观众产生厌烦的情绪。开幕式的地点一般安排在展会展馆前的广场上，这样更方便有关人员在开幕结束后入场参观。如果开幕式上安排一些表演活动，要注意适当安排好表演的时间和地点，使表演和展会开幕式交相辉映，相得益彰。

2. 出席开幕式的主要嘉宾

展会一般都会邀请一些行业主管部门官员、行业协会与商会的领导、外国驻华机构代表以及其他有关人员作为展会的嘉宾出席展会开幕式。对于这些嘉宾，展会要事先落实他们的名单并与他们多方沟通，告诉他们展会开幕的准确时间和地点；一旦他们出席开幕式，展会就要派专人负责接待，要准备签到簿让嘉宾签到。如果有必要，该接待人员还要懂外语并承担起翻译的任务。另外，对于这些嘉宾在开幕式嘉宾台上的位置也要事先做出安排。

3. 开幕式讲话稿和新闻通稿

展会开幕式讲话稿和新闻通稿是办展机构对外宣布展会正式开幕的“宣言”，它对展会的介绍对社会各界正确认识展会有重要的影响。展会开幕式讲话稿与展会新闻通稿在内容上有些相似之处，只不过展会开幕式讲话稿比展会新闻通稿更简化。展会新闻通稿是各新闻媒体报道展会的基调，是展会给媒体和记者的第一印象，办展机构要认真准备。准备展会新闻通稿要注意以下几个方面：第一，新闻通稿的选题定位极大地影响到记者报道展会的新闻视角，新闻通稿的选题定位要适当。第二，新闻通稿要把本展会的特点和亮点一一列出，并尽量以醒目和方便阅读的方式把它们展现在读者眼前，为记者编写展会新闻报道提供入手点。第三，新闻通稿在内容上要对展会各方面进行全面和系统的介绍。第四，作为新闻通稿的补充，办展机构还要为新闻通稿附上一些背景材料，如出席展会开幕式的嘉宾名单、展会相关活动安排、展会行业背景和展会有关图片等，对于一些重要的相关活动，还可以附上专门的介绍材料。

4. 开幕方式的确定

展会可以以多种方式来举行开幕式，如鸣放礼炮、嘉宾剪彩、领导讲话等。如果是鸣放礼炮，要事先安排好布置礼炮的地点和鸣放礼炮的时机；如果是嘉宾剪彩，要安排好剪彩嘉宾，并安排礼仪小姐；如果是领导讲话，要准备好讲话稿。展会开幕式里也可以包含上述几种活动。不论是以哪种方式开幕，展会都要安排好现场摄影人员摄影。一个典型的展会开幕式的程序一般是：由展会工作人员引领国内外嘉宾至开幕式主席台就位，开幕式主持人主持展会开幕并介绍到会嘉宾，主持人请有关领导讲话，相关开幕表演开始，某位重要嘉宾宣布展会正式开幕，主持人宣布开幕式结束并请各位嘉宾和观众进场参观。整个开幕式的程序要紧凑，不拖拉；开幕式上的表演要恰到好处，不喧宾夺主。开幕式结束后，重要的嘉宾参观展会要有专人陪同；如果嘉宾对展会某方面有兴趣，陪同人员要能随时做出相关说明和介绍。

5. 开幕酒会

在展会开幕的当天中午或晚上，办展机构一般还会为展会举行开幕酒会，用来招待出席开幕式的领导、嘉宾和参展商代表。开幕酒会是展会的一项重要公关活动，它可以很好地起到促进展会与参展商、行业领导和其他有关方面的关系的作用。

举办开幕酒会，办展机构要事先安排好酒会举办的地点、时间、酒会的方式、出席酒会的人员范围、酒会的标准等。

开幕酒会最好安排在离展馆不远的酒店里举办。选择举办酒会的酒店时，不仅要结合展会的实际考虑酒店的档次，根据酒会的规模考虑酒店的接待能力，还要考虑出席酒会的有关人员到酒店的便利程度。另外，对于酒会的安全问题也要加以充分考虑。

开幕酒会举办的时间可以根据展会的实际需要安排在展会开幕当天的中午或者是晚上，很多展会都将酒会安排在当天晚上，这样更有利于有关嘉宾尤其是参展商代表安排出席酒会的时间。如果酒会安排在晚上，则酒会开始的时间不宜太早，也不要太迟。太早了参展商代表可能还在展馆里忙碌而无法出席酒会，太迟了可能会影响到展会嘉宾的其他活动安排。

开幕酒会的举办方式可以采用自助餐的形式也可以采用围餐的形式。在酒会开幕前可以安排一个小型的鸡尾酒会供大家互相认识和交流。在酒会正式开始前可以由展会主办单位领导致简短欢迎词，并安排其他有关领导发表简短讲话。酒会期间，可以播音乐也可以安排表演活动，用以活跃气氛。

展会可以视需要确定出席酒会的人员范围。一般来说，出席酒会的人员包括：出席开幕式的领导和嘉宾、办展机构的领导和代表、行业协会和商会的领导、参展商代表、行业主管部门官员、新闻媒体、工商管理部门的代表、有关外国驻华机构代表等。出席酒会的人员范围一定要全面兼顾，不能漏掉某一方面。另外，出席酒会人员的总人数要事先计划好，要避免出现人员爆满而有人没有座位或者空出大量座位的不良现象。对于出席酒会的所有人员，展会都要事先通知他们有关酒会的情况，并对他们发出正式与会邀请，派专人跟踪落实他们到会的情况。

酒会的标准可以按展会的预算来具体安排，并根据该预算做好酒会的详细预算。酒会预算可以按出席酒会的人数以每人多少钱来计算，也可以根据酒会有多少桌，按每桌多少钱来计算。不管按什么标准来计算，酒会的档次都要适当。

开幕酒会是展会联络各方感情的一个绝佳的形式，也是展会与各方进行面对面沟通的一个极好的机会，办展机构一定要精心筹备。

四、 专业观众管理

专业观众是展会除了参展商以外的另一个重要的宝贵资源。从某种意义上说，如果将展会成功的原因分成三个部分，那么，展会成功的一部分在于参展商，另一部分在于观众尤其是专业观众，还有一部分在于办展机构的组织管理和服务。由于专业观众在展会举办中的重要地位，办展机构一般对专业观众到会情况都极为重视，并安排专门的程序对到会的专业观众进行登记，以全面掌握这一宝贵资源。

（一） 展会参观指南与观众登记表

为了做好展会专业观众登记及相关服务工作，在进行专业观众登记前，展会一般要准备好以下几种资料：展会参观指南、观众登记表、展会证件、门票、展会会刊等。

1. 展会参观指南

展会参观指南是展会编印的用来指引观众参观展会的一种小册子，它主要是向展会的专业观众、媒体记者以及与会参观的嘉宾发放。到会的观众、媒体记者和嘉宾借助于参观指南可以更加方便地参观展会。好的参观指南就像是到展会参观的指南针，观众有了它就不会在展馆里迷路。有了它的指引，观众不但可以很方便地找到自己要到的展馆或者展区，还可以很容易地找到某一个具体的参展企业的位置。

参观指南主要包括以下四个方面的内容：

第一，展会的基本内容，包括展会的LOGO、名称、展览时间和地点、办展机构名称和展品范围等。

第二，展会的简短介绍，主要介绍展会的规模、参展企业数量和来源、展品特点、展会相关活动安排等。

第三，展区和展位划分与安排，主要包括展会的展区展位划分图，各展区的位置和范围、各参展企业名单及其展位号一览表、大的或知名参展企业的名字及具体位置等。

第四，其他有关图表，主要有展馆在该城市中的位置及交通图、展馆内部交通图、展馆内各服务网点的分布图等。参观指南的编写一切都是从观众的需要出发，为了方便观众到会参观，参观指南一定要编写得实用，简单明了，条理清楚，一目了然。

2. 观众登记表

在与会者进入展馆之前，为了收集专业观众的有关信息，展会一般还要对专业观众进行登记，为此，展会还要编印观众登记表。

观众登记表是用来收集专业观众信息的一种问卷调查表，专业观众需要填写它才能取得可以进入展馆参观展会的“专业观众证”。展会通过观众登记表收集到会观众的信息，这些信息是展会今后调整展会经营思路、进行观众系统分析和进行展会客户关系管理的重要依据。

观众登记表主要包括两部分的内容，一是问卷调查的问题，二是观众的联系办法。对于问卷调查的问题，一般至少包括以下五个方面：一是调查观众所在单位的业务性质，二是调查观众感兴趣的产品和技术种类，三是调查观众参观本展会的主要目的，四是调查观众在产品购买中的角色，五是调查观众从什么渠道得知本展会的信息。

（二）展会证件与门票

展会开幕以后，办展机构一般对展会实行证件管理，有展会认可的证件才能进入展馆参观。实行证件管理的目的在于维持展会现场的良好秩序，保证展会的安全和参展商取得较好的展出效果。

根据实际需要，展会一般要印制七种证件：

① 参展商证。供展会参展商进出展馆使用。

② 筹（撤）展证。供展会在布展和撤展时，承建商和参展商的相关工作人员使用。筹（撤）展证在展会展览期间一般不能使用，在展会展览期间承建商和参展商的相关工作人员不能凭此证进出展馆。

③ 专业观众证。供展会的专业观众使用。专业观众在填写上述“专业观众登记表”后取得本证，凭本证可以进入展馆参观展会。

④ 贵宾证。也叫 VIP 证，供到会参观的嘉宾使用。

⑤ 媒体证。供各新闻媒体的记者及摄影等工作人员使用。

⑥ 工作人员证。供办展机构的有关工作人员使用。

⑦ 车辆通行证。供参展商、观众和到会嘉宾在展馆停车场停车之用。

为了便于展会现场管理，展会一般要求所有进馆人员都必须将有关证件佩戴在胸前，并自觉配合展会保安人员的查验。所有证件一般都不许涂改，不许转让，也不允许一证多用。

有些展会对普通观众开放并出售门票，专业观众凭“专业观众证”进馆参观，普通观众凭门票进馆参观；还有一些展会对所有的观众都出售门票，所有观众都凭门票进馆参观。如果展会出售门票，展会要事先与当地税务部门取得联系，在取得税务部门的同意后方可印制和出售门票。

（三）展会会刊的编印与发放

展会会刊是展会所有参展商的有关信息的汇编。展会会刊是展会为参展商提供的一项宣传服务，它有利于补充参展商在展会上接触的信息的不足，为参展商架起一座走向市场的桥梁。展会将所有参展商的有关信息汇编成册，然后通过多种渠道分发到展会所有参展商、专业观众、行业协会和商会、外国驻华机构等手中，借此帮助参展商扩大宣传，扩大参展商的知名度。专业观众及有关机构也可以凭该会刊寻找自己需要的产品供应商。

展会会刊一般要收录参展商的以下信息：单位名称、地址、联系人、联系办法（如电话、传真、电子邮件和网址）、单位及产品简介、产品主要面向的市场范围等，同时还会标明该参展商在本届展会里的展位号以便观众寻找。除了上述信息以外，展会会刊还会附上展会展区和展位划分平面图。一些著名展会的会刊发放的范围很广，宣传效果很好，除了提供会刊收录的上述信息外，很多参展商还在会刊里专门刊登企业或产品广告。

会刊的编印是一项十分细致和琐碎的工作。首先，展会应要求所有的参展商必须在规定的时间前提供登录会刊的有关信息，这样展会才有时间及时汇编印刷；其次，各参展商提供的资料必须真实可靠并且文责自负，展会只负责照样刊登；最后，展会必须对所有参展商的信息仔细核对，不能出现与参展商提供的信息不符的错误，例如，不能将参展商的地址、联系电话和传真等任何信息印刷错误。

展会会刊一般通过两种方式对外发放：一是免费赠送，二是定价出售。免费赠送主要是赠送给行业协会和商会、外国驻华机构等组织以及所有的参展商，有些展会也会部分赠送给展会的专业观众；定价出售主要是出售给展会的专业观众，在展会展览期间，展会可以在专业观众登记柜台附近设一个专门的会刊出售点来出售会刊。

（四）观众登记及应注意的问题

展会可以在展馆的序幕大厅或者专门的观众进馆大厅内设立专业观众登记柜台来进行展会的专业观众登记工作，与此相对应，展会还要设立观众登记通道。展会可以根据方便观众登记和展会的需要，对观众登记柜台和通道进行分类管理。

展会可以根据以前对专业观众发放邀请函的情况，将专业观众登记柜台和通道分为“持有邀请函观众登记柜台”和“无邀请函观众登记柜台”。前者负责登记那些持有展会邀请函的观众，后者负责登记那些没有展会邀请函的观众。将观众登记分为“持有邀请函观众登记柜台”和“无邀请函观众登记柜台”有以下好处：第一，减少观众登记现场工作量，提高登记效率。有展会邀请函的观众一般在登记前就在邀请函的附表上填写了展会需要的信息，在现场不必再填写“专业观众登记表”。这可以节约大量的时间，能极大地提高现场登记的效率。第二，由于登记效率提高，观众不必长时间排队等候登记领证。第三，展会录入观众资料更容易，也更准确，更有利于展会进行客户关系管理。

有些展会在向观众发放观众邀请函时，就将观众一一编号，给每一位观众赋予一个客户号码，并将该号码印在给观众发放的邀请函上。一旦观众到会参观，展会只要读取该客户号码，就可以知道该客户的有关信息而不必现场录入该信息。这种办法也可以极大地提高展会现场观众登记的效率，也有利于展会进行客户关系管理。

有些展会还会在专业观众证上打印条形码，观众进出展馆时都要用读码机读一次条码，以此来掌握观众进出展馆的次数和他们在展馆里停留的时间长短。用这种方法，展会还可以控制展馆里的人流量。例如，如果展馆里人流量太大，展会可以适当控制入馆的人数以保证展馆里不至于过于拥挤。

不管观众登记是由办展机构自己负责还是委托给专业公司负责，在进行观众登记时都应处理好以下几个问题。

第一，要有专人负责管理观众登记的现场事务，观众登记现场要保持秩序井然。

第二，观众提交的资料要尽量完整。如果观众没有填写好观众登记表的相关内容，现场工作人员要提醒观众填写，并在观众按要求填写后才给其办理进馆手续。

第三，工作人员现场录入的观众信息要力求准确，尽量少出错误。

第四，如果现场来不及录入观众的所有信息，可以录入其中主要的信息，其他信息在展会后期录入。

第五，观众提交的填写好的观众登记表、邀请函和名片等资料要妥善保管，分类整理，以便以后对录入的观众资料进行核对。

第六，现场工作人员的工作态度要好，动作要迅速，并对展会有一定的了解，能回答观众提出的关于展会的一般问题。

观众登记工作是展会的"门户"，它为展会"把守门户"。所有到会观众要入馆参观展会首先就必须进行观众登记，观众登记对展会现场管理工作十分重要。如果观众登记能有条不紊地进行，展会现场秩序也会井然有序；如果观众登记出现混乱，展会现场秩序也会受到严重的干扰。

从另一个角度看，观众登记所获得的资料还是展会客户资料数据库重要的信息来源，这些资料不仅可以及时准确地更新和补充客户数据库的信息，还是展会进行客户分析的第一手资料，对展会改善客户关系管理办法和调整宣传推广策略有重要的作用。

五、 展会现场工作管理

展会现场工作是指展会从布展开始，包括展会展览期间到最后展会闭幕这一段时间对展会布展、展览和撤展等事务的组织管理工作。展会现场工作是办展机构对展会进行组织管理的集中体现，是办展机构与参展商和观众等有关方面最直接的面对面的交流。它所包含的事务很多，需要多方面的协调配合，展会现场工作某一方面的疏忽或失误就可能会对展会造成严重影响，因此，办展机构一般对展会现场工作都极为重视。

1. 布展管理

当展会招展和招商工作已经接近尾声、展会开幕日期临近时，办展机构就要在所租用的展览馆里迎接参展商进馆进行布展。所谓布展，从参展商的角度看，是指参展商为准备展览而在展会开幕前对展位进行搭装、布置和将展品陈列在展位上的系列工作；从办展机构的角度看，是指对展会现场环境进行布置和对参展商的有关工作进行协调和管理。

展会布展是展会开幕前的现场筹备工作，一般在展会开幕前几天进行。不同题材的展会需要的时间长短不同，有的展会布展时间很长，如汽车展和大型机械展，布展的时间往往需要一个星期；有的展会布展的时间很短，如消费品展布展时间常常只需要两天。展会布展时间的长短主要取决于展览题材及展品的复杂程度。展会规模的大小对布展时间也有一定的影响，展会规模越大，其需要的布展时间往往越长。对于一般的展会，布展时间常常为 2 ~4 天。

根据国内对展会的管理规定，办展机构在组织展会布展前需要到工商、消防、安保和海关等部门办理有关手续，在办理有关手续后展会才能开始布展。需要到这几个部门办理的手续分别是工商报批、消防报批和备案、安全保卫报批和备案、海关报批和备案。另外，如果展馆位于城市的中心地带，在有些城市还需要办理“外地车辆进城证”，以方便外地企业运送展品到展会现场布展。

在进行展会布展前，还需要与展会指定承建商和展品运输代理进行充分的协调和沟通，共同交流对展会现场环境布置和展位搭建的指导思想、意见和建议，及时解决展品运输过程中可能出现的各种问题，避免出现现场布展格调不统一或展品迟迟未到等不良现象，保证展会布展现场秩序井然、有条不紊。

展会布展正式开始后，办展机构要对布展工作进行全面协调和管理。

（1）展位画线工作　按照各参展单位租用的场地面积和位置画好每一个展位的地域范围，确定每一个展位的具体位置，方便参展商在自己租用的地方搭建展位和陈列展品。展位画线工作涉及每一个参展商租用展位的具体位置和面积大小，办展机构要认真仔细，一丝不苟，要按照事先对参展商的承诺如实办理。

（2）展馆地毯铺设　在展馆计划铺设地毯的地方按计划铺设地毯，如展馆的公共区域、某些标准展位等。地毯铺设一定要紧贴地面，要美观，不能妨碍行人通行。

（3）参展商报到和进场　各参展商凭合同及其他有关证明到展会现场报到，付清各种款项，领取相关证件，办理入场手续。

（4）展位搭建协调工作　除了一些特装展位由参展商自己搭建以外，展会一般还要负责搭建一些标准展位。不管是标准展位还是特装展位，办展机构都要监督所有的承建商按展会要求搭建；对于展位搭建中出现的各种问题，展会要及时协调处理。

（5）现场施工管理和验收　展会要派出专门人员管理各承建商的现场施工，如现场用电、用火、噪声、展位高度控制、电线电缆的安装和走向、灯光的设计和使用、搭建展位材料的防火性能、展位之间通道宽度的控制、重型机械的地面承重控制、标准展位的标准配置等要及时查验，避免施工现场秩序混乱和出现安全隐患。

（6）海关现场办公　对于海外参展的展品要及时办理海关通关手续，如果海外参展比例较大，可以邀请海关现场办公。对于所有海外参展展品，展会要陪同海关进行现场抽样查验。

（7）展位楣板的制作、安装和核对　各参展商展位的楣板上标有参展商的单位名称和展位号，有的还有参展商的企业标志或展品商标。这些内容关系到参展商的门面，对参展商非常重要，一定不能有丝毫的差错，展会要派出专门人员认真核对。

（8）现场安全保卫工作　布展期间，现场人员众多，各单位布展施工涉及用水用电，有一定的危险性。展会要负责展会的一般安全保卫工作，但对参展商的展品丢失、损坏和人员意外伤亡等不负责任。为保护自己的展品和人员安全，参展商一般还要对自己的展品和员工投保。

（9）消防和安全检查　所有的展位布置完毕以后，展会还要陪同消防和安保部门对所有的展位进行一次全面系统的检查，保证展会符合消防和安全要求，彻底清除展会现场可能存在的安全隐患。

（10）现场清洁和布展垃圾的处理　展会布展往往会产生大量的垃圾，对这些垃圾要及时收集和运出展馆并进行处理。

上述布展工作结束以后，展会的现场布置就已经基本就绪。在布置好展会的开幕现场、序幕大厅、观众登记处、展会相关活动现场和其他各服务网点以后，办展机构就可以按计划举行展会的开幕式，对外正式宣布展会开幕了。

2. 展览期间现场工作

展会开幕以后，展会就进入了展览期间的现场工作阶段，这是展会最重要和最关键的阶段，展会前期的所有准备工作都是为了这一个时期的工作能顺利进行。办展机构的办展目标、参展商的展览目标和观众的参观目标主要是在这一阶段得到实现，这一阶段的工作直接决定展会举办的成功与否。

展会展览期间的现场工作是保证展会展览现场秩序的重要工作，也是办展机构与参展商、观众和其他有关各方进行直接沟通和交流的重要时机，办展机构一般都极为重视。展会展览期间的现场工作主要包括以下几个方面。

（1）参展商现场联络和服务　展览期间，所有的参展商都亲临展会，办展机构一般都会抓住这一机遇，亲自到各参展商的展位拜访参展商，或者邀请参展商座谈，与他们联络感情，了解他们的需求，征求他们对展会的意见和改进建议，及时为他们提供其需要的各种服务。

（2）观众登记和服务　观众通过登记进入展会会场以后，展会要对观众参观、观众信息咨询、中场休息场地和设施的提供、观众与参展商贸易谈判等提供便利和服务。

（3）公关和重要接待活动　展会展览期间，展会往往会安排一些重要的公关活动，如邀请重要领导参观和视察展会、接待外国参展和参观代表团、接待行业协会和商会的考察、接待外国驻华机构代表的访问等。这些公关和接待活动对扩大展会影响、树立展会良好形象有重要作用。

（4）媒体接待与采访　展览期间，展会还会安排一些媒体对展会进行参观和采访，一些著名的展会媒体还会主动申请采访，如前所述，接待媒体与安排媒体采访对扩大展会宣传推广有重要作用，展会要认真对待。另外，展会还可以通过展会的新闻中心有意识地对外发布一些展会方面的新闻以进一步扩大展会的影响。

(5) 展会相关活动的协调管理　对于展会展览期间举办的会议、比赛、表演和其他相关活动，展会要积极安排和协调，如前面有关章节的相关论述。

(6) 现场安全保卫工作　展览期间的安全保卫工作主要是防止可疑人员进入展会、防止展品丢失和被盗、展会消防安全保护、协助参展商处理一些安全保卫方面的工作等。和布展时一样，展览期间展会也只负责提供一般的保护工作。

(7) 现场清洁　展会一般要负责展场公共区域如通道等的清洁卫生工作，展览期间以及每天闭馆后派出相关人员清洁和打扫这些区域；展会一般不负责各展位里面的清洁卫生工作，这些区域的清洁卫生工作由各参展商自己负责。

(8) 有关信息的收集整理　展会展览期间，各种信息汇集于同一个展馆里，展会要抓住这一时机收集有关信息，如对参展商和观众进行问卷调查，了解他们对展会各方面的看法和意见等。展览期间收集的信息是改进展会办展策略的重要参考资料，展会要认真收集、分析和整理。

(9) 与场地部门结算工作　办展机构要派出专门人员与展馆场地部门核对展会租用面积、参展类别和各服务收费，准备相关资料和数据，为展会闭幕后与场地部门结算做准备。

(10) 与有关方面商谈下一届展会的合作与代理事宜　展览期间，展会的各合作单位和招展、招商代理一般都会亲临展会，办展机构这时需要与他们商谈下一届展会的合作与代理招展、招商等事宜，为下一届展会提前做准备。

(11) 为下一届展会招展预订展位　展览期间，行业内企业和人员大量汇集，展会可以在大会现场设立专门的“招展办公室”，负责为参展商预订下一届展会的展位。

可见，展会展览期间的现场工作很多也很复杂，涉及的面很广。因此，展会一定要事先周密布置，仔细安排，责任到人，确保每一项工作都有专人负责，使工作人员分工合理、责任分明、团结协作，共同管理好展会的现场各项工作。

3. 知识产权保护

展会开幕前后，展会往往会邀请有关知识产权保护部门在展会现场设立专门的“知识产权保护办公室”，负责处理参展商有关知识产权方面的侵权投诉，处理可能出现的侵犯知识产权的事件。对于被投诉侵犯了知识产权的展品，展会一般会暂时禁止其展出；如果该产品被证明是侵犯了知识产权，展会将禁止其展出。展会一般只负责配合各参展商保护自己的知识产权，负责协助解决知识产权方面的纠纷；但对于某些参展商的知识产权被另一些参展商侵犯，展会不负具体责任，侵犯知识产权的责任由具体参展商自己承担。

4. 撤展管理

当展会按计划的天数展览完毕以后，展会就要准备闭幕，展会闭幕标志着本届展会正式结束。然而，展会闭幕并不意味着展会现场工作就此结束。展会闭幕后，展会的撤展工作还需要办展机构的大力介入和进行必要的管理。

展会的撤展工作主要包括展位的拆除、参展商租用展具的退还、参展商展品的处理和回运、展场的清洁和撤展安全保卫等工作。

（1）展位的拆除　展览完毕，各参展商的展位要安全拆除，让展览场地恢复原貌，展位的拆除工作一般在展品取下展架后才进行。如果参展商使用的是标准展位或者委托施工的展位，展位的拆除工作一般由承建商负责；如果参展商使用的展位是自己施工搭建的，展位的拆除工作就要由参展商负责。展位的拆除工作有时比布展更为复杂，也更为危险。展会要监督各参展商或承建商按规定的程序进行展位的拆除工作。

（2）参展商租用展具的退还　展览完毕，各参展商临时租用的展具要及时退还给展馆服务部门或者各承建商。如果参展商在退还展具时和展馆服务部门或承建商之间出现问题，展会可以从中协调。

（3）参展商展品的处理和回运　展览结束后，参展商的展品有四种处理办法：出售、赠送、销毁和回运。不管是哪一种处理办法，参展商都要提前做好计划和准备。例如，有些展会不许现场出售展品，这时参展商就不能在展览结束后将展品卖给观众。展览结束后，参展商可以将展品赠送给客户、当地代理商或其他有关人员。如果某些展品不便赠送或者参展商不愿出售和赠送，往往就地销毁；对于一些价值较大又无法现场售出的展品，参展商往往要将它们运回去。

（4）展品出馆控制　为了保证所有出馆人员带出展馆的展品不是其他人的物品，在展会展览期间及展会结束后，展会要对所有的出馆展品进行查验才给予放行。展会可对出馆展品实行“出门条”控制，需要出馆的展品，相应的参展商要向展会申请“出门条”，展会在查验展品与“出门条”一致时才准许其出馆。

（5）展场的清洁　展会撤展时往往会比布展时产生更多的垃圾，对于这些垃圾，展会或其指定的承建商要及时处理。办展机构不要在展会结束后在展馆留下大量的垃圾，也不要弄脏展场地面和其他有关设施。

（6）撤展安全保卫　展会撤展时往往比较杂乱，展会不能放松撤展现场的安全和消防保卫工作。

展会的撤展工作是在展会闭幕后才进行的，但展会撤展管理的准备工作要在展会撤展前就准备就绪，这样才能保证展会撤展工作有条不紊地进行，不然，撤展工作就可能会出现混乱。

思　考　题

1. 展会服务的内容主要有哪些？基本特征是什么？
2. 如何构建展会服务的策略体系？
3. 怎样才能保证展会服务的质量？

4. 展会的日常卫生管理主要包含哪些工作？
5. 会展期间的具体交通管理需要做哪些工作？
6. 专业观众登记需要注意什么问题？
7. 会展期间的现场工作主要有哪些？如何去做？

第六章
会议餐饮服务

学习目标

了解会议餐饮安排及菜单设计的程序；掌握宴会现场布置及台面设计的方法；熟练掌握中西餐会议宴会、会议便餐的服务程序与标准，把握宴会服务各环节的服务要领与注意事项，并具备熟练、规范而灵活地为会议客人提供服务的能力。

第一节 会议餐饮安排及菜单设计

一、会议餐饮安排

一般来说，展览不统一安排餐饮招待，会议通常统一安排餐饮活动。餐饮安排有两种形式——围桌餐或者自助餐。类别有中式、西式及清真系列。

对酒店而言，餐饮服务是他们比较可观的收入来源。对会议组织者来说，就餐的场合易于保持一种积极的氛围或者说为创造这样一种氛围提供了机会。食物、饮品能将人们引入某一集聚的区域，招待会更是人们建立联系的一个极好工具，而有些聚餐就是为了充当“破冰船”来打破僵局。具体到某个会议，其目的和目标以及预算开支情况决定了办展机构每次聚餐需要什么样的餐饮服务。

办展机构应从以下几方面进行具体的会议餐饮安排工作。

（一）餐饮合同的签订

由于餐饮项目是要写入合同的，因此在签订合同之前就要计划好这些项目。因为，如果有些活动不提前计划到合同中，恐怕到时候想安排时酒店已没有场地了。

合同签订后，将餐饮活动由某一天晚上改为另一天晚上举行是允许的，但是如果取消则是有财务风险的。

1. 提前做好餐饮预算

会议组织者在点菜时要考虑餐饮的预算开支有多少，最好的办法是和餐饮部经理、会议服务部经理、餐厅厨师长等仔细商量。

在选择菜肴时还必须考虑与会议的既定目标和目的相符，所以应该注意以下几点问题：

① 考虑会议类型和会议目标；

② 考虑娱乐因素（发言人、音乐、跳舞）；

③ 考虑较受欢迎的菜肴、新口味或具特色的菜肴，还要考虑当地是否能提供；

④ 考虑房间的大小，聚会人数的多少以及聚会场所；

⑤ 考虑服务类型和客人背景；

⑥ 考虑聚餐时间长短。

2. 确定餐饮活动形式

餐饮活动包括以下几种形式。

① 早餐。早餐食物的选择范围很大。可以是正规的桌餐，也可以是自助早餐。品种多样的自助早餐可以让客人“各取所需”。

② 会场休息期间的茶歇。一般供应咖啡、茶或其他饮料，有时有点心，有时没有。

③ 午餐。午餐如何安排，主要看下午计划做些什么。一般来说，午餐不宜大吃大喝，以免影响下午的会议安排。

④ 正式晚餐。晚餐食物的选择要丰盛、美味，因为工作了一天，是该轻松欢宴了。

⑤ 冷餐会。它可以作为正式餐宴的引子，也可以仅举行冷餐会。冷餐会的目的决定冷餐会的食品选择。

为将以上工作做好，应努力为与会者选择健康型的、美味的、人们爱吃的餐饮食品，以便在会议期间的每一天里，与会者都感到精力饱满，心情愉快。

（二）餐饮时间的协调

办展机构工作人员与酒店或其他机构在时间上的协调对会议的各项活动的顺利进行是很重要的。如果会议上午的活动没能按计划进行，那么午餐也会与既定时间脱节（或提前或推迟），这些临时变化都必须及时告知会议服务经理，以便厨房能按新的会议时间安排来调整供餐时间。

（三）会议餐饮安排细节

餐饮活动无论采取宴会方式还是自助餐方式，都必须进行细致周到的安排。尤其在细微之处更需要好好规划，只有这样才能体现办展机构高超的服务水准。

因此，以下细节问题是必须要注意的。

① 就餐人数预计有多少？

② 选择什么颜色的桌布与餐巾？

③ 主桌和其他桌要如何摆放、装饰？

④ 多少人坐在主桌？主桌需要放在舞台上吗？

⑤ 主桌旁是否需要讲台和麦克风？

⑥ 讲台位置在哪里？需要哪种麦克风？

⑦ 主桌是否也要供餐，还有哪些贵宾在餐后才来？

⑧ 如果采用自助餐，主桌人也自行取用，要不要服务人员先给他们盘子？

⑨ 是否需要预留其他座位给贵宾？（如果需要，在邀请函中就要告诉他们桌号或者派人在门口迎接。）

⑩ 是否要收取餐券？事先应告诉餐饮部经理并提供“餐券样本”。

⑪ 如果有就餐客人没有餐券应如何处理？

⑫ 是否在主桌的人也给餐券？

⑬ 是否在宴会厅外面放置报到桌或接待桌？在主桌旁是否要放置奖品桌？

⑭ 晚宴的菜单、节目单是放在桌上，还是在入口处分发？

⑮ 是否另外需要一个房间让贵宾们在晚餐前休息？

⑯ 如果有客人需要节食、吃素食等特别安排，最好事先告知。

⑰ 是否要挂会标？

⑱ 是否需要衣帽间？

⑲ 受奖人坐在主桌还是台下？如果是后者，是否要替他们预留位子？他们如何上台领奖？

⑳ 当受奖人上台时，是否需要投射灯？灯光打在受奖人身上还是司仪身上？

㉑ 是否要安置视听设备？

㉒ 是否需要背景音乐或跳舞音乐？演奏者是否坐在舞台上？

㉓ 是否有表演节目？如果有，舞台尺寸和高度是多少？

㉔ 舞台四周是否要裙边？是否需要安排预演？何时安排？

㉕ 什么时候开门让客人进来？

㉖ 每一程序的时间安排：前奏音乐或表演、用餐时间，正式节目和演讲、跳舞等。

㉗ 洗手间在哪里？如果门口仍有人值守时，如何让上洗手间的人回来？

（四）主题节目

主题节目可以很简单，如只有一个乐队表演；也可以花费心思安排特别节目。如果预算允许，就可以特别设计，有时常以会议当地特色节目作主题，饭店或会议中心宴会人员可能留存一些具有当地特色的舞台道具，如果办展机构需要就可借用，这样布置就比较节省费用。

会议组织者可以与餐饮部经理讨论节目主题，酒店一般都举办过各种不同主题的活动，能够向会议组织者推荐以前做得比较成功的案例。如果会议组织者对安排娱乐节目完全没有经验，餐饮部人员可以代其安排。如果由会议组织者自己负责，如节目、背景、特殊家具、灯光、视听设备等，应告诉餐饮部人员什么时候会来布置、舞台放在哪里、什么时候拆除。主题活动的位置图特别重要，避免观众拥挤在餐厅入口处，餐饮区域也要画一份平面图，显示每个位置需要多少空间。以主题风格来设计通知、邀请函和指示牌等。

（五）会场的餐饮

以往会议中心的餐饮项目有限，只有茶和点心，现在越来越多的会议中心以签约方式引进全套餐饮服务，目的是要和饭店竞争，给会议与展览团体提供服务。要考虑的是会议中心厨房的位置，还有走菜的路线应如何安排？会议中心是否具备餐饮活动所需要的各种条件？会议中心是否拥有专业的餐饮服务人员？是否具有高水准的餐饮服务水平？这些都是会议组织者选择会场餐饮前所必须考虑的问题。

（六）成本控制

餐饮成本除了食品成本外还包括会场座位布置、清洁卫生、灯光设计、视听设备布置等服务费用，所以价格优惠的空间很小。更重要的是内部控制，如果会务费中包括餐饮，最好使用餐券，因为有些人并不一定参加所有活动，使用餐券比较准确。如果能确认出席人数，将会减少浪费。如果人数在一定数目之下仍要以基本数计算，预算通常在餐饮活动决定前编列，并询问餐饮部经理编列的预算临时会有多少个百分点的变化。餐饮部经理通常会要求会议组织者在餐饮活动前48 小时给予就餐人数的保证数量。如果需要较多时间决定名单，可以同意在 48 小时前给出大致的客人数量，而在 24 小时前给出最后确切数量，但是绝对不能少于24 小时。一般来说客人数量会有一些变化，比例为 3% ~5%，餐厅会多准备 5%的食品分量，例如 200 人的餐食会准备 210 份。另外，会议组织者不要忘记加上工作人员的数量。

二、会议菜单设计

（一）会议菜单的作用

菜单是餐厅的产品目录，餐厅通过菜单将自己提供的具有各种不同口味的食品、饮料等，经过科学的组合，排列于纸上，供会议组织者从中进行选择。

1. 菜单标示着餐厅的经营方针、经营特色和经营水准

首先，一份科学合理的菜单，必须是根据餐厅的经营方针，通过认真分析客源市场的需求制订出来的。菜单决定了餐厅的经营如何进行组织和管理，决定了餐厅实现目标的程度，甚至决定了餐厅本身的构建（一般是指内部装修）应该如何设计和施工。

其次，菜单上的菜肴品种、价格、质量等信息，可以清楚地告知客人餐厅的经营特色与经营水准。对于顾客来说，菜单绝不仅仅是一张提供食品的清单，它代表了经营者的形象。餐饮经营者通过菜单把氛围和乐趣融入了客人的全部用餐过程中。目前很多餐厅将一些特色菜肴的原料、烹调方法、服务方式甚至有关菜肴的趣闻等都展示在菜单上，给客人留下了深刻的印象。

2. 菜单是沟通消费者与经营者之间的桥梁

消费者（客人）通过菜单选购他们所需要的菜肴、酒水，而经营者则通过菜单向客人销售他们生产的餐饮产品，一份小小的菜单连接起了餐饮消费者和餐饮经营者，信息就此开始传递与沟通。

3. 菜单是菜肴开发研究的资料

菜单上的畅销菜肴可以揭示餐厅顾客群体的口味嗜好。菜品研究人员可以根据客人点菜的内容、数量、特殊要求等，了解客人的口味特点及菜单上各类菜肴的受欢迎程度，从而对菜单上的菜肴进行改进，并不断推陈出新。

4. 菜单既是艺术品又是宣传品

一份设计精美的菜单无疑是餐厅的主要广告宣传工具。菜单上精美的图片，华丽的字体，引人垂涎的菜肴介绍，既可以反映出餐厅的格调和经营水准，又可以作为艺术品使客人得到美的欣赏。如 2016 年 9 月 4 日我国国家主席习近平在杭州宴请出席 G20 峰会的各国元首时，菜单内容如下。

1. 菜肴名称：富贵八小碟

寓意：八方宾客

2. 菜肴名称：鲜莲子炖老鸭

寓意：大展宏图

3. 菜肴名称：杏仁大明虾

寓意：紧密合作

4. 菜肴名称：黑椒澳洲牛柳

寓意：共谋发展

5. 菜肴名称：孜然烤羊排

寓意：千秋盛世

6. 菜肴名称：杭州笋干卷

寓意：众志成城

7. 菜肴名称：西湖菊花鱼

寓意：四海欢庆

8. 菜肴名称：新派叫花鸡

寓意：名扬天下

9. 菜肴名称：鲜鲍菇扒时蔬

寓意：包罗万象

10. 菜肴名称：京扒扇形蔬

寓意：风景如画

11. 菜肴名称：生炒牛松饭

寓意：携手共赢

12. 菜肴名称：美点映双辉

寓意：共建和平

13. 菜肴名称：黑米露汤圆

寓意：潮涌钱塘

14. 菜肴名称：环球鲜果盘

寓意：承载梦想

（二）菜单的实施策略

菜单的实施策略是指餐厅根据经营需要及菜单的使用周期，对菜单种类的确定。餐饮企业在编制和设计菜单前，首先应确定菜单的种类，它应用于哪种餐别（西餐或中餐、快餐或正餐）以及菜单是否会经常进行更换。根据菜单的使用周期，餐厅中有以下两种菜单策略可供选择。

1. 固定性菜单策略

固定性菜单是指餐饮企业为满足消费者对餐饮产品的日常消费需要而制订的一种在一定时间内产品种类、价格等内容不会发生变动的菜单。按照国际惯例，固定性菜单的使用周期一般至少为一年。

（1）固定性菜单的种类　从不同的经营角度出发，固定性菜单可划分为若干种类，每类菜单都有自己的表现形式。常见的固定性菜单如下。

① 依据餐别划分

a. 中餐菜单。主要应用于中餐厅，菜单的菜肴品种、原料、烹制方法及服务方式都体现出中华民族特有的饮食风格和习惯。

b. 西餐菜单。主要应用于以经营西餐为主的餐厅，它反映的是西方人的饮食习惯、风俗，所以从菜肴的品种、原料、烹制方法、口味特色以及服务方式上都以西式为主。

c. 其他菜单。是指对中西餐菜单以外其他菜单的统称，主要根据餐厅经营的不同餐食所配备，目前餐厅经营的其他菜式主要有日本菜、越南菜、韩国菜、印尼菜等。

② 依据就餐时间划分

a. 早餐菜单。早餐菜单一般都是标准菜单，只提供相对有限的菜肴。大部分餐厅都提供可供选择的中式早点，如各类面食、粥、鸡蛋等，及品种有限的西式早餐。一份典型的早餐菜单应突出简单、快捷、价廉物美的特点。

b. 正餐菜单。正餐菜单应多样化，因为许多会议客人每天都要在同一餐厅中多次用餐，因此正餐菜单上提供的菜肴品种要多，制作要更精致。为了保持多样化，许多正餐菜单每天都提供特色菜肴，这些特色菜肴可以印制成单页附在正餐菜单上，也可以使用循环菜单。

c. 宵夜菜单。主要为习惯于夜生活的客人而设计，使用时间通常是子夜前后。

③ 依据餐饮产品的品种划分

a. 菜单。主要是向客人提供菜肴名称、价格等信息内容，它反映的是餐饮的主要产品——菜肴。

b. 饮品单。主要有餐厅经营的各类酒水饮料的品种、价格等信息内容，供客人进行选择。

c. 餐酒单。主要应用于西餐厅，是一种记有各类葡萄酒名称、价格等信息内容的书面清单，以供就餐客人挑选合适的佐餐葡萄酒。

④ 依据服务地点划分

a. 餐厅菜单。普遍使用于中西餐零点餐厅和宴会餐厅中，其内容与正餐菜单相似，一般能反映出餐厅日常的烹饪制作风格和水平以及餐厅的服务档次和特点。

b. 酒吧菜单。主要以饮品单的形式出现，除供应酒类等饮品外，还供应各类佐酒小点和简单的餐食。

c. 客房菜单。主要应用于饭店客房之内，是供会议客人在房内用餐时进行选择餐食品种、价格、送餐时间等信息内容的书面清单。

⑤ 依据服务方式划分

a. 点菜菜单。各类零点餐厅均使用此类菜单。使用此类菜单的餐厅，将就餐者作为主体，消费者可以根据自己的饮食习惯选取自己喜欢的食品，而餐厅必须根据消费者的口味特点进行设计、编排菜单。

b. 套餐菜单。主要适用于会议及公务用餐。一般餐厅会根据餐厅所在地的市场情况及顾客群体的就餐需求，制订快捷方便的组合餐菜单。组合餐中一般会包括三四道菜肴、一道汤，收费时则按组合餐收取费用。套餐菜单又分为宴会菜单和便餐菜单。

c. 外卖菜单。很多餐厅现在都提供外卖服务，以满足那些不能到餐厅就餐的会议顾客需求。外卖菜单提供的菜肴要以一些能够保持在一段时间内不发生质量问题的菜肴为主，口味要注意家常化，价格经济实惠，菜单上一定要有订餐电话。

d. 自助餐及鸡尾酒会菜单。自助餐及鸡尾酒会宴请形式的特点，是不排席位，菜肴以冷食为主，也可用热菜，连同餐具陈设在菜桌上，供客人自取。自助餐及鸡尾酒会菜单提供的菜肴种类要更加丰富，并且要能够长时间保持原有风味。

（2）固定性菜单的使用分析　固定性菜单是不常变换的菜单，菜单上的品种比较固定，容易使餐饮生产和管理标准化。它的优点是：

① 采保标准化。由于品种固定，可以对这些原料的购买和保管制订标准的规格、价格和程序，库存分类和盘点也比较容易，价格易控制，有利于节约餐饮产品成本。

② 加工烹调标准化。由于制作同样的产品，因而便于对各种材料确定标准的加工和烹调方法、程序，也便于制订标准的成本控制方法。厨房工作人员的组织和分工也比较简单，便于管理和控制，有利于提高工作效率。

③ 产品质量标准化。由于生产固定的产品，使用标准的方法和程序、标准的原料和设备，因而容易得到质量标准化的产品，这样便于创造名牌菜，产生回头客。

固定性菜单也有一定的缺陷。由于菜品固定性强，菜单的灵活性较小，不能随季节或市场原料价格的波动变换品种和价格，有时会对餐厅产生副作用，对市场就餐习惯和潮流的变换也难以适应，而且菜品生产的重复性，容易使员工感到工作单调疲劳，影响积极性。

（3）固定性菜单的制订依据

① 餐饮技术力量的分析。在制订菜单之前，应首先对自身的技术力量进行一个全面的分析，明确餐厅现有的生产人员和生产设备能够制作何种风格、何种档次的菜肴，以及这些菜肴生产出来后，前台的服务人员是否能够提供与之相适应的配套服务。

② 经营环境及经营状况的分析。主要是指对餐饮消费市场需求形势、食品原料市场供应形势和销售统计数据进行一个全面的分析。按需生产是市场经济的前提，餐厅必须保证菜单上的产品种类能够符合餐饮消费市场的需求变化，并有稳定的原料供应。因此餐厅在制订菜单时，不仅要对自身的生产条件有一个认知，而且要对整个餐饮市场的经营环境及经营状况有一个全面的了解，正所谓“知己知彼”。

2. 变动菜单策略

变动菜单是指餐饮企业为了满足消费者对餐饮产品的特殊消费需求而制订的产品内容、价格随消费要求的变化而不断变动的菜单。

（1）变动菜单的种类

① 循环菜单。餐厅准备几套菜单循环使用，是为了给那些会议时间较长的客人（如参加中国进出口商品交易会的客人）提供多样化的菜肴。循环菜单的循环周期一般为 1 ~ 2 周，也可更长些。菜单循环周期的长短对餐厅经营非常重要。周

期太短，菜单频繁重复，会造成客人不满；周期太长，比如采购、储存、大量备餐等方面的生产成本又会太大。最合适的循环周期应根据会议持续时间来确定，也可以根据季节的不同或根据目标顾客的不同准备几套不同口味、不同价位的菜单。例如，美国的拉斯维加斯一些娱乐酒店餐厅中使用7日循环菜单，因为多数客人停留的时间不长，根本不注意菜单是否重复。

② 特色菜单。主要包括每日菜单、会议菜单、节日菜单等。每日菜单是将适合当日消费的餐饮产品集中于一份菜单上，然后将该菜单置于固定菜单内或直接放置于餐桌上，引导客人购买每日菜单上的产品；会议菜单是为出席会议的客人准备的用餐清单，餐厅一般会依据消费标准和客人口味的不同以套餐的形式提供服务；节日菜单则是为某些特殊节日准备的菜单，通常用套餐形式提供，如春节提供的“合家团圆”餐、情人节提供的“甜蜜套餐”等。

③ 订单。餐饮订单一般是采取“量体裁衣”的方式制订。消费者根据自己的消费能力和消费需求向餐厅提出餐饮消费要求，然后餐厅依据消费者的要求制订菜单，定价一般使用套餐形式。订单的形式主要有中西宴会订单、酒会订单、冷餐会订单、茶会订单等。餐厅可以事先编制一些标价不同的菜单供客人进行选择，也可以根据客人的要求进行设计安排。在制作时要注重菜单的材质、色彩设计以及菜肴的安排（如名称、寓意、数量等）以及服务方式与方法，要能给消费者一种美的享受。

（2）变动菜单的使用分析　变动菜单灵活性强，能迅速适应顾客的需求、口味和饮食习惯的变化，并能根据季节和原料供应的变化及时变换菜单。它的优点是：

① 菜单富有变化，对客人具有吸引力。

② 可充分发挥厨师的烹调潜力和创造力来对菜肴进行创新。

③ 菜单中的原料库存有一定限度，可充分利用库存原料和剩余食品。

但是变动菜单在使用中也存在着一些不足之处，如菜单变化较大，那么采保、食品生产和销售就难以标准化，管理较难；在餐饮生产和劳动力的安排上，不如固定菜单容易计划；菜单的编制和印刷费用也较高。

（3）变动菜单的策划与实施　变动菜单的策划与实施要比固定菜单复杂，因为它不仅要考虑到自身的技术水平、市场原料供应以及前期销售统计数据等因素，还要考虑到菜单上产品的组合状况、销售额预算和作业安排等因素。

销售额预算是以产品的售价和预期销售数量为对象进行研究，它是变动菜单计划的一个重要内容，也是获取利润的一个关键步骤。

① 餐饮产品的销售单价。一般而言，如果餐厅中同一产品既在零点菜单上出现，又在宴会菜单上出现，那么餐饮经营者应明确这样一个产品单价计算原则，即宴会中的产品价格应高于零点餐厅中的产品价格，这主要是因为宴会的经营成本要明显高于零点餐厅。

② 确定消费者人数。消费者人数通常可直接从消费方获得，但在实际工作中，常常会发生预期消费者人数与实际消费者人数不一致的现象，如实际消费者人数多于预期消费者人数，我们通常称之为超额，反之即为差额。因此餐厅在接受会议用餐预订时，一般会要求会议组织者做出“实际参加人数的担保”，在这个基础上如果发生超额现象，对于轻度超额餐厅仍可按预订时的规定执行，但如果是大量的超额，餐厅除了按正常收费外，还会按一定系数加收一部分费用。如果发生差额，对于尚未进行烹制的食品不收取费用，对于已经烹制成成品的，如能转售则不收取费用，否则就要按规定正常收费。西方国家一般会采用“担保协议”的书面形式来规范宴会活动买卖双方，我国餐饮企业也已经开始逐步执行。担保协议一般应包括以下内容：主办者最迟应在宴会活动开始前 24 小时将确切的出席人数通知餐厅；餐厅应按保证出席人数的 112% 的比例准备席位和食物；当出席人数低于保证人数时，餐厅仍按保证人数的 90% 全价收费，当出席人数超过保证人数的 90% 但不足 100% 时，实际提供的食品份数按全价收费，剩余部分按半价收费；出席人数超出保证人数的 12% 时，餐厅要追加收费。

③ 确定人均消费数量定额。是指在一次餐饮消费活动中，每位就餐者平均所能够消耗的食物数量。通过对食物消耗量的预测，可以避免两种现象的发生：一种是宴会尚未结束，但是餐桌上的食物却被一扫而光；另一种现象则是宴会即将结束，但是餐桌上的菜肴却依然像小山似的堆积着，浪费很大。前者固然是显示出餐厅的菜肴很受欢迎，但是由于预测数量低于实际消耗数量，会造成消费者和举办方的不满；后者可能是由于菜肴不符合客人口味，或是菜肴数量过大造成的，其原因很多。但是无论如何，餐饮经营管理者都必须详细分析产生这些现象的原因，采取相应的措施，避免这类现象的再次发生。

④ 服务人员的定量、定额。一般来说，餐饮活动的级别越高，对服务质量的要求就越高，参加服务的人员数量也就得相应增加。一般高档会议宴会活动至少应有两名服务员负责一个台面，而普通的会议便餐活动，每桌一个服务员就可以了，一人负责两桌也是常见的。

⑤ 餐具损耗费用额。举行大型的餐饮活动，餐具的损耗费用一般是很高的，因此这项费用也是销售额预算中必不可少的一个数据。餐具的损耗一般主要来自两个方面，一是餐具的摩擦损耗，国际上通行的餐具摩擦损耗率一般为餐具总额的 12%/年；二是餐具的破损。

⑥ 外卖活动时的运输费用。会议的主办方出于各种原因，希望将餐饮活动安排在餐厅以外的会议场所举行，但是整个活动内容仍由餐厅负责，这样就会产生服务人员、餐具、食品原料、加工设备等的运输费用，所以计价时应将运输费用计入销售总价。

⑦ 其他费用。主要指一些可能支出的不可预测、预知的费用。

餐厅获得了以上这七个方面的数据后，还要进行综合平衡和计算，才能获得可靠的预算结果。综合平衡计算公式为：

食品销售单价 × 人均消费数量定额 × 消费预期人数
+ 服务人员人数 × 服务人员平均工资 + 服务费
+ 餐具总价值 × 餐具折旧率
+ 运输费用
+ 其他费用
= 销售预算总额（营业收入总额）

有了销售预算总额这一数据，就比较容易推算出人均消费总额和餐饮产品消费总量：

人均消费总额 = 销售预算总额 ÷ 消费预期人数

餐饮产品消费总量 = 人均消费数量 × 消费预期人数

（三）菜品的选择

菜肴是菜单上的主要内容，一张好的菜单应该能够反映出当前餐饮市场菜肴的销售动态。在编制菜单前，应首先对餐饮市场的各类菜肴进行调查分析，确定哪些菜肴特别受顾客欢迎，哪些菜肴利润较高，哪些菜肴具有可开发性，这样才能保证菜单在实施过程中的稳定性。

1. 菜品选择应遵循的原则

（1）迎合目标顾客的需求　餐厅的经营宗旨是要迎合目标顾客的需要，因此菜单上的菜品应根据目标客源的口味特点、饮食习惯、消费能力等因素有针对性地选择和开发。如果餐厅主要针对的是消费水平较高的会议，菜单上所提供的菜品就应以制作精细、原料考究、讲究服务的菜品为主，当然菜肴的价格也可以定得高一些。而以低档会议为主要顾客对象的餐厅，菜单上设计的菜品就应以制作简单、价格适中、服务迅速且大众化的菜品为主。

（2）与总体就餐经历相协调　菜单上所提供的菜品应和餐厅赋予顾客的总体就餐经历相协调。一家设计美观、装饰豪华、服务讲究的餐厅，其菜单提供的菜品也应以烹调讲究，原料精细，色、香、味、美、形皆具备的菜肴为主。

（3）品种不宜过多　餐厅在经营过程中，菜单上提供的菜肴品种要能够充分考虑到顾客群的需求，不应缺货。但是这并不意味着菜单上的菜肴品种越多越好。品种过多，餐厅的库存量就会很大，致使资金流转不灵及占用高额的库存管理费用。而且品种过多也会在烹调制作时和菜品销售时产生差错，同时由于品种过多会造成顾客的决策困难，延长点菜时间，降低工作效率。

（4）选择毛利润较大的品种　进行菜品选择时应充分考虑到餐厅的营业利润，所选择的菜品应尽可能使餐厅获取可观的毛利润，因此在选择菜品时要重视其原料成本的高低。

（5）经常更换菜品　为保持会议主办者对餐厅的持续兴趣，就要保证菜单上的菜肴对客人具有吸引力。餐厅销售人员要及时准确地把握市场信息，了解目标顾客的口味需求，对菜单上的菜品种类进行调整。要鼓励厨师进行菜品的创新改革，多开发新式菜肴，以满足顾客追新求异的就餐心理需求。在调整菜品的同时也可以配套一些促销活动，这无论是对长期客户、回头客或是新生客源都是十分有用的。

但是菜品的更换要注意减少浪费，应注意选择留下那些利润大、受客人欢迎的菜品，换下一些利润小又不受客人欢迎的菜肴，及时补上餐厅的新产品。

（6）品种要平衡　菜单上的菜肴品种要能够满足不同口味特点的顾客需求，因此菜肴品种不宜过于狭窄。选择菜肴品种时应注意以下几点：

① 每类菜品价格要平衡。菜单是针对一定档次的顾客群体的，但是同一类顾客中，有消费高的，也有消费低的，所以每一类菜肴在价格上要有高、中、低的搭配。

② 原料搭配平衡。菜肴的多种原料搭配可使更多的顾客选择到自己喜欢的菜品，因此每一类菜中都应有不同原料的菜品构成，以适应不同口味顾客的需求。如汤类菜，既要有以肉类、海鲜、禽类等为原料的，也要有以各类蔬菜为原料的。

③ 烹调方法平衡。菜肴烹调方法的多样性可以使顾客选择菜肴范围更大一些，在菜肴中应该有用各种烹调方法制作的菜品，如肉类菜肴制作上有烹、煮、炖、炸、煎等方法，成品质地上有生、老、嫩、脆之分，口味上有咸、甜、酸、辣、鲜等。

④ 营养平衡。就饮食潮流而言，越来越多的休闲食品、健康菜点将在餐饮产品中占据重要地位，因此餐厅在选择菜肴时要了解客人的营养需求，注意菜肴中各种营养成分的合理搭配，既要有蛋白质丰富的菜肴，又要有富含各类维生素的新鲜蔬菜。在营养配比上，要考虑到不同就餐需求顾客的营养要求。

⑤ 品种要有独特性。“独特”是指餐厅特有的菜品、烹调方法、服务方法。如果餐厅提供的菜肴品种过于大众化，是很难在激烈的餐饮竞争中脱颖而出的。菜单上可以有一些普通菜肴，以满足顾客的大众化口味需求。但是要想拥有长期的客源和竞争力，就一定要形成自己的招牌菜、特色菜或创新菜，这样才能使餐厅常变常新，满足顾客求新、求异的口味需求，形成竞争优势。

⑥ 厨师的烹调技术。餐厅厨师的技术水平、烹饪特长是选择菜品的关键。餐厅应选择那些能够发挥厨师特长而不是那些他们力所不能及的菜肴。如果厨师的烹饪水平很高，且具有很丰富的工作经验，餐厅就可以选择一些新式菜肴品种或鼓励厨师进行菜品的创新。

2. 菜品选择的步骤

（1）掌握菜肴的销售趋势　一份好的菜单应该能适应当前菜品的销售动态。在选择菜单的菜品时，要密切注意有关菜品的销售状况，阅读有关美食和菜谱的书刊。同时还要访问其他餐馆，了解他们销售什么菜品以及这些菜品的销售情况，了解他们有哪些菜肴特别受顾客欢迎、哪些菜肴销售不佳。一份设计合理的菜单，在菜肴的选择上应具有以下特点。

① 能够反映出当时菜品流行的潮流；

② 能够反映出中国餐饮文化的菜品；

③ 能够反映出目标客人最喜欢的菜品。

（2）菜肴销售状况分析　菜肴销售状况分析就是对菜单上各种菜的销售情况进行调查，分析哪些菜品是最受消费者欢迎的，以顾客欢迎指数来表示；分析哪些菜肴利润最大，以销售额指数来表示。

① 菜肴分类。菜肴销售状况的分析首先要对菜肴进行分类，菜单上一般是分类列出菜名，各类菜肴之间会发生彼此竞争的现象，如客人点了宫保鸡丁就不会再点鱼香鸡丝，点了清蒸鲈鱼就不会再点红烧鲤鱼。这说明在同类菜中，一种菜肴的畅销往往会造成其他菜肴的销售量下降，所以在对菜肴的销售状况进行分析时，应将菜单上的菜肴按不同类别划分出来，对相互竞争的同类菜肴进行分析。

② 顾客欢迎指数和销售额指数。菜肴销售状况分析的原始数据来自订菜单，汇总订单上各种菜肴的销售份数和价格，便可算出顾客欢迎指数和销售额指数。

顾客欢迎指数表示顾客对某种菜或某类菜的喜欢程度，以顾客对各种菜的购买相对数量来表示，即将某类菜的销售份数百分比除以每份菜应销售的百分比，其计算公式为：

顾客欢迎指数＝某类菜的销售份数百分比÷各菜应销售的百分比

各菜应销售的百分比＝100％÷被分析项目数

在表6-1中西瓜薏米汤的销售份数百分比为26％，汤类共有5个品种，因此西瓜薏米汤的顾客欢迎指数计算如下：

$$26\% \div (100\% \div 5) = 1.3$$

销售额指数的计算如同顾客欢迎指数。仅分析菜品的顾客欢迎指数还不够，还要进行菜品的盈利分析，我们将价格高、销售额指数大的菜分析为高利润菜。下面以表6-1为例具体说明如何对菜肴销售状况进行分析。

某中餐厅菜单上的汤类菜肴共有五种，菜肴销售状况定量分析如表6-1所示。

表6-1　菜肴销售状况定量分析

菜名	销售份数	销售份数百分比/%	顾客欢迎指数	价格/元	销售额/元	销售额百分比/%	销售额指数	评论
西瓜薏米汤	300	26	1.3	25	7500	16.1	0.8	畅销，低利润
萝卜炖牛肉	150	13	0.65	20	3000	6.5	0.3	不畅销，低利润
鲜奶炖雪蛤	100	9	0.45	40	4000	8.6	0.4	不畅销，低利润
人参炖乌鸡	400	35	1.75	50	20000	43	2.2	畅销，高利润
虫草炖甲鱼	200	17	0.85	60	12000	25.8	1.3	不畅销，高利润
总计	1150	—	—	—	46500	—	—	—

不管被分析的菜品项目有多少，任何一类菜的平均顾客欢迎指数都为 1，超过 1 就说明是顾客喜欢的菜，超过的越多，越受欢迎。顾客欢迎指数高的菜就为畅销菜。根据对顾客欢迎指数与销售额指数的计算分析，就可以将被分析的菜肴划分成四类，根据它们不同的状况，制订相应的对策，详见表 6-2 所示。

表 6-2　菜肴定量分析对策表

菜名	销售特点	产品策略
人参炖乌鸡	畅销，高利润	保留
萝卜炖牛肉、鲜奶炖雪蛤	不畅销，低利润	取消
西瓜薏米汤	畅销，低利润	作为诱饵或取消
虫草炖甲鱼	不畅销，高利润	吸引高档客人或取消

畅销，高利润的菜肴既受顾客欢迎又能盈利，应该保留；不畅销、低利润的菜肴原则上应该取消，但是如果这类菜的顾客欢迎指数和销售指数不是太低，接近 0.8，又是原料平衡、营养平衡、价格平衡等方面所需要的，仍可以考虑保留。

畅销，低利润的菜一般可用于薄利多销的低档餐厅中，如果价格和盈利不是太低而又比较受顾客欢迎，可以保留，起到吸引顾客到餐厅来就餐的诱饵作用。因为客人就餐时一般会选择几种菜肴，所以从整体销售来看，这类菜肴能够带动其他菜肴的销售。但是要注意的是，有的盈利很低却又十分畅销的菜肴，可能会转移顾客的注意力，挤掉了那些盈利大的菜肴，那么这类菜肴就应果断被取消。

不畅销，高利润的菜肴，可以用来吸引那些愿意支付高价的会议客人，但要综合考虑菜肴的销售量，如果长期销售量太低，会使菜单失去吸引力，即使能够为餐厅带来较高的利润，但也要果断舍弃。

（3）确定价格范围　在选择菜品时，餐饮管理人员必须对餐厅的经营情况进行分析，计算出使餐厅获取目标利润的就餐顾客的人均消费额。同时还要进行菜单分析和顾客调查，了解目标顾客愿意支付的人均消费额。管理人员根据这些信息来确定餐厅的人均消费额标准，再根据人均消费额标准定出各类菜品的价格范围。

第二节　宴会现场布置及台面设计

一、宴会现场布置

随着人们价值观的改变和社会生产的高度发展，人们对饮食、服务及环境气氛的要求越来越高。饭店能否吸引宾客，给顾客留下难忘的印象，与就餐的环境和气氛有密切的联系。举办宴会时，顾客在享受饭店提供的美味佳肴和优良服务的同时，还从周围的环境获得相应的感受。精心设计宴会厅环境，可以对就餐者的情绪产生某种影响，从而增加宴会销售的可能性。

一般不同的饭店、不同的宴会厅、不同主题的宴会，气氛要求各不相同。如国宴从宴会厅环境，到宴会乐队、赴宴人员和服务人员的服装、言谈风度，都必须显示出隆重的气氛，国宴厅内悬挂国旗、会标，绿化环境，要求格局豪华、庄严、隆重。欢庆喜宴要迎合顾客喜气洋洋的心理状态，必须营造成一个热烈兴奋、流光溢彩、辉煌华贵的环境氛围；如果是白宴，则与此恰恰相反。

宴会环境气氛的要素包括：宴会厅面积、空间、档次、风格，座位的类型、布置方法，餐桌上的用具，声音的高低，环境温度，装饰的色彩，照明，清洁卫生等方面，本节将分别予以讨论。

（一）宴会气氛设计

宴会的气氛是宴会设计的一项重要内容。气氛设计的优劣直接影响着宴会厅对顾客的吸引力。认真地研究宴会气氛的设计及其相关的因素，对搞好宴会经营，有一定的指导意义。

1. 宴会气氛的含义

气氛是指一定环境中给予人某种强烈感觉的精神表现与景象。宴会的气氛就是指举行宴会时，顾客所面对的整个宴会厅内环境。宴会的气氛包括两个主要部分：一种为有形气氛，如宴会厅面积、餐桌位置摆设、花草摆设、内部装潢、构造和空间布局等方面；另一种是无形的气氛，要依靠设计人员和管理人员的协作，无形的气氛主要是宴会经理的责任。

2. 宴会气氛的作用

宴会气氛是宴会整体设计的重要组成部分，宴会气氛的好坏对顾客有很大的影响，从而直接关系到宴会经营的成败。理想的宴会气氛，应具有下面的作用。

① 宴会气氛与宴会的其他设计工作共同组成一个有机的整体，能体现宴会的主题思想。

② 宴会气氛的主要作用在于影响顾客的心境。所谓心境就是指顾客对组成宴会气氛的各种因素的反映。优良的宴会气氛完全能够影响顾客的情绪和心境，给顾客留下深刻的印象，从而增强顾客再次惠顾的动机。现代餐饮业中不同类型的宴会厅采取不同风格的装饰美化，以及同一宴会厅中，用不同的装饰、灯光、色彩、背景等手段来丰富餐饮环境，目的都是满足不同顾客的心理需求。

③ 宴会气氛是多种因素的组合，能影响消费者的“舒适”程度。优良的宴会气氛是宴会厅的光线、色调、音响、气味、温度等方面因素的最佳组合。它们直接影响顾客的“舒适”程度。要想进行优良的气氛设计，就要考虑到“舒适”这

一标准，由于“舒适”的含义是抽象的，况且不同的顾客对“舒适”又有不同的标准，因此，要想达到“舒适”就必须深入了解宴会的主题及顾客的心理需求。

④ 宴会气氛设计是宴会经营的良好手段。顾客的职业、种族、风俗习惯、社会背景、收入水平和就餐时间以及偏好等因素都直接影响宴会的经营。针对宴会主题及顾客要求进行气氛设计，既体现饭店的能力与实力，又能促进宴会的销售。

3. 宴会气氛设计的内容

要想达到良好的宴会气氛设计，通常要考虑如下几项基本内容。

(1) 光线　光线是宴会气氛设计应该考虑的最关键因素之一，因为光线系统能够决定宴会厅的格调。在灯光设计时，应根据宴会厅的风格、档次、空间大小、光源形式等，合理巧妙地配合，以产生优美温馨的就餐环境。

宴会厅使用的光线种类很多，如白炽灯光、烛光以及彩光等。不同的光线有不同的作用。白炽灯光是宴会厅使用的一种重要光线，能够突出宴会厅的豪华气派。这种光线最容易控制，食品在这种光线下看上去最自然。而且调暗光线，能增加顾客的舒适感。烛光属于暖色，是传统的光线，采用烛光能调节宴会厅气氛，这种光线的火焰能使顾客和食物都显得漂亮，适用于西式冷餐会、节日盛会、生日宴会等。彩光是光线设计时应该考虑到的另一因素。彩色的光线会影响人的面部和衣着，如桃红色、乳白色和琥珀色光线可用来强化热情友好的气氛。

不同形式的宴会对光线的要求也不一样，中式宴会以金黄色和红黄色光为主，而且大多使用暴露光源，使之产生轻度眩光，以进一步增加宴会热闹的气氛。灯具也以富有民族特色的造型见长，一般以吊灯、宫灯配合使用，要与宴会厅总的风格相吻合。西式宴会的传统气氛特点是安逸、雅致，西餐厅的照明应适当偏暗、柔和，同时应使餐桌照度稍强于餐厅本身的照度，以使餐厅空间在视觉上变小而产生亲密感。

在宴会厅中的照明应强于过道走廊照明，而宴会厅其他的照明则不能强于餐桌照明。总之，灯光的设计运用应围绕宴会的主题，以满足顾客的心理需求。

(2) 色彩　色彩是宴会气氛中可视的重要因素。它是设计人员用来创造各种心境的工具。不同的色彩对人的心理和行为有不同的影响。如红色、橙色之类的颜色有振奋、激励的效果，绿色则有宁静、镇静的作用，桃红色和紫红色等颜色有一种柔和、悠闲的作用，黑色表示肃穆、悲哀。

颜色的使用还与季节有关。寒冷的冬季，宴会厅里应该使用暖色如红色、橙色、黄色等，从而给顾客一种温暖的感觉。炎热的夏季，绿色、蓝色等冷色的使用效果最佳。

色彩的运用更重要的是能表达宴会的主题思想。红色使人联想到喜庆、光荣，使人兴奋、激动，我国的传统“红色”是表示吉祥，举办喜庆宴会时，在餐厅布置、台面和餐具的选用上多体现红色，而忌讳白色（办丧事的常用色调），但西方喜宴却多用白色，因为白色表示纯洁、优雅。

不同的宴会厅，色彩设计应有区别，一般豪华宴会厅宜使用较暖或明亮的颜色，夜晚当灯光较亮时，可使用暗红色或橙色。地毯使用红色，可增加富丽堂皇的感觉。中餐宴会厅一般适宜使用暖色，以红色、黄色为主调，辅以其他色彩，丰富其变化，以创造温暖热情、欢乐喜庆的环境气氛，迎合进餐者热烈兴奋的心理要求。西餐宴会厅可采用咖啡色、褐色、红色之类，色暖而较深沉，以创造古朴稳重、宁静安逸的气氛。也可采用乳白色、浅褐色之类，使环境明快，富有现代气息。

（3）温度、湿度和气味　温度、湿度和气味直接影响着顾客的舒适程度。温度太高或太低，湿度过大或过小，以及气味的种类都会给顾客带来迅速的反应。豪华的宴会厅多用较高的温度来增加其舒适程度，因为较温暖的环境给顾客以舒适、轻松的感觉。

湿度会影响顾客的心情。湿度过低，即过于干燥，会使顾客心绪烦躁。适当的湿度，才能增加宴会厅的舒适程度。

气味也是宴会气氛中的重要组成因素。气味通常能够给顾客留下极为深刻的印象。顾客对气味的记忆要比视觉和听觉记忆更加深刻。如果气味不能严格控制，宴会厅里充满了一些不正常的气味，必然会给顾客的就餐造成极为不良的影响。

一般宴会厅温度、湿度、空气质量达到舒适程度的指标是：

① 温度。冬季温度不低于18～22℃，夏季温度不高于22～24℃，用餐高峰客人较多时不超过24～26℃，室温可随意调节。

② 湿度。相对湿度40%～60%。

③ 空气质量。室内通风良好，空气新鲜，换气量不低于30米^3/（人·小时），其中CO含量不超过5毫克/米^3，CO_2含量不超过0.1%，可吸入颗粒物不超过0.1毫克/米^3。

（4）家具　家具的选择和使用是形成宴会厅整体气氛的一个重要部分，家具陈设质量直接影响宴会厅空间环境的艺术效果，对于宴会服务的质量水平也有举足轻重的影响。

宴会厅的家具一般包括餐桌、餐椅、服务台、餐具柜、屏风、花架等。家具设计应配套，以使其与宴会厅其他装饰布置相映成趣，统一和谐。

家具的设计或选择应根据宴会的性质而定。以餐桌而言，中式宴会常以圆桌为主，西式宴会以长方桌为主，餐桌的形状为特定的宴会服务。宴会厅家具的外观与舒适感也同样十分重要。外观与类型一样，必须与宴会厅的装饰风格相统一。家具的舒适感取决于家具的造型是否科学，尺寸比例是否符合人体结构，应该注意餐桌的高度和椅子的高度及倾斜度，餐桌和椅子的高度必须合理搭配，不能使客人因桌、椅不适而增加疲劳感，而应该让客人感到自然、舒适。

除了桌、椅之外，宴会厅的窗帘、壁画、屏风等都是应该考虑的因素，就艺术手段而言，围与透、虚与实的结合是环境布局常用的方法。“围”指封闭紧凑，“透”指空旷开阔。宴会厅空间如果有围无透，会令人感到压抑沉闷，但若有透无围，又会使人觉得空虚散漫。墙壁、天花板、隔断、屏风等能产生围的效果；开窗借景、风景壁画、布景箱、山水盆景等能产生透的感觉。宴会厅及多功能厅，如果同时举行多场宴会，则必须要使用隔断或屏风，以免互相干扰。小宴会厅、小型餐厅则大多需要用窗外景色，或悬挂壁画，放置盆景等以造成扩大的视觉效果。大型宴会的布置要突出主桌，主桌要突出主席位。以正面墙壁装饰为主，对面墙次之，侧面墙再次之。

（5）声音　声音是指宴会厅里的噪声和音乐。噪声是由空调、顾客流动和宴会厅外部噪声所形成的。宴会厅应加强对噪声的控制，以利于宴会的顺利进行。一般宴会厅的声音音量不超过50分贝，空调设备的噪声应低于40分贝。

（6）绿化　能综合性会议的饭店大多设有花房，有自己专门的园艺师负责宴会厅的布置工作，中档饭店一般由固定的花商来解决。宴会前对宴会厅进行绿化布置，使就餐环境有一种自然情调，对宴会气氛的衬托起了相当大的作用。

花卉布置以盆栽居多，如摆设大叶羊齿类的盆景，摆设棕榈等大型盆栽。依不同季节摆设不同观花盆景，如秋海棠、仙客来，悬吊绿色明亮的柚叶藤及羊齿类植物等。

宴会厅布置花卉时，要注意将塑料布铺设于地毯上，以防水渍及花草弄脏地毯，应注意盆栽的浇水及擦拭叶子灰尘等工作，凋谢的花会破坏气氛，因此要仔细检查花朵有无凋谢。

有些宴会厅以人造花取代照料费力的盆栽，虽然是假花、假草，一样不能长期置之不理，蒙上灰尘的塑料花、变色的纸花都让人不舒服。塑料花应当每周水洗一次，纸花每隔两三个月要换新的。另外，尽量不要将假花、假树摆在顾客伸手可及的地方，以免让客人发现是假物而大失情趣，甚至连食物都不觉美味。

（7）餐具　精美的餐具对烘托宴会气氛具有很重要的作用。如在2016年杭州G20峰会欢迎晚宴上，餐具设计的创作灵感来源于水和自然景观。晚宴餐具的图案，采用富有传统文化审美元素的“青绿山水”工笔带写意的笔触创造，布局含蓄谨严，意境清新。其图案设计取自西湖实景，能使各国领导人在品尝美味时，也似漫步西子湖畔。

综上所述，宴会厅的气氛是宴会设计的重要任务。要想达到优良的气氛设计，必须利用现代科学技术，使室内的温度、湿度、光线、色彩、空间比例适合宴会的需要，充分利用各种家具、餐具，进行恰到好处的组合处理，使顾客感受到安静舒适、美观雅致、柔和协调的艺术效果与艺术享受。

（二）宴会餐桌设计与场地布置

宴会餐桌设计又称“台形设计”，是指饭店宴会部根据宾客宴会形式、主题、人数、接待规格、习惯禁忌、特别需求和宴会厅的结构、形状、面积、空间、光线、设备等情况，设计宴会的餐桌排列组合的总体形状和布局。其目的是：合理利用宴会厅的现有条件，表现主办人的意图，体现宴会的规格标准，烘托宴会的气氛，便于宾客就餐和席间服务员进行宴会服务。无论是多功能厅，还是小型的专门宴会厅，无论是一个单位举办宴会，还是多个单位在同一厅内举办宴会，都必须进行合理的台形设计。每一个宴会都有不同的布局，所以宴会厅场地的安排方式也就无法一概而论。由于宴会厅中并未设置固定桌椅，而是依照各种不同的宴会形式进行摆设，所以同一场地可依顾客不同的要求摆设成多种形式。

大饭店的宴会部通常都会预先备有数种不同的宴会厅摆设标准图，提供给客人作为选择时的参考依据。为更加精确，这些摆设的基本图形事先都必须经过一番谨慎的计算并经实践后，才推荐给客人，完善的标准图更是通过电脑绘制而成的。一般而言，饭店应尽量推荐选用标准安排，然而若顾客有特殊要求，饭店仍需尊重其意见，并且综合考虑现场场地情况，以完成符合客人要求的适当布置。但是如果该项需求因受场地限制而有执行的困难时，饭店应据实相告，与顾客进行沟通，设法提出可行并使其满意的摆设方式。

1. 宴会厅桌椅及其他家具的选用

宴会厅使用家具的选择非常重要，尤其是桌椅类型的选择。由于宴会厅的桌椅必须根据宴会类型的不同以变更场地的布置，所以在桌椅选择方面，应该考虑安全性、耐用性，以及桌椅所能承受的重量。具体可参考如下原则：

① 所有桌子的高度必须统一规格。一般都采用 70 ~ 76 厘米高的桌子，但若选用 74 厘米的餐桌，则全部桌子的高度均应为 74 厘米。

② 最好全部采用同一种品牌，以避免不同品牌的桌子在衔接时产生高低不一的情况。

③ 尽量采用桌脚与桌面分开的两件式餐桌，而不要使用桌面与桌脚合一的餐桌，即桌脚能与桌面一起收起的餐桌，以方便拆卸运输。

④ 各种桌面大小尺寸应力求规格统一，彼此之间必须要能完全衔接。

⑤ 需考虑安全性及耐用性。每张桌子都应能承受一定的重量。

⑥ 需采购适合各种不同桌型及椅子大小的推车来协助搬运，以减少搬运时的危险性及员工体力的负荷。

⑦ 椅子最好选用可叠放在一起的，最好能 10 把一叠，置放于仓库时不占空间。

⑧ 椅子不能太笨重，以免叠起后因重量过重而倾斜，造成危险。

宴会厅常用的桌椅及其他家具可参考表 6-3 和表 6-4。

表 6-3　宴会厅常用桌椅品种表

名称	规格	说明或作用
桌面	直径 1.8 米	此桌面没桌脚，可放置在较小的圆桌上，或于酒会时根据布置的需求置于其他餐桌上
	直径 2.00 米	仅有桌面，可与其他桌子并用。若客人欲加设位置时，此桌面座位最多可容纳 14 人
圆桌	直径 1.83 米，高 0.74 米	国际标准桌，中餐可坐 12 人，西餐可坐 8～10 人
	直径 1.5 米，高 0.74 米	可坐 10 人，并可与其他较大桌面并用
	直径 1.07 米，高 0.74 米	可坐 4 人或 5 人，适用于小型宴会或酒会。摆设于场地中间以放置小点心供宾客摆放杯盘
	直径 2.44 米，高 0.74 米	可坐 16 人，为方便搬运及储存，通常能将其分成两张半圆形桌
	直径 3.05 米	可坐 20 人。可将直径为 3.04 米的圆桌拆成 4 张半径为 1.5 米的 1/4 圆桌，以方便搬运及储存
半圆桌	直径 1.5 米，高 0.74 米	举行西式宴会时，可与长桌合并组成一张椭圆桌
1/4 圆桌	直径 1.5 米，高 0.74 米	可与长桌并成 U 形桌，4 张合起来，可拼成一张直径为 1.5 米的圆桌
蛇形桌	高 0.74 米	酒会时，用以摆设成蛇形或“S”形餐桌
大长桌	长 1.83 米，宽 0.76 米，高 0.74 米	适合西式宴会，可作为主席台、接待桌、展示桌
小长桌	长 1.83 米，宽 0.46 米，高 0.74 米	国际标准会议桌，每张可坐 3 人
四方桌	边长 0.91 米，高 0.74 米	可用来拼成长方桌，也可作为 2 人套餐桌或 4 人坐的自助餐桌
	边长 0.76 米，高 0.74 米	可用来拼成长方桌或作为情侣桌
玻璃转轴	直径 0.4 米	置于桌面正中、玻璃转盘下方
玻璃转盘	直径 1.1 米	适用于直径为 2.03 米的 14 人坐的桌面
	直径 1 米	适用于直径为 1.83 米的圆桌
木头转盘	直径 1.52 米	用于直径为 2.44 米、16 人坐的台面，易保管，不易碎
	直径 2.13 米	适用于直径为 3.05 米、20 人坐的台面
椅子		由于宴会厅是多功能的场地，故需多准备
婴儿椅		需备置，以应客人之需

表 6-4　宴会厅其他家具品种表

名称	说明或作用
桌推车	搬运长方桌的推车，可放置 25 张大长桌或 50 张小长桌；搬运圆桌的推车，可放置 10 张长圆桌
椅推车	根据椅子大小定做，椅子以 10 把为一叠置于其上，方便搬运

续表

名称	说明或作用
玻璃转台车	每部车可放30个玻璃转台，轮子必须能够承受重量
桌布车	长1.2米，宽0.9米，高1米，用以运送脏桌布送洗，并将干净桌布运回
舞池地板	每块长、宽均为0.92米，可组装成各种尺寸的舞池
舞池地板车	每部车可装22片舞池地板
舞池边板	将舞池四周固定，使其不容易滑动
舞台	长2.44米，宽1.83米，高度有0.4米、0.6米、0.8米3种，可根据场地要求进行调整
舞台阶梯	三层台阶适用于0.6米或0.8米高的舞台，两层台阶适用于0.4米或0.6米高的舞台，舞台左右两边各放一个
移动式酒吧	举行酒会或宴会时使用，另需增设一些辅助桌用于放置杯子
屏风	宽2.4米，高1.8米，主要作为临时隔间用
托盘服务架	可折叠式服务架，服务人员在服务时当作托盘架使用，不用时可随时收起
四方托盘	长54厘米、宽38厘米，供服务人员进出厨房端菜，或清理使用过的碗、盘并送至洗碗区时使用，需用防滑托盘
圆形托盘	直径为35.6厘米，服务人员为客人服务时所使用的托盘，需使用防滑托盘
钢琴	演奏式用于大型宴会或演奏会时使用；直立式用于一般社团例会时使用
旗杆、旗座	供客人悬挂旗帜或用于公司产品的促销活动
桌号牌（架）	大型宴会编排桌号时使用
红地毯	根据宴会厅的需求量定做。地毯宽度一般为1.5米，长度则根据宴会厅行礼的长度定做
服务车	作为服务时的辅助台，或在推餐具出来摆设时使用
海报架	用以提供指引，根据宴会厅的厅房数来决定海报架的数量
烟灰缸	采用铜制或不锈钢制站立式烟灰缸。一般置于酒会会场四周供客人使用
沙发	采用设计较为轻巧且容易搬动的沙发，在举行小型宴会或接待VIP客人时，供客人休息之用
茶几	采用设计较为轻巧且容易搬动的茶几，在举行小型宴会或接待VIP客人时，供客人休息之用
吸尘器	供宴会结束时立即清理现场时使用
塑胶大冰桶	大型宴会上冰酒水时使用
银器柜	采用带有轮子、可以推动的银器柜，保存像刀叉那样的银器
多用途餐车	进行摆设工作或送菜时使用，长1.6米，宽0.85米，高1米
平台搬运车	供客人或员工搬运较重物品时使用

2. 中餐宴会餐桌布局

（1）服务区域总体规划

① 确定主桌或主宾席区及来宾席区位置。中式宴会通常都在独立式的宴会厅举行，但不论是小型宴会还是大型宴会，其餐桌的安排都必须特别注意主桌或主宾席区的设定位置。原则上，主桌应放在最显眼的地方，以所有与会宾客都能看

到为原则。一般而言，主桌大部分安排在面对正门口的餐厅上方，面向众席，背向厅壁纵观全厅，其他桌次由上至下排列，也可将其置于宴会厅中心位置，其他桌次向四周辐射排列。中型宴会主宾席区一般设一主二副，大型宴会一般设一主四副，也可以将主宾席区按照西餐宴会的台形设计成“一”字形。来宾席区可划分为一区、二区、三区等，既便于来宾入席，又便于服务员服务。

② 餐桌与餐椅布置要求。中式宴会的餐台一般使用圆桌和玻璃转盘。转盘要求型号、颜色一致，表面清洁、光滑、平整。餐椅为与宴会厅色调一致的金属框架、软面型，通常 10 把一桌。在整个宴会餐桌的布局上，要求整齐划一。还要做到桌布一条线，桌腿一条线，花瓶一条线，主桌主位能互相呼应。

③ 工作台设置。主桌或主宾席区一般设有专门的工作台，其余各桌依照服务区域的划分酌情设立工作台。工作台摆放的距离要适当，便于操作，一般放在餐厅的四周，其装饰布置（如台布和桌裙颜色等）应与宴会厅气氛协调一致。

④ 主席台或表演台。根据宴会主办单位的要求及宴会的性质、规格等设置主席台或表演台。在主桌后面用花坛、花瓶或大型盆景等绿色植物以及各种装饰物布置背景，以突出宴会的主题。

⑤ 会议台形与宴会台形。将会议和宴会衔接在一起是目前宴会部经营较为流行的一种形式，即会议台形和宴会台形共同布置于大宴会厅现场，先举行会议，后进行宴会用餐。布置时，必须统筹兼顾，充分利用有效的空间，合理分割会议区域和宴会区域，严密制订服务计划，做到承前启后，井井有条。

（2）中式宴会餐桌布局设计方案　根据桌数的不同，有下列几类不同的设计方案可供参考：

① 三桌时，可排列成“品”字形或竖一字形，餐厅上方的一桌为主桌。

② 四桌时，可排列成菱形，餐厅上方一桌为主桌。

③ 五桌时，可排列成“立”字形或“日”字形。以“立”字形排列时，上方位置为主桌；“日”字形则以中间位置为主桌设定处。

④ 六桌时，可排列成“金”字形或梅花形。以“金”字形排列时，顶尖一桌为主桌；梅花形则以中间位置为主桌设定处。

⑤ 大型宴会时，其主台可参照“主”字形排列，其他席桌则根据宴会厅的具体情况排列成方格形即可，也可根据舞台位置设定主桌的摆设位置。如图 6-1 所示为大型中式宴会餐桌排列设计图。

（3）中式宴会餐桌布置的注意事项　中式宴会餐桌布置注意事项如下：

① 根据主桌人数，其台面直径有时大于一般来宾席区餐桌的直径，有时与其他台面一致。较大的主桌台面一般由标准台面和 1/4 弧形台面组合而成，每桌坐 20 人左右。一般不宜放特大的圆形转台，可在桌中间铺设鲜花。

② 大型宴会主宾席或主宾席区与一般来宾席之间的横向通道的宽度应大于一般来宾席桌间的距离，以便主宾入席或退席。将主宾入席和退席要经过的通道开

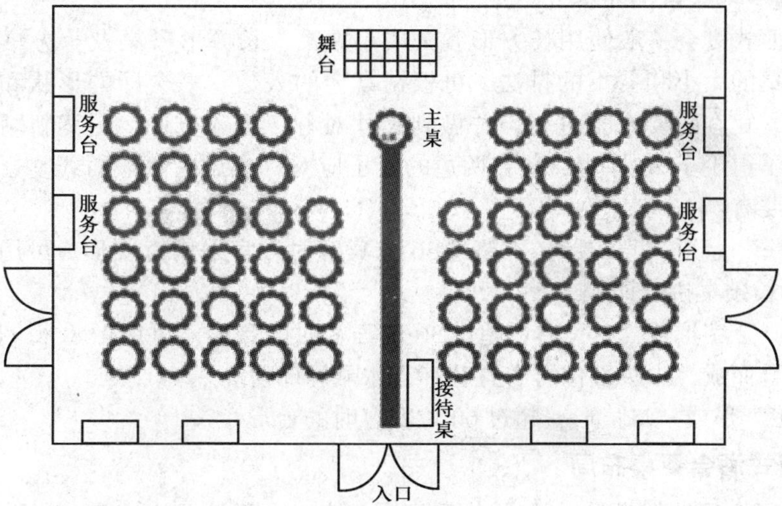

图 6-1　大型中式宴会餐桌排列设计图

辟为主行道，主行道应比其他行道宽两倍以上，这样才能更显气派。

③ 摆餐椅时要留出服务员分菜位，其他餐位距离相等。若设服务台分菜，应在第一客人右边、与第二客人之间留出上菜位。

④ 大型宴会除了主桌外，所有桌子都应编号。台号的设置必须符合宾客的风俗习惯和生活禁忌，如有欧美宾客参加的宴会必须去掉台号“13”；台号一般高于桌面所有用品，一般用镀金、镀银、不锈钢等材料制作，使客人从餐厅的入口处就可以看到。客人亦可从座位图知道自己桌子的号码和位置。座位图应在宴会前画好，宴会的组织者按照座位图来检查宴会的安排情况和划分服务员的工作区域。而宴会的主人可以根据座位图来安排客人的座位。一般情况下应预留 10% 的座位。

⑤ 餐桌排列时，注意桌与桌之间的距离应恰当，以方便来宾行动和服务员服务。桌距太小时，不仅会造成服务人员服务上的困难，也可能使客人产生压迫感；然而如果桌距过大，也会造成客人之间疏远的感觉。宴会餐桌标准占地面积一般每桌为 10 ~ 12 平方米，桌距一般最少要 140 厘米，最佳桌距则为 183 厘米。

⑥ 如在一个宴会厅同时有两家或两家以上单位或个人举办宴会，就应以屏风将其隔开，以避免相互干扰和出现服务差错。其餐台排列可视宴会厅的具体情况而定。一般排列方法是：两桌可横或竖平行排列；四桌可排列成菱形或四方形；桌数多的，排列成方格形。

⑦ 设计时还应强调会场气氛，做到灯光明亮，通常要设主宾讲话台，麦克风要事先装好并调试完毕。绿化装饰布置要求做到美观高雅。此外，吧台、礼品台、贵宾休息厅等视宴会厅的情况灵活安排。整个宴会布置要协调美观，只有这样才能顺利举办一场成功的宴会。

3. 西式宴会餐桌布局

正式西式宴会一般使用长方形餐桌或小方桌，长方形餐桌及小方桌是可以拼接的。餐桌的大小和餐桌的排法，可根据宴会的人数、宴会厅的形状和大小、服务的组织、宾客的要求来进行，并做到尺寸对称、出入方便、图案新颖；椅子之间的距离不得少于20厘米，餐台两边的椅子应对称摆放。一般西式宴会餐桌的设计方式主要有：

①“一”字形或直线形：不超过36位宾客时，宜采用直线形。可用1.8米×0.75米的长条桌拼合而成。

②“口”字形或“U”形：超过36位宾客时的台形，可用1.8米×0.75米的长条桌拼合而成，中央部位可布置花卉、冰雕等饰物。

③“E”形或“M”形：超过60位宾客时的台形。

4. 西式酒会餐桌布局

（1）酒会场地的设计　酒会中不摆放桌椅，也不设置主宾席，只摆设餐台以及一些小圆桌或茶几，宾客在酒会中以站姿进餐。宽敞的空间使主人及宾客均得以自由地在会场内穿梭走动，自在地和其他与会宾客交谈。

如图6-2所示为西式酒会布局。

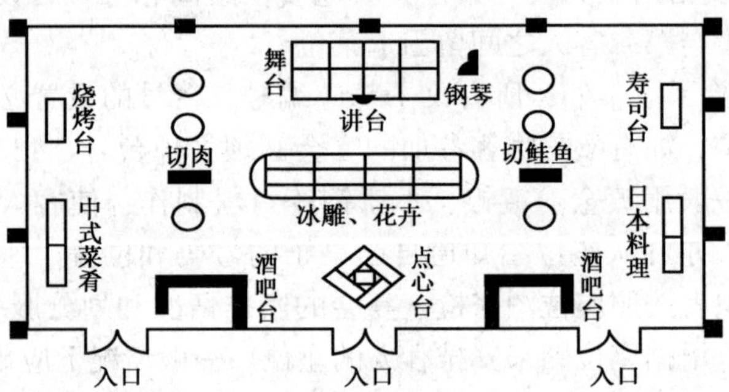

图6-2　西式酒会布局

接受一场酒会的预订时，预订员必须根据顾客的需求提供一份酒会的布置设计图，同时向客人报价。在设计酒会场地之前，必须事先了解顾客办酒会的目的、与会人数的多少以及所希望的菜肴等。然后，预订员便可就相关细节与行政主厨进行进一步的研究。

酒会菜肴质量、菜肴道数、摆设方式、餐台大小等因素都足以影响一场酒会的成功与否。所以预订员对于以上所述的诸多细节都必须事先了解，否则一旦设计出来的餐台过大而菜色太少，便会令人感觉空洞；反之，如果因餐台太小，会使菜肴摆起来显得拥挤，不论其菜肴如何都会给人压迫感，从而降低该宴会的价值。

在酒会的场地设计中，舞台设计是其中非常重要的一环。倘若舞台布置适宜、主题明确，能让所有与会宾客在进场之后便留下深刻的第一印象，那么这场酒会已经成功了一半。而另外一半的成功，有30%取决于餐台的布置，最后的20%则取决于服务人员的服务态度。也就是说，在一场成功的酒会中，单就布置方面便已占影响要素的80%，由此可见场地的设计对举办一场成功的酒会是多么重要。

（2）餐台的布置要求　餐台的布置要求如下：

① 酒会中餐台的摆设方式主要着重于酒吧台的位置规划。酒会通常采用活动式的酒吧台，并且摆放一些辅助桌用于放置酒杯。至于餐台的布置，不仅需配合宴会厅的大小，还应摆设在较显眼的地方，一般都摆设在距门口不远的地方，让客人一进会场就可清楚看到。

② 餐台摆设可用有机玻璃箱、钢架或覆盖着台布的箱子来垫高，使菜肴摆设呈现出立体效果。

③ 餐台的摆设要视菜单上菜肴道数的多少来准备，过大或过小的餐台都是不适当的布置，所以必须事先了解厨师所推出的菜肴分量，以作为布置的依据，有时也需配合特殊餐具的使用来进行摆设。

④ 酒会会场除了放置餐台及酒吧台之外，还需摆设一些辅助用的小圆桌。小圆桌中间可摆一盆蜡烛花，并将蜡烛点燃以增添酒会的气氛。

⑤ 小圆桌上可放置一些花生、薯片、腰果等食品，供客人取用。同时，小圆桌也具有让客人摆放使用过的餐盘、酒杯等作用。

⑥ 若要使餐台看起来更有气氛，可以使用透明的白色围布来围餐桌，并在桌下分别放置各种颜色的灯光来照射，如此一来便可使酒会更添浪漫唯美的气氛。

⑦ 酒会不需要太亮的灯光照明，微暗的灯光恰好可提供酒会适宜的气氛。但若酒会场地有舞台的布置，则舞台的灯光应比舞台周围的酒会场地要亮，必要时可用投射灯来照明，以凸显舞台的布置。此外，冰雕等装饰也可借灯光技术以增加效果，而冰雕的投射灯需以有色灯光来衬托其美感，因为适当的灯光投射往往能恰如其分地增添冰雕装饰的质感与感染力，更能彰显冰雕的存在意义。

⑧ 如果酒会中只有少数一两个餐台，菜肴便可以不按照自助餐的摆设方式进行布置，而只需摆设出层次感，使菜肴呈现高低不同的视觉效果即可。但是如果餐台为数众多，则可依照菜肴类别分区摆设，比如分成冷盘区、热食区、切肉区、小点心区、饮品区等。

⑨ 酒吧台的摆设以尽量靠近入口处为原则。如果参加酒会的人数很多，应尽可能在会场最里面另设一个酒吧台，并将部分客人引导进入该吧台区，以缓解入口处人潮拥挤的状况。

5. 自助餐餐台布局与设计

自助餐台也叫食品陈列台，可以安排在宴会厅中央或靠某一墙边，也可放于宴会厅一角；可以摆一个完整的大台，或由一个主台和几个小台组成。自助餐台的安排形式多样、变化多端，常见的自助餐台有如下设计。

①“I”形台：即长台，是最基本的台形，常靠墙摆放。

②“L”形台：由两个长台拼成，一般放于餐厅一角。

③“O”形台：即圆台，通常摆在餐厅中央。

④ 其他台形：根据场地特点及宾客要求可采用长台、扇面台、圆台、半圆台等拼接出各种新颖别致、美观流畅的台形。

自助餐台的摆设要注意如下事项。

① 餐台的设计布置，通常可以选定某一主题来发挥，譬如以节庆为设计主题(例如，圣诞节便以圣诞节时的气氛来布置)，或取用主办单位的相关事物（如产品标识等）来设计装饰物品，均可使宴会场地增色不少。自助餐台要布置在显眼的地方，使宾客一进入餐厅就能看见。自助餐台不应让宾客看见桌腿，可铺台布并围上桌裙或装饰布。

② 菜肴的摆设应具有立体感，色彩搭配要合理，装饰要美观大方，不要过于拥挤。

③ 菜色必须按规范来摆设。例如，冷盘、沙拉、汤、热菜、点心、水果等应依顺序排好。如果宴会场地较大，可再细分成冰盘沙拉区、热食区、面包区、水果点心区等。

④ 自助餐台必须设在客人进门便可容易看到且方便厨房补菜之处，另须考虑其摆设地点应为所有客人都容易到达而又不阻碍通道的地方。

⑤ 在人数很多的大型宴会中，可以采用一个餐台两面同时拿菜的方法。最好是每150～200位客人就有一个两面拿菜的餐台，这样可以节省排队拿菜的时间，以免客人等太久。

⑥ 自助餐台的大小要考虑宾客人数及菜肴品种的多少，并要考虑宾客取菜的人流方向，避免拥挤和堵塞。

⑦ 餐台的灯光必须足够，否则摆设再漂亮的菜肴也无法显现其特色。尤其是食雕部分更需要不同颜色的灯光来照射。可用聚光灯照射台面，但切忌用彩色灯光，以免使菜肴改变颜色，从而影响宾客食欲。

如图6-3所示为西式自助餐台布局。

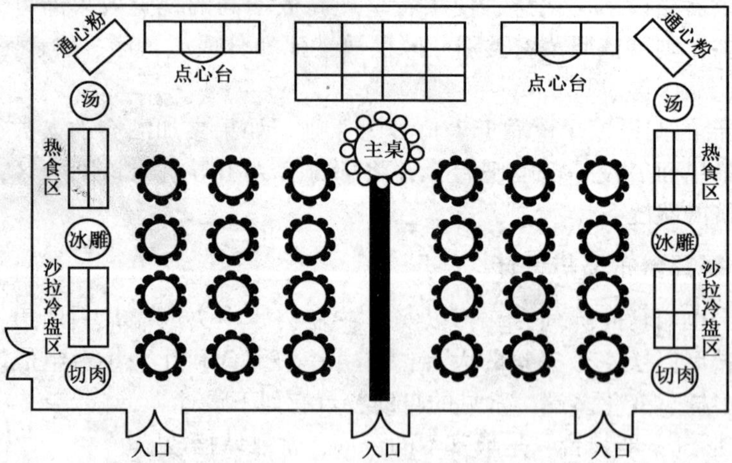

图6-3 西式自助餐台布局

6. 宴会厅场地布置整体要求

宴会厅场地整体布置要求如下：

① 普通宴会进行布置时，由宴会部指派一位领班负责现场即可。而特殊的宴会则需请负责预订的人员到场说明，并配合美工及现场人员进行布置。

② 布置要庄重、美观、大方，桌椅、家具摆放要对称、整齐，并且安放平稳。

③ 桌子之间的距离要适当。大宴会厅的桌距可稍大，小宴会厅的桌距以方便客人入座、离座，便于服务人员操作为准。桌距过大，会使场面显得松散，不利于创造热烈的气氛；桌距过小则会显得拥挤，而且宾客用餐会显得不方便，服务员在服务过程中也容易出错误。如果宴请的桌数少，厅室较大，为避免空荡感，可以在四周和宴会厅空余的地方布置一些树木花草、屏风和沙发等。

④ 宴会中除了餐桌的摆设外，服务桌同样需要备置妥当。其数量视宴会厅大小及宴客人数而定，但应尽量避免多占据空间。服务桌的摆设将影响服务品质，所以对工作人员而言非常重要，但尽管如此，仍然能少则少。

⑤ 如果席间要安排乐队演奏，乐队不要离宾客的席位过近，应该设在距离宾客席位 3 ~ 4 米左右或侧后。如果席间有文艺演出，又无舞池时，则应该在布置桌椅时留出适当的位置，并铺上地毯，作为演出场地。

⑥ 酒吧台、礼品台、贵宾休息室等，要根据宴会的需要和宴会厅的具体情况灵活安排。

⑦ 整个会场布置完成后，领班或主管必须依照宴会通知单或计划所述内容逐项核对，以免有所遗漏。

二、　餐厅摆台方法

摆台，就是为宾客就餐摆放餐桌，确定席位，提供必要的就餐用具，包括铺台布、安排席位、准备餐具、摆放餐具、美化餐台等。摆台技术是餐厅服务人员的一项要求较高的基本功，是宴席设计的重要内容。优雅大方的就餐环境与实用美观富有创意的宴席台面设计，将为客人营造出良好的就餐氛围，能给宾客以赏心悦目的艺术享受，给宴会增添隆重的喜庆气氛。

虽然各饭店均有自己独特的摆台方式，而且宾客就餐的形式、规格及饮食习惯不同，所摆设的餐具种类、件数及台面的造型有所不同，但是都必须遵循整洁有序、适应需求、配套齐全、方便就餐、方便服务、艺术美观的原则。

中西餐摆台分为宴会摆台和零点摆台两种，接待会议用餐多采用宴会摆台方式和便餐摆台方式，而便餐摆台方式与零点摆台方法基本相同。

（一）中餐摆台

1. 中餐宴会摆台

（1）席位安排　宴会座次安排是根据宴会的性质、主办单位和主人的特殊要求及出席宴会的客人身份确定其相应的座位。座次安排必须符合礼仪规格，尊重风俗习惯，便于席间服务。

① 确定主人位置。主人位置的安排原则是面向正门，使主人能纵观全局。多桌宴会，各桌主人位置的确定有两种方法：第一种方法，各桌的主人位置与主桌的主人位置相同并朝向同一个方向；第二种方法，各桌主人位置与主桌主人位置遥相呼应，即台形的左右边缘桌次主人位相对，并与主桌主人位呈90°角，台形底部边缘桌主人位与主桌主人位相对，其他桌次的主人位与主桌的主人位相对且朝向同一方向（如图6-4，圆圈周边的数字1代表主人，2代表副主人）。

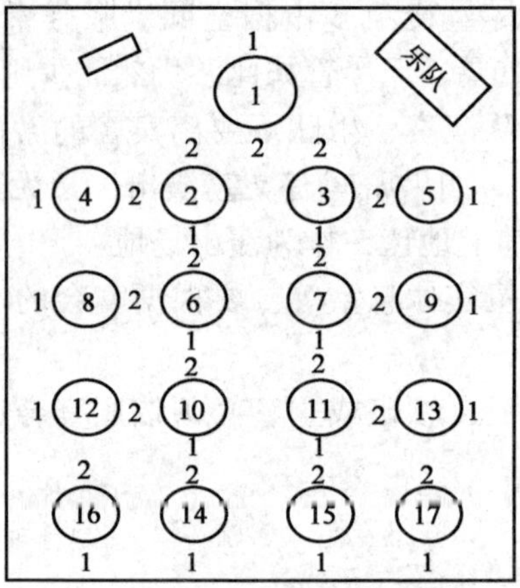

图6-4　多桌宴会的席位安排

② 宾客的座次安排。正式宴会一般均安排座次，有的只安排部分宾客的座次，其他人员可自由入座。大型宴会一般事先将宾客的桌号打印在请柬上，使宾客根据桌号和座卡迅速找到自己的座位。

座卡通常由饭店根据会议主办单位提供的主人和来宾的身份、地位、年龄等信息填写，要求字迹清楚，可用毛笔、钢笔书写或打印，一般中方宴请则将中文写在上方，外文写在下方；若外方宴请则将外文写在上方，中文写在下方。

十人正式宴会座次安排。主人坐在厅堂正面，副主人与主人相对而坐。主人的右左两侧分别安排主宾和第二主宾座席，副主人的右左两侧分别安排第三宾和第四宾的座席，主宾、第三宾的右侧为翻译的座席。或者主人的左侧是第三宾，副主人的左侧是第四宾，其他座位是陪同、翻译席（图6-5）。

在国际交流中，如主宾身份高于主人，为表示对宾客的尊重，可把主宾安排在主人席位上，而主人则坐在主宾的席位上。主宾有夫人参加宴会，而主人的夫人未能出席时，可以请身份相当的妇女坐在副主人位。

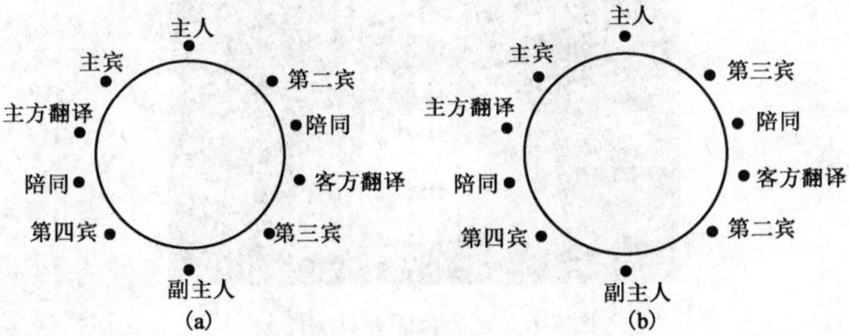

图6-5　十人宴会座次安排

（2）整理餐椅　按宴会出席人数配备餐椅，以十人台为例，餐椅摆成三二式，即正副主人侧各放三把餐椅，另两侧各放两把餐椅，椅背在一条直线上。

（3）铺台布　常用的方法有推拉式、抖铺式、撒网式三种。

① 推拉式。服务员站在主人或副主人位，右脚在前，左脚在后，身体略向前倾。将台布纵向打开，用双手将台布逐渐向两侧拉开，再用拇指和食指捏住台布贴近身体一侧的边缘，其余三指将台布平行打折2～3次，然后用两手臂将台布沿着桌面向胸前合拢，并迅速沿桌面用力推出，再缓慢拉回到位。此法多用于场地狭窄、客人就座等候用餐等情况。

② 抖铺式。服务员双手将台布打开，平行打折后将台布提拿至胸前，身体呈正位站立式，利用双腕的力量，将台布向前一次性抖开并平铺于餐桌上。此法适用于较宽敞的餐厅或四周无客人就座的情况。

③ 撒网式。服务员用双手将台布打开，平行打折后将台布提拿至胸前，左臂微抬，呈左低右高之式。上身向左转，下肢不动，当腰部向右扭动、身体恢复正位站立姿势时，将台布斜着向前撒出去。在台布逐渐下落时，拇指与食指捏住台布贴近身体一侧的边缘，调整好台布最后的落定位置。

铺台布前应仔细检查，不干净或破损的台布则不能使用。铺台布时要动作连贯、干净利落、一次到位，注意用力得当，避免台布与地面接触。

铺好的台布正面朝上，平整无褶皱，中心线对准正、副主人位，十字中心点居桌中，台布四角对准桌脚，四周下垂均等。

（4）放转盘　放上转盘底座及转盘，并居于台面中心。检查其转动是否灵活，有无摆动、杂声等。

（5）围桌裙　中餐宴会常用桌裙美化餐台。操作时应从陪同和翻译位开始，按顺时针方向绕台进行。要求桌裙边缘与桌面平齐。

（6）摆餐具　宴会台面餐具的摆放如图6-6所示。

① 摆餐碟。左手下垫餐巾将餐碟托起，从主人位开始按顺时针绕台依次摆放。

餐碟边距桌边 1.5 厘米，碟中图案或店徽要端正，餐碟之间距离相等。

图 6-6　宴会台面餐具的摆放

② 摆汤碗、汤匙、味碟。在餐碟中心与桌面中心连线的左右两侧分别摆放汤碗和味碟，二者间距 1～1.5 厘米，横向直径在一直线上，且该线与餐碟中心和桌面中心的连线垂直。汤碗距餐碟 1～1.5 厘米，汤匙放在汤碗中，匙柄朝左。

③ 摆筷架、分匙、筷子、牙签。在汤碗与味碟横向直径右侧，延长线 1～1.5 厘米处摆筷架，长柄分匙、筷子放在筷架上（或匙柄与餐碟相距 3 厘米），筷尾距桌边 1.5 厘米，并与餐碟纵向直径平行。袋装牙签放在分匙左侧，距离 1 厘米，并与匙柄末端平齐。

④ 叠餐巾花。动作娴熟，造型美观，突出正、副主位，注意客人的风俗习惯，避其忌讳。

⑤ 摆酒具。在餐碟中心与桌面中心的连线上，汤碗与味碟的前方摆放红葡萄酒杯，其左右两侧分别摆放水杯和烈酒杯，三杯中心呈一直线并平行于汤碗与味碟中心的连线。水杯与汤碗相距 1～1.5 厘米，三杯间距离为 1～1.5 厘米。

⑥ 摆茶碟、茶杯。茶杯扣放在茶碟里，杯耳朝右。茶碟边距筷子及桌边均为 2 厘米。

⑦ 摆公用餐具。在正、副主人杯具的前方，各摆放一个筷子架或餐盘，其上横放公用筷和公用匙，筷子靠近桌心，筷尾朝右，匙柄朝左或右，匙、筷中心点在台布中线上。12 人以上摆 4 套，呈十字形摆放。

⑧ 摆牙签筒。如果无袋装牙签，牙签筒则摆在公用餐具右侧，距筷尾 1～1.5 厘米。

⑨ 摆烟灰缸。从主人位右侧开始，每两个餐位摆放一个，烟灰缸与水杯前端呈一弧线，其中一个架烟孔朝向桌心，另两个架烟孔朝向两侧宾客。（或摆放四只烟灰缸，主人、副主人位右上方各放 1 只，另两只与前两只呈十字对角摆放）。无烟餐厅不摆放烟灰缸。烟灰缸边缘放火柴盒，图案正面朝上。

⑩ 摆菜单、席次卡、座卡。在正、副主人餐具的左侧各摆放一份菜单，底边距桌边 1.5 厘米，或立放在餐位的左侧上方。高档宴会每个餐位摆放一份菜单。席次卡摆在每张餐桌的下首（花瓶的前方，距离 1～1.5 厘米），台号朝向厅堂入口。

座卡立放在每个餐位正中的酒杯前。

⑪ 摆花瓶或插花。摆在餐台中央，以示摆台结束。

(7) 摆餐椅　椅背中心对准餐碟中心，椅间距离相等；椅面前端与台裙或下垂的台布相切，椅背绕成圆形。

(8) 复查摆台　全部餐用具摆好后，再次检查、整理，注意整体效果。

特别提示：

① 摆台前，服务员要洗手消毒，检查有无破损或不干净的餐具，如发现要及时更换。

② 摆台时，从主人位开始按顺时针方向依次进行。

③ 摆放餐具时要轻拿轻放，注意碟碗拿边、匙拿柄、杯拿下半部或杯柄。

④ 各种餐具、酒具摆放相对集中。

⑤ 餐用具摆放的尺寸应以方便宾客为原则，兼顾美观性。有些饭店已将餐碟、筷尾等与桌边的距离调到 3 ~ 5 厘米。

2. 中餐便餐（零点）摆台

便餐餐厅餐桌相对固定，无需每餐变化，就餐者无主次之分，所以只需进行桌面摆放即可。

(1) 中餐早餐摆台　操作程序与要求是：

① 餐碟摆放在餐位正前方，距桌边 1.5 厘米。

② 汤碗或饭碗摆在餐碟正前方或左前方，距餐碟 1 ~ 1.5 厘米。汤匙摆在汤碗中，匙柄向左。

③ 筷架摆在餐碟右侧；筷子摆在筷架上，筷子距餐碟 3 厘米，前端距筷架 5 厘米，筷尾距桌边 1.5 厘米，筷套上的文字正面朝上。

④ 餐巾通常叠统一的盘花或不放置餐巾。

⑤ 如摆茶碗，则扣放在餐碟中或茶碟中，杯耳朝右，茶碟距筷子及桌边均为 2 厘米。

⑥ 花瓶摆在餐桌中央或靠墙一边的中间，调味壶、牙签筒可放在花瓶旁边。

(2) 中餐午餐、晚餐摆台　与早餐台面基本相同，只是增加了水杯和茶具等。如果客人饮用葡萄酒和烈性酒，另外提供杯具。中高档餐厅要折叠餐巾花。

其操作程序与要求是：

① 餐碟摆在餐位的正前方，距桌边 1.5 厘米。

② 汤碗摆在餐碟左前方，距餐碟 1 ~ 1.5 厘米，汤匙摆在汤碗中，匙柄向左。

③ 筷架摆在餐碟右侧，筷子距餐碟 3 厘米，前端距筷架 5 厘米，筷尾距桌边 1.5 厘米，筷套上的文字正面朝上。

④ 水杯摆在餐碟的正前方 2 厘米处，也可放在餐碟右前方，与汤碗平行对称摆放，三件餐具间的距离均为 1 ~ 1.5 厘米。

⑤ 餐巾花放在餐碟上或插入水杯中。

⑥ 茶碗扣放在餐碟中或茶碟中，杯耳朝右，茶碟距筷子及桌边均为2厘米。

⑦ 花瓶摆在餐桌中央，席次卡放在餐桌下首，台号朝向厅堂入口。其他公用物品如烟灰缸、调味壶、特选菜单等的摆放以方便客人取用为宜。

集体用餐或几位宾客共同进餐时，应在个人餐具上方或转盘上摆放筷架或公用盘，并放公筷和公匙或公叉。一般十人桌对称摆放两套公用餐具。

（二）西餐摆台

1. 西餐宴会摆台

西餐宴会摆台的基本要领是：摆台时按照一餐盘、二餐具、三酒水杯、四调味用具、五艺术摆设的程序进行；餐盘正中，盘上方横匙，左叉右刀，刀刃朝盘，叉面、匙面向上，酒具在右上方，主食在左；各种餐具横竖成线，每套餐具之间不混淆；餐具与菜肴配套，酒具与酒品配套，有图案的餐具要使图案方向一致，全台整齐、美观大方。

（1）西餐宴会的席位安排　主人的座位应要正对厅堂入口，其视线应能纵观全局。

一些国家和地区，特别是较为正式的宴会，将主人和副主人席位安排在长台长边中央位置，将宾客按顺序交叉安排在长台左右，使全桌形成一个交谈中心而又不致冷落宾客。

正式宴会双方首要人物都带夫人参加，法式席位安排是：主宾夫人坐在主人右侧，主宾坐在主宾夫人右侧。英式席位安排：主人夫妇各坐长台两端；主宾夫人坐在主人右侧位，主宾坐在主人夫人右侧位，男女宾客穿插依次坐中间。

（2）西餐宴会基本摆台　西餐宴会基本摆台见图6-7所示。

图6-7　西餐宴会基本摆台

① 铺台布。西餐铺台布前，先在台面上铺上台垫，再铺台布，以免餐具与台面碰撞而发出响声。

长餐台往往用多块台布拼铺而成，一般由两人合作完成。服务员站在餐台长侧边，将台布横向打开，正面朝上，从里往外铺，使后一块台布盖在前一块台布上，以步入餐厅的客人不易看见接缝为原则。台布重叠部分不少于5厘米，台布中线相连并与餐台中线吻合，台布两侧下垂部分均等。

② 摆餐盘（垫盘、展示盘）。左手垫上餐巾托住餐盘，从主人位开始按顺时针方向将餐盘摆在每个餐位正中，盘边距桌边2厘米，盘内图案或店徽要摆正，盘间距离相等。

③ 摆餐刀、餐叉、汤匙。从餐盘的右侧自左向右依次摆放主菜刀、鱼刀、汤匙、开胃品刀，刀刃朝盘，匙面向上；然后再从餐盘左侧从右向左依次摆放主菜叉、鱼叉、开胃品叉，叉面向上，刀、叉、匙柄与桌边垂直，其末端距桌边2厘米，鱼刀、鱼叉要向前突出，距桌边5厘米；主菜刀、叉距餐盘1厘米，餐具间距离0.5~1厘米。

④ 摆甜品叉、甜品匙。在餐盘的正前方横放甜品叉，叉面向上，叉柄向左，距餐盘1厘米；甜品叉的前方横放甜品匙，匙面向上，匙柄向右，叉、匙间距0.5~1厘米。

⑤ 摆面包盘、黄油刀、黄油盘。在开胃品叉的左侧摆面包盘，图案要摆正，盘与叉相距1厘米，其盘心与餐盘的中心连线平行于桌边。在面包盘上中轴线的右侧边沿处摆放黄油刀，刀刃朝面包盘心，刀柄与桌边垂直。黄油盘摆在黄油刀尖前方3厘米处，黄油盘的左侧与面包盘的垂直于桌边的直径延长线相切。

⑥ 摆酒具。以白葡萄酒杯定位，其杯底右侧与开胃品刀右侧延长线相切，杯刀相距3厘米。三杯从左到右分别是水杯、红葡萄酒杯、白葡萄酒杯，三杯中心在一条与桌边呈45°的直线上。四套杯则在三套杯的基础上，将白葡萄酒杯向下移1~2厘米，在其前方放置香槟酒杯，各杯壁相距1厘米。

⑦ 摆餐巾花。通常用统一的盘花，摆放在餐盘正中。突出正副主位，注意花形并且要高低搭配摆放。

⑧ 摆菜单。高档宴会每个餐位摆放一份菜单，并设座卡。一般宴会不少于两份菜单，摆在正副主人餐具的右侧，距桌边2厘米。

⑨ 摆公用物品。台面中心留出摆放鲜花的位置。从台面中心开始向右方依次摆放烛台、牙签筒、盐和胡椒瓶、烟灰缸，四物呈菱形。鲜花与烛台相距20厘米，烛台与牙签筒相距10厘米，牙签筒与盐和胡椒瓶各相距2厘米，盐和胡椒瓶分别与烟灰缸相距2厘米（椒盐瓶按左椒右盐摆放在台布中线两侧，相距1厘米），火柴则摆在烟灰缸上沿，图案朝上（大型宴会时，从主人右侧开始每隔两个餐位摆放一个烟灰缸，烟灰缸的前端与酒具平行。调味品、牙签筒按四人一套的标准摆放在餐台中线位置上）。

从中心开始向左方向的台面摆放物品与向右方向的台面摆放物品形成中心对称。

⑩ 摆鲜花。鲜花摆在餐台中心，其高度不超过宾客就餐时的水平视线（大型宴会摆多束鲜花时，要将鲜花等距离摆放在长台中线上）。

⑪ 围餐椅。餐椅正对餐盘，椅面前端恰好触及台裙或台布下沿。

⑫ 复查摆台。摆台时要边摆边检查餐酒具，摆台结束后要进行全面检查，发现问题及时纠正。

特别提示：摆台时，服务员要手拿盘边、刀叉匙柄、杯柄或杯的下半部位。

2. 西餐便餐（零点）摆台

便餐（零点）包括个人用餐和集体用餐。一般用长台、方台或圆台。吃什么菜摆什么餐具，喝什么酒水摆什么酒具。座次一般无主次之分。

零点摆台分早餐摆台和午、晚餐摆台。

（1）西餐早餐摆台　西餐早餐一般在咖啡厅提供，有美式、欧陆式、英式等，摆台方法略有差异，其基本摆法如下（图6-8）。

图6-8　西餐早餐摆台

① 铺台布。服务员站在餐台长侧或方桌中间位置，将台布横向打开，双手捏住台布一侧边缘，将台布送至餐台另一侧，然后将台布向身体一侧慢慢拉到位。铺好的台布正面朝上，平整无褶皱，十字折缝居中，台布两侧下垂均等。

方形餐台台布菱形铺法是：服务员站在餐台一角，抖开台布铺在台面上，使台布的两条中缝线落在方台的对角线上，台布的边与餐台的四边呈45°夹角，四角下垂部分均等。

② 摆餐盘。餐盘摆在餐位正中，盘边距桌边2厘米。有的西餐厅不放餐盘，中间留出30厘米的位置摆放餐巾花或纸巾。

③ 摆餐刀、餐叉、汤匙。在餐盘的左右两侧分别摆放餐叉和餐刀，餐刀右侧摆汤匙，叉面、匙面向上，刀刃朝盘，刀、叉、匙柄平行，同垂直于桌边，距桌边2厘米，刀、叉距餐盘1厘米，刀、匙相距1厘米。

④ 摆面包盘、黄油刀。面包盘摆在餐叉左侧，距餐叉1厘米，距桌边2厘米（或面包盘中心与餐盘中心的连线平行于桌边）。黄油刀竖放在面包盘上中轴线的右侧边沿处，与餐叉平行，刀刃朝面包盘心。若放黄油盘，则摆在黄油刀尖前方3厘米处，黄油盘的左侧与面包盘的垂直于桌边的直径延长线相切。

⑤ 摆咖啡杯具。将咖啡杯及咖啡垫碟摆在餐刀右侧，咖啡匙放在垫碟内，杯柄及匙柄向右，垫碟与餐刀相距1厘米，垫碟中心与餐盘中心在一直线上。

⑥ 摆水杯。可根据不同餐式的要求，决定是否在餐刀正前方3厘米处摆水杯。

（2）西餐午、晚餐摆台　午、晚餐摆台是在早餐摆台的基础上，撤去咖啡杯具，增摆甜品叉、甜品匙。甜品叉横放于餐盘正前方，叉柄朝左，距餐盘 1 厘米；甜品叉的前方横放甜品匙，匙柄朝右，叉匙间距 1 厘米。若有鱼类菜肴，则需加摆鱼刀、鱼叉。一般只摆水杯，但有时也可摆放三套杯。如是晚餐，要摆放烛台（图 6-9）。

图 6-9　西餐午、晚餐摆台

第三节　会议餐饮服务程序

一、　宴会服务程序

（一）中餐宴会服务程序

中餐宴会服务可分为四个基本环节，即宴会前的准备工作、宴会开餐服务、宴会就餐服务和宴会餐后服务与结束工作（图 6-10）。

1. 宴会前的准备工作

（1）掌握情况　接到宴会通知后，宴会厅服务员应做到“八知”和“五了解”。

“八知”：知主办单位或个人信息；知宾主身份；知宾主国籍；知宴会人数和桌数；知宴会性质；知宴会标准；知开餐时间；知菜式品种、酒水要求及出菜顺序。

“五了解”：了解宾客风俗习惯；了解宾客生活忌讳；了解宾客特殊要求；了解宾客进餐方式；了解主宾和主人的特殊爱好。

另外还应掌握宴会的主题、目的和性质、台形要求、司机费用、有无席位卡、有无音乐或文艺表演等。

（2）明确分工　由宴会厅经理召开餐前会，强调宴会服务注意事项，检查员

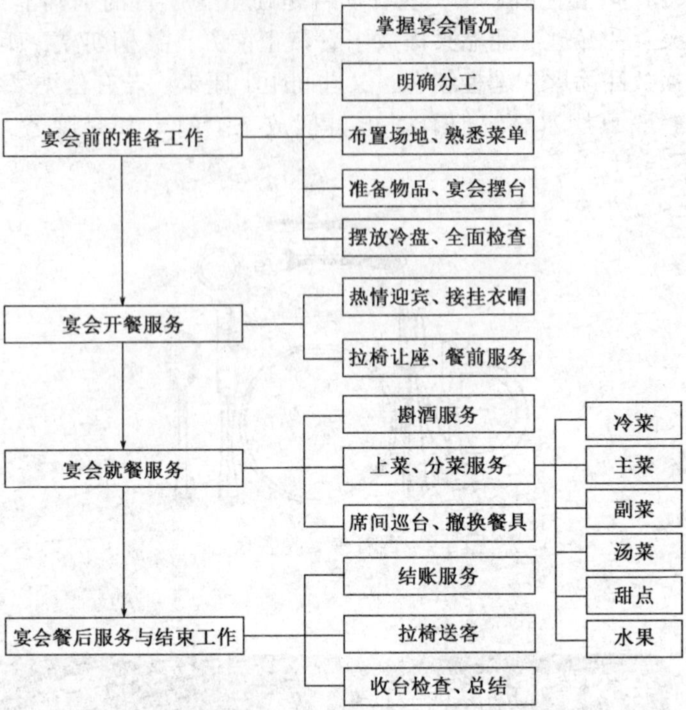

图 6-10　中餐宴会服务程序

工仪表，对宴会准备工作、宴会服务和宴会结束工作进行分工。对规模较大的宴会，要确定总指挥人员，要根据宴会的要求，对迎宾、值台、传菜、酒水供应、衣帽间、贵宾房等岗位，都要有明确的分工，将责任落实到人。

（3）布置场地　要根据宴会主题、性质、接待规格、参加人数、宾客禁忌和特殊要求、宴会厅的结构、形状、面积、设备等情况来布置宴会厅。

① 一般采取“中心第一、先右后左、高近低远”的原则设计台形布局，要求合理利用宴会厅的空间，做到主桌突出、餐桌排列整齐有序、间隔适当，方便宾客就餐和席间服务。

② 可选用条幅、盆景花草、画屏等装饰物品来装点宴会厅，并运用灯光及与宴会主题相吻合的色调和背景音乐来烘托隆重、热烈的宴会气氛。

③ 充分利用各种家具设备，与适宜的温度、湿度、气味、光线、色调、背景音乐等进行恰到好处的组合，使宾客感受到安静舒适、美观雅致、柔和协调的艺术效果与艺术享受。

（4）熟悉菜单　宴会服务人员要熟记宴会每道菜的上菜顺序，了解每道菜的主料及风味特色，以保证准确无误地进行上菜服务，并回答宾客有关菜肴的问题。

（5）准备物品　准备好宴会所需的餐酒用具、开餐物品、服务用品等；备齐菜肴的配料、佐料；备好酒品、饮料、茶叶、开水等。

（6）宴会摆台　按宴会规格和要求在开席前一小时完成。根据宴会的主题和客人的特殊要求，既要充分考虑到宾客用餐的要求，又要有大胆的构思和创意，将实用性和观赏性完美地结合起来。原则是美观大方、主题鲜明、方便就餐和服务。

（7）摆放冷盘　宴会开始前 10～15 分钟摆上冷盘。多桌宴会时，各桌冷菜的摆放应该统一并能给客人赏心悦目的艺术享受。

（8）全面检查　准备工作全部就绪后，宴会负责人要做一次全面检查，以保证宴会的顺利进行。

① 安全检查。宴会厅出入口是否畅通无阻，各种灭火器材是否完备，宴会厅内所有桌椅是否牢固，地板有无水迹或地毯接缝处是否平整。

② 设备检查。确保宴会安全用电；空调机正常运转，并在开餐前半小时宴会厅就应达到所需要温度（冬季 18～22℃，夏季 22～26℃）；调试音响设备、话筒；检查其他设备，达到宴会主题所需要的气氛。

③ 卫生检查。宴会厅环境卫生、餐用具卫生、冷菜卫生、个人卫生等。

④ 餐桌检查。餐桌布局是否合理，桌面摆设是否符合本次宴会的规格要求。

⑤ 物品检查。开餐物品、服务用品、餐用具的配备与摆放是否合理；冷盘摆放是否统一合理；酒品、饮料、茶叶等的准备是否到位。

⑥ 服务员的仪容仪表检查。

2. 宴会开餐服务

（1）迎宾工作

① 热情迎宾。

② 接挂衣帽。迎宾员应主动接拿客人的衣帽，妥善挂放，同时递给客人存衣牌，并请客人妥善保管。接挂衣服时应提拿衣领，切勿倒提以免袋中物品掉出，同时提醒客人贵重物品应随身携带。大中型宴会应专设衣帽间，服务员负责此项工作，小型宴会可由迎宾员兼做此项工作。

③ 休息厅服务。按主办者的要求递上香巾，送上茶水，应按女士优先，先宾后主的顺序依次进行。

（2）入席服务

① 拉椅让座。值台服务员在宴会开始前应站在各自的服务区域内恭候宾客入席。当宾客到来时，服务员要面带微笑，主动为宾客拉椅让座。

② 餐前服务。宾客入席后，帮助客人铺放餐巾、撤筷套、撤鲜花、台号、席位卡。如客人临时提出增减人数，则应及时用托盘增、撤餐酒用具。及时通知厨房客人人数的变化，同时通知收银台以便准确结账。

3. 宴会就餐服务

（1）斟酒服务　斟酒是餐厅服务的基本技能之一，尤其在宴会服务中，客人饮用的酒水品种多、需求量大，要求服务员技艺要高、速度要快，做到不滴不洒、不少不溢。

（2）菜肴服务

① 上菜。中餐上菜顺序原则上根据宴会的种类、各地传统习惯和宾客的要求灵活安排。既不可千篇一律，又要按照相对稳定的上菜顺序来进行。一般原则是：先上冷菜后上热菜；上热菜时先上高档菜、重点菜，后上一般菜；先上名菜和时令菜，后上其他菜；先上咸味菜，后上甜味菜；先上浓味菜，后上淡味菜；适当穿插一些汤汁较多的烩、煮菜；点心一般穿插于大菜之间上，也有的在宴会即将结束时上；宾客就餐即将完毕时上水果。

② 分菜。无论是宴会还是零点餐，要事先征求主人的意见，是否需要帮他们分菜（重要宴会和国宴一定要分菜）。服务时要求服务人员操作卫生，分派均匀，动作敏捷、规范而优雅。

（3）席间服务　宴会进行中，要勤巡视，勤斟酒，勤换餐碟和烟灰缸，以不打扰客人为原则。细心观察宾客的表情及示意动作，服务于客人开口之前。

① 酒水服务。服务员要随时注意每位宾客的酒杯，当杯中只有1/3 酒水时或干杯后，应及时添加。添加时要注意不要倒错酒水。

② 撤换餐碟。更换餐碟不少于三次，注意手法卫生，尊重宾客就餐习惯。

③ 整理桌面。及时收、撤空菜盘，严禁盘子重叠。如有菜肴洒落在餐桌或转盘上，服务员应及时清理，但注意不要用手直接拿取，而要用服务叉、匙夹取后放入空的餐碟内，撤至工作台。

④ 香巾服务。宴会中应根据客人及菜肴种类的需要，多次递送毛巾。宴会香巾服务一般不少于4 次，即客人刚到达宴会厅时，喝完汤羹后，吃完海鲜类菜肴后，吃完水果后。

⑤ 撤换烟灰缸。烟灰缸内有两个烟蒂或其他杂物应及时更换。

⑥ 洗手盅服务。

4. 宴会餐后服务与结束工作

（1）结账服务

① 上菜完毕后就应做结账准备。

② 清点好消费的酒水、香烟总数，统计菜单以外的加菜等各种消费并累计总数，不能漏账。未开启的酒水及时送回吧台，由吧台服务员在退单上签字。将所有消费单据送收银台准备账单。

③ 客人示意结账后，按规定办理结账手续，并向客人致谢。

（2）拉椅送客

① 主人宣布宴会结束时，服务员要提醒宾客带齐自己的物品。

② 为起身离座的客人拉椅，并主动征求客人意见。视具体情况决定目送客人、随送至餐厅门口或列队欢送，向客人致谢并欢迎客人再次光临。

③ 如宴会后安排休息，根据接待要求进行餐后服务。

④ 衣帽间的服务员根据取衣牌的号码，及时准确地将衣帽取递给宾客。

⑤ 迎宾员或引位员再次感谢客人，并礼貌道别。

（3）收台检查

① 宾客离开后，服务员要及时检查有无尚未熄灭的烟头和宾客遗留的物品，如有遗留物品，应立即设法交还。

② 立即清理台面。先整理餐椅，再按餐巾、小毛巾、高档餐具、酒水杯、刀叉筷匙等小件餐具、瓷器、台布的顺序分类收拾。将餐酒用具撤至洗涤间清洗消毒。台布、餐巾、小毛巾等布草按10个一捆送至洗衣房清洗。

③ 贵重物品要当场清点。

④ 清理宴会厅和休息厅。清理四周护墙及地面、吸地毯，如有污染，通知有关部门清洗；餐桌椅重新摆放整齐；各类开餐用具清洗后恢复原位，摆放整齐。

⑤ 关闭不用的电器设备和门窗。

⑥ 收尾工作结束后，领班要做检查。一般大型宴会结束后，主管要召开总结会。待全部收尾工作检查完毕后，全体员工方可离开。

5. 中餐宴会服务注意事项

① 宴会服务应注意节奏，不能过快或过慢，应以客人进餐速度及宴会程序安排为准。

② 当宾主席间讲话或举行国宴奏国歌时，服务员要停止一切操作，迅速退至工作台两侧肃立，餐厅内要保持安静，切忌发出声响。

③ 服务员在服务过程中要大方得体，懂礼节讲礼貌。特别是在运用服务语言中，一定要注意宾客的喜好和忌讳，讲究语言艺术。

④ 服务过程中要时刻注意保持服务通道的畅通，以免发生意外。

⑤ 服务操作时，注意轻拿轻放，严禁打碎餐具和物品而破坏场内气氛。

⑥ 服务员之间要分工合作，密切配合，保证宴会的顺利进行。

⑦ 宴会过程中往往会出现一些突发事件，如客人突感身体不适、突然停电等，服务员要沉着冷静，以最快速和最适当的方法处理好这些突发事件。如没有能力处理要立即向上级汇报，请经理出面处理，防止事态扩大，影响整个宴会气氛。

⑧ 宴会结束后，应主动征求宾主及陪同人员对点菜和服务的意见，及时向领导汇报。宴会负责人员要对任务的完成情况进行小结，以不断提高服务质量和宴会接待水平。

⑨ 有急事或电话需要找进餐宾客时，应找主办单位的工作人员代为传达；如若不便，可寻找适当的时机轻声告知客人，切不可高声呼叫。

（二）西餐宴会服务程序

1. 引宾入席

① 离开宴5分钟左右，餐厅服务负责人应主动询问主人是否可以开席。

② 经主人同意后即通知厨房准备上菜，同时请宾客入座。

③ 值台服务员应精神饱满地站在餐台旁。

④ 当来宾走近座位时，服务员应面带笑容拉开座椅，按宾主次序引请来宾入座。

2. 服务程序

（1）在宴会开始前几分钟摆上黄油，分派面包　面包作为佐餐食品可以在任何时候与任何菜肴搭配，所以要保证客人面包盘总是有面包，一旦盘子空了，应随时给客人续添。

（2）按上菜顺序上菜　顺序是：冷开胃品、酒、鱼类、副盘、主菜、甜食、水果、咖啡或茶。

（3）按菜单顺序撤盘上菜

① 每上一道菜之前，应先将用空的前一道菜的餐具撤下。

② 客人如果将刀叉并拢放在餐盘左边或右边或横于餐盘上方，是表示不再吃了，可以撤盘。

③ 客人如果将刀叉呈“八”字形搭放在餐盘的两边，则表示暂时不需撤盘。

④ 西餐宴会要求等所有宾客都吃完一道菜后才一起撤盘。

（4）上肉菜的方法

① 要将肉的最佳部位对着客人，而配菜自左向右按白色、绿色、红色的顺序摆好。

② 主菜后的沙拉要立即跟汁，沙拉盘应放在客人的左侧。

（5）上甜点水果

① 先撤下桌上酒杯以外的餐具：主菜餐具、面包碟、黄油盅、胡椒盅、盐盅。

② 换上干净的烟灰缸，摆好甜品叉匙，水果要摆在水果盘里，跟上洗手盅、水果、刀叉。

（6）上咖啡或茶前放好糖缸、淡奶壶

① 在每位宾客右手边放咖啡杯或茶具，然后拿咖啡壶或茶壶依次斟上。

② 有些高档宴会需推酒水车，应询问客人是否送餐后酒和雪茄。

3. 席间服务注意事项

（1）经常需增添的小餐具　上点心要跟上饼叉；上水果前要摆水果碟、水果刀。

（2）递洗手盅和香巾

① 时机：宴会中在客人剥蟹、虾、蛤后或在吃水果之前和餐毕时递洗手盅与香巾。

② 方法：盅内盛凉开水，有时放入花瓣或柠檬汁。用托盘送至客位右上方，即酒杯上方。

二、 便餐服务程序

会议便餐也称会议团体包餐，服务程序比较简单。一般包括餐前准备、开餐服务、就餐服务、餐后服务与结束工作四个环节。

1. 餐前准备

由于团体包餐的进餐人数较多，就餐时间短，所以一定要做好餐前准备工作，否则开餐时容易引起混乱。

（1）接洽准备工作　一般提前几天就要把各种情况以文字形式通知餐厅方面，餐厅或餐饮部根据通知单的各项内容和要求，做好准备工作。

（2）了解客情　服务员要准确掌握每个会议团体的名称、国籍、用餐人数、进餐时间、用餐标准（包括是否配备酒水饮料）、付款方式、抵离日期、接待规格等，了解宾客的口味特点、特殊需求和生活忌讳，以便制订食谱、安排餐位和提供针对性服务。

（3）熟悉当餐菜单　包括菜肴名称、风味特点、特殊菜肴的烹调方法与食用方法、历史典故等。

（4）布置餐厅　搞好环境卫生，整齐排列餐桌、餐椅并注意过道的通畅，以方便席间上菜和大批客人同时进出。要针对不同的会议团队布置用餐环境，环境应朴素大方。若同一餐厅有多批会议宾客共同用餐时，要将同一个团体集中安排一起，分清每个团体。

（5）准备物品　根据摆台要求和不同的服务方式准备相应的就餐用具，如餐桌、餐椅、布草类、餐酒具和服务用具、清洁用具，备好酒水饮料、开水、茶叶、配菜佐料等。

（6）安排餐位、铺设餐台　根据团体的人数、身份和用餐标准，设置专用的餐厅或餐桌，并按要求摆台。

（7）整理个人仪容仪表

（8）全面检查　检查以上各项工作是否按要求准备好。

2. 开餐服务

（1）迎接宾客　宾客到达时，迎宾员要热情问候客人，问清会议团队的名称，按照事先安排好的餐桌准确引领客人入座。如客人较多，应根据需要适当增加迎宾员或引位员人数，避免造成混乱。

（2）餐前服务　宾客就座后，值台服务员迅速递上餐巾纸或香巾，为宾客斟茶或冷开水。

3. 就餐服务

（1）宾客到齐后，通知厨房出菜。

（2）为宾客斟饮料并将茶杯撤走。

（3）上菜时要报清楚菜名，特色菜要简单介绍其风味及食用方法；上菜速度要快，若客人席间不饮酒，则需将菜、汤、饭一起上桌。菜全部上齐后要告诉客人，并询问宾客有何要求。

上米饭除每人一小碗外，要再加一大碗，以备宾客添加。上点心时要按品种分盘装，放在餐桌对角，以方便每位客人取拿。如果会议团队凭餐券就餐，采用分食制时，则应收一份餐券发一份食品；如果采用合食时，应按桌点齐人数，收齐餐券后再上菜。

（4）用餐期间要勤巡视，勤斟饮料，勤撤换餐碟和烟灰缸，还要随时整理餐桌，及时收去客人用过的纸巾、空酒杯、空菜盘等。对客人的特殊要求要尽力、尽快给予满足。

（5）餐毕，为宾客送上热茶、香巾。

4. 餐后服务与结束工作

（1）结账　如是统一结账，应将日期、人数、标准、费用总数填写清楚，签上接待人姓名和经办人姓名以便结账核对。

（2）送客　客人离座时，及时主动拉椅，并提醒宾客携带好随身物品。如发现遗留物品时，应立即还给宾客或交上级处理。

（3）餐后清理工作　宾客离开餐厅后，迅速清理台面和餐厅卫生。按规定摆台，迎接下一批客人。

5. 服务注意事项

（1）照顾病人或清真客人的特殊需要，指定专人负责。

（2）会议团队是按事先安排好的日程进行集体活动的，就餐时间一到，客人会集中进入餐厅。因此要提前15分钟上冷菜，并注意色彩、荤素的搭配。

（3）如果会议客人不能在规定时间内进餐，餐厅要及时与会议主办方取得联系，做到客人进入餐厅就能迅速就餐，并保证饭菜温度。

（4）若有会议客人点了标准以外的食品、饮料时要另付现金，这一点应事先向客人解释清楚。

（5）突发事件的防范　由于会议团体包餐就餐时间短、人数多，一旦出现突发事件会造成很大影响，所以要求管理人员和服务员必须具备预测和分析突发事件的能力，充分做好防范准备，同时要遇事冷静、灵活应变，并针对突发事件的性质和种类采取补救、协调、缓和、赔偿、行政或法律手段等相应对策。

三、 自助餐及鸡尾酒会服务程序

自助餐这种宴请形式的特点，是不排席位的，菜肴以冷食为主，也可用热菜，连同餐具陈设在餐台上，供客人自取。客人可自由活动，可以多次取食。酒水可陈放在桌上，也可由招待员端送。可设餐桌、椅子，自由入座；有时主宾席排座位，其余各席不设固定座位，也可以不设坐椅，站立进餐。这种形式常用于官方会议正式活动，以宴请人数众多的宾客。

鸡尾酒会又称酒会。这种招待会形式较活泼，便于广泛接触交谈。招待品以酒水为主，略备小吃。不设坐椅，仅置小桌（或茶几），以便客人随意走动。酒会举行的时间亦较灵活，中午、下午、晚上均可，请柬上往往注明整个活动延续的时间，客人可在其间任何时候到达和退席，来去自由，不受约束。鸡尾酒是用多种酒和饮料配成的混合饮料。酒会上不一定都用鸡尾酒。但通常用的酒类品种较多，并配以各种果汁，不用或少用烈性酒。食品多为三明治、面包托、小香肠、炸春卷等各种小吃，以牙签取食。饮料和食品由招待员用托盘端送，或部分放置小桌上。近年国际上举办大型活动多采用酒会形式。庆祝各种节日、欢迎代表团访问，以及各种开幕、闭幕典礼，文艺、体育招待演出前后往往举行酒会。自1980年起，我国国庆招待会也改用酒会形式。

这两种就餐形式一般都在自助餐厅举行，服务程序也基本相同。

1. 预备餐台

（1）物品准备　在服务开始前，服务员须将杯架、金属表层、餐台表面擦干净；托盘、餐巾、餐具要备足；餐桌和杯架必须整洁、安排有序；服务用具和餐碟供应要做适当的组合，同型号的碟要摆放在同一条线上。各类桌椅应准备好。

（2）食品准备　调料、调味品和事先包装的食品应放在适当的地方；冷热饮料、食品及沙拉、甜点、面包等要精心加以装饰后展示；展示主菜时，切好的肉片应堆高一些，肉丸应直线摆放，肉块应放在盘中部。水果和蔬菜等沙拉的安排要具有一定高度并呈不同形状。安排沙拉时，要把同一类不同颜色的菜品放在一起，以便顾客挑选。甜点柜台和其他部分也应该干净、安排有序。甜点应根据食品和容器的不同，按类别排放，保持摆放匀称和呈直线，并便于挑选。

总之，要使食品的装饰更有吸引力，更能刺激人们的食欲。

2. 提供食品服务

（1）迎接客人的到来　当顾客走近柜台时，要向他们问好。

（2）食品的分装　自助餐厅应按客人要求的分量来提供食品。如果分量不足会使顾客扫兴，分量过大会造成浪费。所以，服务员必须了解和熟悉每种食品需用盘碟的型号；食品装盘时不要让食品超出盘的边缘；沙拉应事先按分量分到每个餐盘中，注意不要破坏盘中沙拉的装饰，而且最好能让每一位客人都能看到这种装饰。

（3）主菜服务　主菜是在蒸汽工作台上服务的。服务前要了解客人有何要求，如调味品、装饰分量等要求。服务员应给予帮助，满足其需要。

（4）饮料服务　饮料由客人自己服务或由服务员服务。客人自己服务时，冰块和饮料都必须放置在适当的位置。

（5）结账　如是会议主办方统一结账，应将日期、人数、标准、费用总数填写清楚，签上接待人姓名和经办人姓名以便结账核对。

3. 进行食品的添加

（1）人员分配　每一个自助餐厅服务员都固定地服务某些食品，并且要在服务间隙将这些食品加满。有些自助餐厅有专门服务员供应服务线上的食品，他们把柜台所需要的食品的信息通知厨师，再把厨房准备菜的信息通知对客服务员，这样对客服务员就不用离开服务线去增添所需要的食品项目了。

（2）添加食品的方法　不要把新鲜食品放在盛有剩余食品的盘子里；当客人取走沙拉或甜点后，应及时予以补充；当食品从厨房端出来时，应把盘加满，因为客人都不乐意要最后的一份。

4. 自助餐厅提供的其他服务

（1）帮助年老或伤残的客人入座；

（2）根据客人要求拿取一些调味品，如番茄酱、芥末、汤汁等；

（3）服务客人单点的食品，如现场煎制的鸡蛋、牛排等；

（4）供应餐巾和其他所需食品；

（5）为客人添加酒水、冰块和咖啡等；

（6）当顾客离开后，餐厅服务员应立即撤走脏盘等餐具，清扫桌椅，重新布置餐桌和烟灰缸，打扫桌子周围的地面并把椅子放回原处。

思　考　题

1. 会议餐饮安排需要考虑哪些问题？
2. 会议菜单的作用有哪些？
3. 宴会气氛设计的内容有哪些？
4. 会议中餐宴会服务的基本程序是什么？
5. 会议便餐服务程序及注意事项有哪些？
6. 自助餐及鸡尾酒会的服务程序是什么？

参 考 文 献

[1] 张以琼．会展场馆管理与服务．广州：广东经济出版社，2007.

[2] 胡平．会展管理．北京：高等教育出版社，2004.

[3] 贺学良．会展营销．北京：高等教育出版社，2004.

[4] 马洁．会展概论．广州：华南理工大学出版社，2005.

[5] 龚维刚．会展实务．上海：华东师范大学出版社，2006.

[6] 张强．疯狂会展．北京：机械工业出版社，2007.

[7] 丁萍萍．会展实务．北京：高等教育出版社，2004.

[8] 孙明贵．会展经济学．北京：机械工业出版社，2006.

[9] 毛金凤，韩福文．会展营销．北京：机械工业出版社，2005.

[10] 王春雷．会展市场营销．上海：上海人民出版社，2004.

[11] 吴新菊．会展概论．上海：上海交通大学出版社，2004.

[12] 王春雷，陈震著．展览会策划与管理．北京：中国旅游出版社，2006.

[13] 周彬著．会展旅游管理．上海：华东理工大学出版社，2003.

[14] [美] 黛博拉・偌贝著．如何进行成功的会展管理．张黎译．北京：中国建筑工业出版社，2004.

[15] 王起静．会展项目管理．北京：中国商务出版社，2004.

[16] 韩晓云，梁培当．会展客户关系管理．北京：中国商务出版社，2004.

[17] 苏文才．会展概论．北京：高等教育出版社，2004.